लेखक के विषय

विक्टर ई. फ्रैंकल, 1997 में अपने निधन तक, विएना मेडिकल स्कूल विश्वविद्यालय में न्यूरोलॉजी व साईकाइट्री के प्रोफेसर रहे। उनकी बत्तीस पुस्तकों का छब्बीस भाषाओं में अनुवाद किया गया है। दूसरे विश्व युद्ध के दौरान उन्होंने ऑश्विज़, डखौ तथा अन्य बंदी शिविरों में तीन वर्ष बिताए।

मैन्स सर्च फॉर मीनिंग की प्रशंसा

'प्रभावशाली व भावपूर्ण'

– ज्यूइश क्रॉनिकल

'डॉक्टर फ्रैंकल ने अपने लेखन के माध्यम से जो विचार प्रकट किए हैं, वे फ्रायड, एडलर व जुंग के बाद मनोचिकित्सा के क्षेत्र में सबसे महत्वपूर्ण योगदान हैं। उनकी शैली पठनीय है।'

– सर सिरिल बर्ट, ब्रिटिश साइकोलॉजिकल सोसाइटी के भूतपूर्व प्रेसीडेंट

'उत्तरजीविता (सरवाइवल) के लिए विक्टर फ्रैंकल का शाश्वत फार्मूला। मैन्स सर्च फॉर मीनिंग हमारे समय की मनोचिकित्सा संबंधी क्लासिक पुस्तक है। यह कष्ट व पीड़ा के दौर में दौरान स्वयं को परामर्श देने पर ध्यान केंद्रित करने के समान है। इसके साथ ही यह हमें मानव समुदाय के प्रति हमारे उत्तरदायित्व की भी याद दिलाती है। फ्रैंकल की चुनौतियों से अधिक सांत्वनादायक कुछ नहीं हो सकता।

– पैट्रीशिया जे विलियम्स,
सीईंग ए कलर ब्लाइंड फ्यूचर : द पैराडॉक्स ऑफ रेस की लेखिका

'यह मेरी पढ़ी सबसे उल्लेखनीय पुस्तकों में से एक है। इसने मेरा जीवन बदल दिया और मैंने जो भी जीया या पढ़ाया, यह उसका एक अंग बनी। यह सही मायनों में एक पढ़ने योग्य पुस्तक है।'

– सूसन जैफर्स, फील द फीयर एंड डू इट एनीवे के लेखक

'डाक्टर फ्रैंकल के शब्द गहरी ईमानदारी से ओत–प्रोत हैं क्योंकि वे ऐसे अनुभवों पर आधारित हैं, जिन्हें छला नहीं जा सकता... नाटकीय वर्णन का नायाब उदाहरण, गहन मानवीय समस्याओं पर केंद्रित।

– प्रोफेसर गोंडोन डब्ल्यू ऑलपोर्ट, द नेचर ऑफ प्रेजुडिस के लेखक

'इसे पढ़ने की सलाह उन सभी को दी जा सकती है, जो हमारे समय को समझना चाहते हैं।'

– जर्नल ऑफ इंडीविजुअल साइकोलॉजी

'एक अद्भुत व्यक्ति का प्रेरणादायक दस्तावेज़, जो भयंकर अनुभव से भी कुछ अच्छा पाने में सफल रहा... हम सभी को यह पुस्तक पढ़ने की सलाह देते हैं। इसे अवश्य पढ़ा जाना चाहिए।'

– लाईब्रेरी जर्नल

विक्टर ई. फ्रैंकल
जीवन के अर्थ की तलाश में मनुष्य
12 मिलीयन प्रतियों की बिक्री
Hindi translation of the bestseller book
Man's Search For Meaning
निराशा की ओर से आशा के प्रति समर्पण

जीवन के अर्थ की तलाश में मनुष्य

प्रथम आवृत्ती : जून 2016

पुनर्मुद्रण : मार्च 2017, जुलाई 2017, फरवरी 2018, मई 2018,
अक्तूबर 2018, जून 2019, मार्च 2021, जनवरी 2025, जुलाई 2026

प्रकाशक : वॉव पब्लिशिंग्ज् प्रा. लि. पुणे

मुद्रक : ट्रिनिटी अकादमी, फॉर कॉर्पोरेट ट्रेनिंग लि., पुणे

अनुवादक : रचना भोला 'यामिनी'

ISBN : 978-81-8415-530-3

Man's Search for Meaning **इस अंग्रेजी पुस्तक का हिंदी अनुवाद**

Jeevan ke Arth ki Talaash me Manushya
by Viktor E. Frankl

विषय सूची

प्रस्तावना

विक्टर ई. फ्रैंकल की पुस्तक 'मैन्स सर्च फॉर मीनिंग' हमारे समय की महान पुस्तकों में से एक है। यदि किसी पुस्तक के अंदर किसी व्यक्ति के जीवन को बदलनेवाला सिर्फ एक विचार या एक पैराग्राफ भर हो, तब भी उसे बार-बार पढ़ा जाना चाहिए और उसे अपनी पुस्तकों की अलमारी में स्थान दिया जाना चाहिए। इस पुस्तक में ऐसे बहुत से अंश हैं, जो इंसानी जीवन को बदलने की क्षमता रखते हैं।

सबसे पहले तो मैं यह बताना चाहूँगा कि यह पुस्तक इंसान के जन्मसिद्ध अधिकार (सरवाइवल) के बारे में है। स्वयं को सुरक्षित समझनेवाले अनेक जर्मन व पूर्वी यूरोपियन यहूदियों के साथ फ्रैंकल को भी नाज़ी यातना शिविरों में यातनाएँ सहनी पड़ीं। उनका वहाँ से जीवित वापिस आना भी किसी करिश्मे से कम नहीं था, जो कि बाइबिल के एक कथन 'ए ब्रांड प्लक्ड फ्रॉम फायर' की पुष्टि करता है। लेकिन इस पुस्तक में उन्होंने अपने जीवन का बहुत विस्तार से वर्णन करने के बजाय, अपने दुःखों व कष्टों का विवरण देने के बजाय, उन स्रोतों के बारे में बताया है, जिनके बल पर वे जीवित रहने में सफल हुए। पुस्तक में वे बार-बार नीत्शे के शब्दों को दोहराते हैं, **'जिस व्यक्ति के पास अपने जीवन के लिए एक 'क्यों' है, वह किसी भी तरह के 'कैसे' को सहन कर सकता है।'** वे बहुत ही मर्मस्पर्शी ढंग से उन कैदियों के विषय में बताते हैं, जो अपने भविष्य की सारी उम्मीद खो चुके थे। ऐसे ही कैदियों ने सबसे पहले प्राण त्यागे। उन्होंने भोजन या दवाओं के अभाव में प्राण नहीं त्यागे, आशा का अभाव, जीवन में एक उद्देश्य का अभाव ही उनकी मृत्यु का कारण बना। इसके विपरीत, फ्रैंकल ने स्वयं को जीवित रखा और इस सोच को बनाए रखा कि युद्ध समाप्त होने के बाद वे एक बार फिर अपनी पत्नी

से भेंट करेंगे। उन्होंने यह स्वप्न देखना भी नहीं छोड़ा कि युद्ध समाप्त हो गया है और वे ऑश्विज़ के अनुभवों से मिले मनोवैज्ञानिक सबक एक व्याख्यान में लोगों को बता रहे हैं। स्पष्ट रूप से, ऐसे अनेक कैदी जो जीवित रहना चाहते थे, वे जीवित नहीं रह सके, कुछ को रोग ने नहीं छोड़ा तो कुछ को गैस चैंबरों के हवाले कर दिया गया। लेकिन इस पुस्तक में फ्रैंकल के लिए यह विचार करने का प्रश्न नहीं है कि अधिकतर व्यक्ति जीवित क्यों नहीं रहे? वे तो इस प्रश्न को उठाते हैं कि जो जीवित रहे, उनके जीवित रहने का कारण क्या था?

उनके ऑश्विज़ के भयंकर अनुभव, उनके ही प्रमुख विचारों पर बल देते हैं। जीवन आनंद की तलाश नहीं है, जैसा कि फ्रायड ने कहा था और न ही इसे सत्ता की तलाश माना जा सकता है, जैसा कि अल्फ्रैड एडलर ने कहा था। यह तो सही मायनों में अर्थ की तलाश से जुड़ा है। **किसी भी व्यक्ति के लिए जीवन में सबसे बड़ा कार्य यही है कि वह अपने जीवन के अर्थ की तलाश करे।** फ्रैंकल अर्थ के लिए तीन संभावित स्रोतों की बात करते हैं : काम के दौरान, प्रेम के दौरान और कठिन समय में भी अपना साहस बनाए रखना।

पीड़ा या कष्ट अपने-आप में अर्थहीन होते हैं; हम जिस तरह अपनी पीड़ा के साथ पेश आते हैं, उसे वैसे ही अर्थ या मायने दे देते हैं। एक स्थान पर वे लिखते हैं, 'एक व्यक्ति चाहे तो वह वीर, मर्यादित व गरिमामयी बना रह सकता है या फिर स्वयं को महफूज रखने के प्रयास में वह अपनी मानवीय गरिमा को भुलाकर, किसी पशु से भी बदतर व्यवहार कर सकता है।' वे मानते हैं कि नाजियों के कैदियों में से केवल कुछ ही ऐसा करने में सफल रहे, लेकिन यदि इस विषय में एक भी उदाहरण दिया जा सकता है, तो हम मान सकते हैं कि **मनुष्य का आंतरिक बल उसे उसकी नियति से भी परे ले जा सकता है।**

अंततः मैं यहाँ फ्रैंकल के एक उल्लेखनीय निरीक्षण के बारे में बताना चाहूँगा, जिसे मैं अपने जीवन में तो हमेशा याद रखता ही हूँ, साथ ही दूसरों को सलाह देने के असंख्य मौकों पर भी मैंने उसका प्रयोग किया

है। **'जो बल आपके नियंत्रण से बाहर हैं, वह आपकी एक चीज़ को छोड़कर, आपसे बाकी सब कुछ छीन सकता है, लेकिन आपसे आपकी यह आज़ादी नहीं छीनी जा सकती कि आप उस नकारात्मक हालात के साथ किस तरह पेश आएँगे। आपके साथ जीवन में जो हुआ, उस पर आपका वश नहीं है, लेकिन आपने उस घटना के प्रति क्या अनुभव किया और उसके साथ कैसे पेश आए, यह तो हमेशा से ही आपके वश में रहा है।'**

ऑर्थर मिलर के नाटक 'इंसीडेट एट विची' में एक दृश्य है, जिसमें एक उच्च-मध्यमवर्गीय व्यवसायी उन नाज़ी अधिकारियों के सामने आता है, जिन्होंने उसके शहर पर कब्जा कर लिया है। वह उन्हें अपने विश्वविद्यालय की डिग्रियाँ, प्रमुख नागरिकों से मिले सिफारिशी पत्र आदि दिखाता है। एक नाज़ी पूछता है, 'क्या तुम्हारे पास यही सब है?' जब वह व्यक्ति हामी भरता है तो नाज़ी वह सब कुछ कचरे के डिब्बे के हवाले करके पूछता है, 'बहुत अच्छे, अब तुम्हारे पास कुछ नहीं बचा।' **जिस व्यक्ति का स्वाभिमान हमेशा दूसरों से मिले आदर व मान पर टिका होता है, उसे भावात्मक रूप से नष्ट होने में ज़रा भी देर नहीं लगती।** यदि फ्रैंकल वहाँ होते तो उन्होंने यही तर्क दिया होता कि जीब तक हमारे पास अपनी प्रतिक्रिया को चुनने की पूरी आज़ादी है, तब तक यह नहीं कहा जा सकता कि हमारे पास कुछ नहीं बचा और यह आज़ादी हमेशा हमारे पास होती ही है।

मेरे अपने सामुदायिक अनुभव भी मुझे यही बताते हैं कि फ्रैंकल के निरीक्षणों में कितनी सच्चाई छिपी है। मैं ऐसे अनेक सफल व्यवसायियों को जानता हूँ, जो सेवानिवृत्त होने के बाद जीवन के लिए सारा उत्साह त्याग देते हैं। उनके काम ने उनके जीवन को अर्थ दे रखा था। जब उनके पास कोई काम नहीं रहा, तो वे अपने दिन घर बैठे नीरसता के साथ बिताने लगे, उनके पास करने के लिए कुछ नहीं बचा था। मैं ऐसे लोगों को भी जानता हूँ, जिन्होंने अपने जीवन से जुड़े भयंकर कष्टों व पीड़ाओं को भी यह समझकर सहन कर लिया कि उनकी पीड़ा में भी कोई अर्थ छिपा था। भले ही यह एक पारिवारिक माइलस्टोन रहा हो, जिसे बाँटने के लिए वे लंबे अरसे तक जीना चाहते थे या उनके पास एक संभावना

थी कि डॉक्टर उनके असाध्य रोग का इलाज खोज रहे हैं, जब उनके पास जीने के लिए एक 'क्यों' आ गया तो उनके लिए 'कैसे' को सहन करना और भी सरल हो गया।

मेरे निजी अनुभव में भी फ्रैंकल के ही शब्दों की गूँज सुनाई देती है। मेरी पुस्तक, 'व्हेन बैड थिंग्स हैपंस टू गुड पीपल' के विचारों ने केवल इसलिए अपनी ताकत व विश्वसनीयता प्राप्त की क्योंकि वे मेरे उस संघर्ष के संदर्भ में थे, जो मैंने अपने पुत्र के रोग व उसकी मृत्यु को समझने के दौरान किया, उसी तरह फ्रैंकल के लोगोथैरेपी के सिद्धांत ने भी आत्मा के उपचार को जीवन के अर्थ से जोड़ते हुए विश्वसनीयता पाई क्योंकि उन्होंने उसे अपनी ऑश्विज़ की पीड़ा की पृष्ठभूमि में प्रस्तुत किया था। अगर पुस्तक में पहला भाग न होता तो संभवतः दूसरा भाग इतना प्रभावशाली न बन पाता।

मेरे लिए यह बात भी बहुत अहम रही कि मैन्स सर्च फ़ॉर मीनिंग के 1962 संस्करण की प्रस्तावना एक प्रमुख मनोचिकित्सक डॉक्टर गोर्डोन ऑलपोर्ट ने लिखी थी और इस पुनः मुद्रित संस्करण की प्रस्तावना एक साधारण व्यक्ति द्वारा लिखी गई है। हम समझ चुके हैं कि यह गहन रूप से धार्मिक पुस्तक है, जो इस बात पर बल देती है कि जीवन अर्थवान है और हमें अपनी परिस्थितियों की परवाह न करते हुए, इसे इसके अर्थ के साथ ही देखने का प्रयत्न करना चाहिए। यह इस बात पर बल देती है कि जीवन का कोई न कोई उद्देश्य अवश्य होता है और इसके मूल संस्करण में, परिशिष्ट को शामिल करने से पहले, इसका अंत बीसवीं सदी में लिखे सबसे धार्मिक वाक्य के साथ किया गया था :

हमारी पीढ़ी बुद्धिवादी है क्योंकि हमने मनुष्य को उसके वास्तविक रूप में जान लिया है। जो भी हो, मनुष्य ही वह जीव है, जिसने ऑश्विज़ के गैस चैंबरों की रचना की; हालाँकि वह भी मनुष्य ही था, जो होठों पर ईश्वर का नाम या शेमा इज़राइल के शब्द लिए, उन गैस चैंबरों में दाखिल हो गया।

– हेरॉल्ड एस. कुशनर

1992 संस्करण की प्रस्तावना

यह पुस्तक अंग्रेज़ी में सैंकड़ों बार मुद्रित हुई और इसके साथ ही अन्य इक्कीस भाषाओं में भी इसका अनुवाद किया गया। केवल अंग्रेज़ी संस्करणों में ही इस पुस्तक की तीन मिलियन से अधिक प्रतियाँ बिकी हैं।

ये सभी कोरे तथ्य हैं और संभवत: यही कारण है कि अमेरिकी समाचार–पत्रों के रिपोर्टर व विशेष तौर पर अमेरिकी टी.वी. स्टेशन, इन तथ्यों को जानने के बाद, अपने इंटरव्यू के आरंभ में ही मुझसे यह प्रश्न पूछते हैं : 'डॉक्टर फ्रैंकल, आपकी पुस्तक सही मायनों में बेस्टसेलर रही है – इस सफलता के बारे में आप क्या सोचते हैं?' यह सुनकर मैं प्रतिक्रिया देता हूँ कि मैं इस पुस्तक के बेस्टसेलर स्टेटस को उपलब्धि या सफलता नहीं मानता बल्कि यह स्थिति तो हमारे समय की दुःखद अवस्था को दर्शाती है। अगर हज़ारों पाठक केवल इसलिए इस पुस्तक की ओर आकर्षित हो रहे हैं क्योंकि यह जीवन के अर्थ से जुड़े प्रश्न का उत्तर देने का वचन देती है, तो सच में यह प्रश्न उनके लिए कैसी ज्वलंत समस्या रहा होगा।

निश्चित रूप से, पाठकों पर पुस्तक के ऐसे प्रभाव के लिए किसी अन्य कारक को भी ज़िम्मेदार ठहराया जा सकता है : इसका दूसरा, सैद्धांतिक भाग (लोगोथैरेपी का संक्षिप्त सारांश), पहले भाग से लिए हुए

पाठों के प्रभाव को घटाता है, जबकि आत्मकथात्मक विवरण (बंदी शिविर में अनुभव) यानी पहला भाग मेरे सिद्धांतों को अस्तित्व देता है। इस तरह दोनों ही भाग एक–दूसरे की विश्वसनीयता को अपना सहयोग प्रदान करते हैं।

जब मैंने 1945 में यह पुस्तक लिखी थी, तब मेरे दिमाग में, इन दोनों में से एक भी बात नहीं थी। मैंने निरंतर नौ दिनों में यह काम इस संकल्प के साथ पूरा किया कि यह पुस्तक लेखक के नाम के बिना ही प्रकाशित होगी। दरअसल, मूल जर्मन संस्करण के पहले प्रकाशन के समय, पुस्तक के प्रारंभ में मेरा नाम नहीं था हालाँकि अंतिम क्षण में, मुझे अपने मित्रों के हठ के आगे हथियार डालने पड़े, जो यह चाहते थे कि कम से कम शीर्षक पृष्ठ पर तो मेरा नाम जाना ही चाहिए। पहले–पहल, यह इसी संकल्प के साथ लिखी गई थी कि लेखक का नाम कहीं नहीं आएगा ताकि लेखक को कोई साहित्यिक श्रेय न मिल सके। मैं केवल अपने पाठकों को यह ठोस उदाहरण देना चाहता था कि किसी भी दशा में जीवन का एक निश्चित अर्थ होता है, भले ही वे हालात कितने भी दुःखदायी क्यों न हों। मैंने सोचा कि अगर मैं यातना शिविर में झेले गए हालातों के साथ अपनी बात रखूँ तो मेरे लिए अपनी बात को समझाना और भी सरल हो जाएगा। मुझे लगा कि मुझे उन लोगों से अपने जीवन के ऐसे दुःखद अनुभव बाँटने चाहिए, जो बहुत ही निराशाजनक अवस्था में अपना जीवन जी रहे हैं।

अत: यह बात मेरे लिए विचित्र और उल्लेखनीय, दोनों है कि मेरी लिखी कुछेक दर्जन पुस्तकों के बीच, जिस पुस्तक को मैं लेखकीय प्रतिष्ठा से बचाते हुए अनाम रखना चाहता था, वही मेरे लिए सबसे सफल पुस्तक रही। मैं यूरोप व अमेरिका में अपने छात्रों को बार–बार केवल एक ही बात के लिए सावधान करता आया हूँ : 'सफलता को अपना लक्ष्य मत बनाओ – तुम इसे जितना अधिक अपना लक्ष्य या अपना उद्देश्य बनाओगे, तुम उससे उतनी ही दूर होते जाओगे। खुशी की तरह ही सफलता को भी कहीं से पाया नहीं जा सकता; इसे तो

परिणामस्वरूप पाया जाता है। जब भी हम अपने से भी विशाल किसी ध्येय से जुड़ते हैं या अपने से परे, किसी दूसरे के प्रति समर्पित होते हैं, तो उसके फलस्वरूप खुशी या सफलता प्राप्त होती है। **खुशी या सफलता अपने-आप ही घटते हैं, आप चाहकर भी इन्हें अपने लिए घटने पर विवश नहीं कर सकते।** मैं चाहता हूँ कि आप अपनी अंतरात्मा की आवाज़ सुनें और अपनी पूरी योग्यता व जानकारी के अनुसार काम करें। तब आप दीर्घकालीन तौर पर देख सकेंगे कि सफलता स्वयं आपके पीछे चली आ रही है क्योंकि आप उसके बारे में भूल गए थे!'

पाठक मुझसे पूछ सकते हैं कि जब हिटलर ने ऑस्ट्रिया पर कब्जा कर लिया तो मैंने अपने आपको उन हालात से बचाने का प्रयत्न क्यों नहीं किया? मैं इस प्रश्न का उत्तर आपको एक छोटा सा प्रसंग सुनाकर देना चाहूँगा। यू.एस. के दूसरे विश्व युद्ध में शामिल होने से कुछ समय पहले, मुझे विएना के अमेरिकी दूतावास से अपना इमीग्रेशन वीज़ा लेने के लिए बुलावा आया। मेरे बूढ़े माता-पिता की खुशी का ठिकाना न रहा क्योंकि उन्हें उम्मीद थी कि मुझे ज़ल्द ही विएना छोड़ने की अनुमति मिल जाएगी। हालाँकि अचानक ही मैं इसे लेकर हिचकिचा गया। मेरे मन में बार-बार यही सवाल उठ रहा था कि क्या मुझे अपने बूढ़े माता-पिता को उनके भाग्य के भरोसे छोड़कर चले जाना चाहिए, जिन्हें देर-सवेर किसी यातना शिविर में भेज दिया जाएगा? मेरा उनके प्रति क्या उत्तरदायित्व (ज़िम्मेदारी) बनता है? क्या मुझे अपने आविष्कार, लोगोथैरेपी का पालन करना चाहिए? क्या मुझे उसे बढ़ावा देने के लिए किसी ऐसे स्थान पर चले जाना चाहिए, जहाँ जाकर मैं उस विषय पर आराम से पुस्तकें लिख सकूँ? या फिर मुझे अपने माता-पिता की संतान के रूप में अपने कर्तव्य का पालन करना चाहिए और उनकी रक्षा का हर संभव प्रयास करना चाहिए? मैंने समस्या पर विचार किया, लेकिन किसी ठोस नतीजे पर नहीं पहुँच सका; फिर मेरी इस दुविधा का अंत करने के लिए मानो मुझे ईश्वर ने ही संकेत दे दिया।

मुझे घर की मेज़ पर संगमरमर का एक टुकड़ा रखा दिखाई दिया।

जब मैंने अपने पिता से उसके बारे में पूछा तो उन्होंने बताया कि उन्हें वह उस जगह मिला था, जहाँ राष्ट्रीय समाजवादियों ने विएना के सबसे बड़े सिनेगॉग (यहूदी उपासना गृह) को जलाकर राख कर दिया था। मेरे पिता उस टुकड़े को घर ले आए क्योंकि वह उसी तख्ती का टुकड़ा था, जिस पर दस धर्मादेश अंकित थे। उस टुकड़े पर एक चमकीला हिब्रू अक्षर दिखाई दिया; मेरे पिता ने बताया कि यह एक धर्मादेश का अक्षर था। मैंने उनसे पूछा, 'यह किस धर्मादेश का अक्षर है?' उन्होंने बताया, उसमें लिखा था, 'अपने माता-पिता का आदर करो ताकि वे इस धरती पर लंबे समय तक जीवित रह सकें।' उसी क्षण मैंने तय कर लिया कि मैं अपने माता-पिता के साथ वहीं रहूँगा और मैंने अपना अमेरिकी वीज़ा रद्द करवा दिया।

विक्टर ई. फ्रैंकल

विएना, 1992

भाग १

बंदी शिविर के अनुभव

1

यह पुस्तक तथ्यों व घटनाओं का लेखा-जोखा प्रस्तुत करने का दावा नहीं करती है। यह तो लाखों बंदियों के उन दुःखद निजी अनुभवों का ब्यौरा है, जो उन्हें यातना शिविरों में हुए। यातना शिविर से वापस लौटे बंदियों में से एक, वहाँ की सच्ची कहानी को इस पुस्तक के ज़रिए आपके सामने प्रस्तुत कर रहा है। यह कहानी उस भयानक आतंक की कहानी नहीं है, जिसके बारे में पहले भी बहुत कुछ कहा और सुना जा चुका है (हालाँकि उस पर अधिक विश्वास नहीं किया जाता)। यह तो उन अनगिनत मानसिक व शारीरिक कष्टों की झलक दिखाती है, जो यातना शिविर के बंदियों को लगातार सहन करने पड़ते थे। दूसरे शब्दों में कहें तो यह कहानी इस प्रश्न का उत्तर देने का प्रयास करेगी कि यातना शिविर में एक औसत बंदी का रोज़मर्रा का जीवन कैसा था?

इस पुस्तक में जिन घटनाओं का ब्यौरा प्रस्तुत किया गया है, उनमें से अधिकतर घटनाएँ बड़े और जाने-माने बंदी शिविरों में नहीं घटी। ये तो उन छोटे शिविरों के बेरहम किस्से हैं, जहाँ सही मायनों में कहर छाया हुआ था। यह महान नायकों व शहीदों को दिए गए कष्टों की और उनकी मृत्यु की कहानी नहीं है। न ही यह उन प्रमुख कापोस* व उन जाने-माने कैदियों के बारे में बताती है, जिन्हें बहुत सारी छूट व सुविधाएँ मिली हुईं थीं। यह ताकतवर लोगों के कष्टों की कहानी नहीं है, बल्कि उन अज्ञात लोगों के बलिदानों, कष्टों व मृत्यु की कहानी है, जिनके आँकड़े कहीं दर्ज नहीं किए गए। ये उन साधारण बंदियों की कहानी है, जिनके बाजुओं पर किसी खास पहचानवाले निशान नहीं थे, जिनसे कापोस सचमुच घृणा करते थे। जहाँ आम बंदियों को बहुत कम भोजन दिया जाता था, जबकि कापोस को कभी भोजन की कमी नहीं होती थी। दरअसल उनमें

*ट्रस्टियों की तरह काम करनेवाले बंदी या प्रमुख सिपाही

से अनेक तो ऐसे थे, जो शिविर में इतनी सुविधाओं के बीच रह रहे थे, जितनी उन्हें अपने पूरे जीवन में कभी नहीं मिली थीं। वे पहरेदारों की तुलना में बंदियों के साथ अकसर कड़ा बरताव करते थे और एस.एस.* के लोगों की तुलना में उन्हें बुरी तरह पीटते भी थे। बेशक, ऐसे लोगों को, उन्हीं बंदियों के बीच में से चुना जाता था, जिनका चरित्र यह सब करने के लिए उपयुक्त नज़र आता था। वे काम शुरू करते ही एस.एस.* के आदमियों और शिविर के वार्डनों की तरह ही ज़ुल्म ढाने लगते थे। इसके बाद उन्हें सिर्फ बेरहम लोगों के मनोवैज्ञानिक स्तर पर ही परखा जा सकता था। हाँ, यदि वे अधिकारियों की उम्मीदों पर खरे नहीं उतर पाते थे तो उन्हें फौरन उनके पद से हटा दिया जाता था।

बाहरी लोग यातना शिविर के भीतरी जीवन के बारे में आसानी से अर्थहीन कल्पनाएँ कर सकते हैं। शिविर के बारे में उनकी सोच दया और भावनाओं के आधार पर बनेगी लेकिन वे यह नहीं समझ सकते कि शिविर के अंदर सारे बंदी किस तरह हर रोज़ अपने जीवन के लिए संघर्ष कर रहे थे। यह रोज़ मिलनेवाली रोटी और अपने जीवन के लिए लगातार चलनेवाली एक जंग थी, जिसे वे अपने लिए या किसी अच्छे दोस्त के लिए लड़ते रहते थे।

कैदियों का काफिला

अब हम एक ऐसे काफिले की बात करने जा रहे हैं, जिसके लिए औपचारिक रूप से यह ऐलान किया गया कि कैदियों को एक निश्चित संख्या में दूसरे शिविर में भेजा जाएगा; लेकिन यह घोषणा सुनकर कैदियों ने सहज ही यह अंदाज़ा लगा लिया कि इस काफिले की यात्रा किसी अन्य शिविर में नहीं बल्कि गैस चैंबर में जाकर खत्म होगी। बीमार, कमज़ोर और काम करने में अयोग्य बंदियों को चुन-चुनकर, बड़े केंद्रीय शिविरों में भेज दिया जाता था। वहाँ पर गैस चैंबर और शवदाह गृह

---

*एस.एस. अधिकारी - नाज़ी पार्टी का एक विशिष्ट सैन्य दल, जो हिटलर के अंगरक्षक और एक विशेष पुलिस बल के रूप में कार्य करता था।

(श्मशान घाट) बनाए गए थे ताकि उन्हें मौत की नींद सुलाई जा सके। इस काफिले में जानेवाले लोगों का चुनाव, वास्तव में सभी बंदियों और उनके साथी दलों के बीच खुलेआम जंग का ऐलान था। हर कैदी अपनी ओर से, गुप्त रूप से यही कोशिश करता कि उसे किसी तरह बंदियों के नामों की सूची का पता लग जाए ताकि वह अपना और अपने दोस्त का नाम उस सूची में से निकालने का कोई तरीका आज़मा सके। हालाँकि सारे बंदी यह भी जानते थे कि यदि किसी एक व्यक्ति को बचाया जाएगा तो अधिकारी उसके स्थान पर कोई दूसरा शिकार चुन लेंगे।

हर काफिले के साथ एक निश्चित संख्या में कैदियों का जाना ज़रूरी था। अधिकारियों को इस बात से कोई फर्क नहीं पड़ता था कि उनके साथ कौन लोग जा रहे थे। उनके लिए वे बंदी एक नंबर से ज़्यादा मायने नहीं रखते थे। बंदी ज्यों ही शिविर में दाखिल होते, उनके सारे दस्तावेज़ और पहचान पत्र वगैरह छीन लिए जाते (कम से कम ऑश्विज़ शहर के कैंप में तो यही तरीका अपनाया जाता था)। बंदियों से छीनी गई चीज़ों में उनका बाकी सामान भी शामिल होता था। इस तरह, प्रत्येक बंदी को अपने लिए एक काल्पनिक नाम, पहचान या पेशा चुनने का अवसर मिल जाता था; अनेक बंदियों को अलग-अलग कारणों से यही ठीक भी लगता था। अधिकारियों को केवल उन नंबरों से मतलब होता था, जो हर बंदी की पहचान करने के लिए उसे दिया जाता था। अकसर वे नंबर बंदियों की चमड़ी पर गोद दिए जाते थे और उनके पैंट, कमीज़ या जैकेट पर भी सिले जाते थे। जब भी कोई पहरेदार, किसी बंदी को गुनाहगार साबित करना चाहता तो उसे उसका नाम जानने की ज़रूरत नहीं होती थी। केवल उसके कपड़ों पर दिख रहा नंबर ही काफी होता था (उस एक नज़र से हमारे रोंगटे खड़े हो जाते!) मानो उस बंदी का नंबर ही उसका नाम बन गया हो।

अब हम यात्रा के लिए निकलने को तैयार काफिले की बात पर लौटते हैं। उस समय हममें से किसी भी बंदी के पास नैतिकता से सोचने-समझने की न तो इच्छा थी और न समय। हर आदमी केवल

इस सोच में डूबा था कि उसे किसी भी तरह खुद को जीवित रखना है, ताकि वह एक दिन घर पर इंतज़ार कर रहे अपने परिवारवालों के पास लौट सके। इसके साथ ही उसे अपनी ओर से, अपने किसी दोस्त की जान बचाने की कोशिश भी करनी थी। इस तरह हर कोई बिना किसी संकोच या झिझक के, अपने या दोस्त के स्थान पर किसी दूसरे बंदी या नंबर को, काफिले में जाने के लिए आगे करने की फिराक में रहता था।

जैसा कि मैंने पहले भी कहा, कापोस यानी प्रमुख सिपाही को चुनने का तरीका बहुत नकारात्मक था; केवल बेरहम कैदियों को ही इस काम के लिए चुना जाता था। (हालाँकि इसमें कुछ सुखद अपवाद भी थे।) लेकिन एस.एस. द्वारा कापोस के चुनाव के अलावा, सभी बंदियों के बीच मानो अपने आप ही चुनने का सिलसिला जारी रहता। आम तौर पर केवल वही बंदी जीवित रह पाए थे, जिन्होंने एक से दूसरे शिविर के बीच सालों की लंबी पैदल यात्राओं में स्वयं को जीवित रखने के लिए सारे नैतिक संकोच ताक पर रख दिए थे। वे अपने आपको बचाने के लिए, अपनी ओर से हर उपाय करने के लिए तैयार थे, फिर भले ही उसके लिए उन्हें किसी भी तरह की बेईमानी क्यों न करनी पड़े। उन्हें निर्दयता, चोरी और मित्रों के साथ धोखाधड़ी करने से भी कोई परहेज़ न था। हम जैसे लोग, जो अब तक संयोगवश या शायद किसी करिश्मे के कारण बचते आए थे, इस बात को अच्छी तरह जानते हैं कि चाहे कोई कुछ भी कहे लेकिन यातना शिविरों में ऐसे कई लोग थे, जो हमसे बेहतर इंसान थे लेकिन वे कभी वहाँ से बचकर वापस नहीं लौट पाए।

बंदियों का मनोविज्ञान

बंदी शिविरों के बारे में अब तक ढेरों विवरण सारे तथ्यों के साथ दर्ज हो चुके हैं। यहाँ तथ्य केवल इसीलिए मायने रखते हैं क्योंकि वे लोगों के अनुभव का एक हिस्सा होते हैं। यहाँ इन्हीं अनुभवों को दिखाने का प्रयत्न किया गया है। यह पुस्तक मौजूदा ज्ञान के संदर्भ में शिविरों में बंदी रहे लोगों के अनुभवों को सामने रखने का प्रयत्न करेगी। जो लोग कभी उन शिविरों के भीतर नहीं गए हैं, यह पुस्तक शिविरों को समझने में

उनकी मददगार हो सकती है। इससे भी अहम बात यह है कि यह पुस्तक उन बंदियों के अनुभवों को जानने में सहायक होगी, जो बचकर लौट तो आए लेकिन अब उन्हें अपना जीवन बहुत कठिन लगता है। ऐसे भूतपूर्व बंदी प्राय: कहते हैं, हम अपने अनुभवों के बारे में बात करना पसंद नहीं करते। जो लोग उन शिविरों में रहे हैं, उनके लिए किसी भी प्रकार की व्याख्याओं की ज़रूरत नहीं है और दूसरे लोग यह कभी नहीं समझ सकेंगे कि हमने उस समय क्या महसूस किया था और हम आज क्या महसूस करते हैं।

इस विषय को व्यवस्थित रूप से पेश करना आसान नहीं है क्योंकि मनोविज्ञान, वैज्ञानिक रूप से निष्पक्ष रवैया चाहता है यानी विषय को वैज्ञानिक नज़रिए व तटस्थ भाव से परखा जाना चाहिए। लेकिन लेखक को ये सभी अनुभव स्वयं एक बंदी के तौर पर ही हुए हैं। तो क्या उससे उम्मीद की जा सकती है कि वह अपनी बात निष्पक्षता से कह सकेगा?

क्या उसके निरीक्षण हर तरह के पक्षपात से मुक्त होंगे? बेशक ऐसी उदासीनता केवल बाहरी व्यक्ति ही अपना सकता है लेकिन वह असली मूल्यवाले ब्यौरे कभी नहीं दे सकता। केवल शिविर के अंदर रहनेवाला बंदी ही उस जीवन को अच्छी तरह जान सकता है, फिर भले ही वह निष्पक्षता से अपने अनुभवों को परख न सके और उसकी जाँच-पड़ताल बहुत सटीक न हो। हम इस संभावना से इनकार नहीं कर सकते कि पक्षपात हो सकता है लेकिन अपनी ओर से यही कोशिश होनी चाहिए कि व्यक्तिगत रूप से पक्षपात न हो। इस तरह की पुस्तक को लिखने की सबसे बड़ी कठिनाई भी यही है। कई बार लिखते समय, आपके लिए अपने सबसे निज़ी अनुभवों को बाँटना भी ज़रूरी हो जाता है। मैंने तय किया था कि इस पुस्तक पर अपना नाम नहीं दूँगा, केवल अपना कैदी नंबर ही लिखूँगा। लेकिन जब इसकी पांडुलिपि पूरी हुई तो मैंने पाया कि लेखक का नाम न लिखा होने से पुस्तक अपना आधा मोल ही खो देगी। इसके अलावा मुझे यह भी लगा कि मेरे भीतर अपनी बात को सबके बीच खुलेआम कहने का साहस भी होना चाहिए। इसलिए मैंने किसी

भी सामग्री को हटाए बिना पुस्तक को अपने नाम के साथ छपने दिया, हालाँकि मुझे हमेशा से ही किसी भी तरह के दिखावे से सख्त नफरत रही है।

मैं यह ज़िम्मेदारी पाठकों को ही सौंप देता हूँ कि वे इस पुस्तक की सामग्री को अपने हिसाब से छाँट लें। हो सकता है कि यह कैदियों के जीवन के मनोविज्ञान को समझने में सहयोगी हो सके, जिसकी पहले विश्व युद्ध के बाद जाँच-पड़ताल की गई थी। जिसके कारण ही हम 'बार्बड वायर सिकनेस' सिंड्रोम (syndrome)* (कैदियों का एक मनोवैज्ञानिक रोग) से परिचित हुए। हम दूसरे विश्व युद्ध के आभारी हैं कि उसने हमें 'साइकोपैथोलॉजी ऑफ मासिस' की जानकारी देकर समृद्ध किया (यहाँ मैंने ली बोन की एक पुस्तक के शीर्षक तथा जाने-माने मुहावरे को ज़रा नए रूप में पेश किया है।), युद्ध ने ही हमें 'वार ऑफ नर्वस' (War of nervous) दी और इसी ने हमें बंदी शिविर दिए। कुल मिलाकर यह कह सकते हैं कि युद्ध के नतीजों व उसके प्रभावों के बारे में हमारे यहाँ बहुत से अध्ययन हुए हैं।

---

*सिंड्रोम (syndrome) - रोग में अनेक लक्षणों का समावेश

2

प्रीमियम कूपन का उपहार

चूँकि यह कहानी, एक आम कैदी के रूप में, मेरे अनुभवों पर आधारित है इसलिए यह बहुत ज़रूरी हो जाता है कि मैं पूरे गर्व से ऐलान कर दूँ कि शिविर में केवल कुछ आखिरी सप्ताहों को छोड़कर, मुझे किसी डॉक्टर या मनोवैज्ञानिक के रूप में काम पर नहीं रखा गया था। मेरे कुछ सहकर्मी किस्मतवाले रहे, जिन्हें शुरुआत से ही ऐसे पद मिल गए और वे बंदियों को रद्दी कागज़ के ढेर से बनी बैंडेज लगाकर, प्राथमिक चिकित्साएँ ही देते रहे। मैं तो कैदी नंबर 1,19,104 था और मेरा अधिकतर समय रेल्वे पटरियों के लिए खुदाई करते हुए और पटरियाँ बिछाते हुए ही बीतता था। एक बार मुझे एक बड़ा मुश्किल काम सौंपा गया था। मुझे अकेले ही एक सड़क के नीचे से, वाटर मेन के लिए सुरंग खोदनी थी। आखिर मेरी कड़ी मेहनत रंग लाई; 1944 में क्रिसमस से ठीक पहले, मुझे उपहारस्वरूप तथाकथित प्रीमियम कूपन दिए गए। ये कूपन उस निर्माण कंपनी की ओर से दिए गए थे, जिसके पास हमें गुलामों की तरह बेच दिया गया था। कंपनी की ओर से शिविर अधिकारियों को प्रतिदिन हर कैदी के लिए एक निश्चित धनराशि का भुगतान किया जाता था। कंपनी को एक कूपन पचास फेनिंग (डच सिक्का) का पड़ता था और हर कूपन के बदले में छह सिगरेट ली जा सकती थीं। अकसर वे कूपन, उनकी अंतिम तिथि निकलने के बाद ही दिए जाते थे इसलिए उनका कोई मोल नहीं रह जाता था। लेकिन मैं दो असली कूपनों का मालिक भी बन गया था, जिस पर मुझे बड़ा गर्व था। उन दो कूपनों के बदले में बारह सिगरेट ली जा सकती थीं, पर इससे भी अहम बात यह थी कि उनसे बारह सिगरेट के बजाय बारह कटोरे सूप भी मिल सकता था। भूख से हमेशा तड़पनेवाले हम बंदियों के लिए बारह कटोरे सूप का लालच एक बड़ी बात थी।

दरअसल धूम्रपान की खास सुविधा तो केवल कापोस को ही मिली हुई थी, जिन्हें साप्ताहिक कूपनों के साथ उनका पूरा राशन दिया जाता था; अगर कोई बंदी किसी वर्कशॉप या गोदाम में काम करता था तो उसे भी कभी-कभी खतरनाक काम करने के बदले में, कुछ सिगारेट इनाम स्वरूप दे दी जाती थी। इस मामले में केवल वही लोग अपवाद थे, जो अपने जीने की आस छोड़ चुके थे और अपने अंतिम दिनों का पूरा आनंद लेना चाहते थे। हम जब भी किसी साथी को उसकी अपनी सिगरेटों के भंडार को फूँकते देखते तो समझ जाते थे कि उसने अपनी जीने की आस छोड़ दी थी। जीने की आस को यूँ एक बार खो देने के बाद उसे दोबारा पाना बहुत मुश्किल या लगभग नामुमकिन होता है।

अगर कैदियों के अनुभवों और निरीक्षणों से तैयार सामग्री का अध्ययन किया जाए तो यह देखा जा सकता है कि बंदी शिविर के लिए, बंदियों के मन में पैदा होनेवाली प्रतिक्रिया के तीन चरण होते थे। उसे शिविर में भेजे जाने का चरण, बंदी शिविर में मग्न होने का चरण और उसके आज़ाद होने के बाद का जीवन!

अगर आप पहले चरण के लक्षण की बात करें तो वह बड़ा हैरतअंगेज़ था। हालात ऐसे होते थे कि शिविर में दाखिल होते समय हर बंदी लगातार सदमों का सामना करता था। मैं आपको अपने ही दाखिले से जुड़े सदमे की मिसाल देता हूँ।

काफिले की दास्तान

पिछले कई दिनों से करीब पंद्रह सौ बंदी चौबीसों घंटे सफर कर रहे थे : रेलगाड़ी के हर डिब्बे में अस्सी कैदी यात्रा कर रहे थे। सभी कैदियों को उनके सामान के ऊपर ही लेटना पड़ता था, जो कि उनकी बची-कुची निजी संपत्ति कही जा सकती थी। रेलगाड़ी के डिब्बे कैदियों से इस तरह ठुँसे हुए थे कि केवल खिड़कियों के ऊपरी हिस्से से ही दिन के प्रकाश की हलकी सी झलक मिलती थी। हर कैदी इसी उम्मीद में जी रहा था कि वह गाड़ी उसे किसी हथियार बनानेवाले कारखाने की ओर ले जा रही है, जहाँ उसे एक बँधुआ मज़ूदर की तरह काम करना होगा। हम यह

भी नहीं जानते थे कि अभी तक हम सिलेसिया में ही हैं या पोलैंड पहुँच गए हैं। इंजन की सीटी का स्वर ऐसी करुण व तीखी पुकार जैसा लगता था, मानो गाड़ी यात्रियों के बोझ तले दबकर कराह रही हो। जबकि यह गाड़ी अपने यात्रियों को एक विनाश की ओर ले जा रही थी। इसके बाद गाड़ी किसी बड़े स्टेशन के पास शंटिंग करने लगी। उत्सुक सहयात्रियों में से कोई चिल्लाया, 'यहाँ एक संकेत दिखाई दे रहा है, ऑश्विज़!' उस एक क्षण में मानो सबके दिल की धड़कन थम सी गई। ऑश्विज़ - यह नाम तो सबके लिए गैस चैंबर, शवदाह गृह व बंदियों की सामूहिक हत्या का दूसरा नाम था। आखिरकार वह गाड़ी धीरे-धीरे, लगभग सकुचाते हुए आगे बढ़ी, मानो अपने सहयात्रियों को, जितना हो सके, ऑश्विज़ के भयानक नतीजों से बचाना चाह रही हो।

दिन की हलकी उजास के साथ हमें गाड़ी में से ही एक विशाल कैंप की चार दीवारी में लगी तारें दिखाई देने लगीं... मीलों-मील तक लगी कँटीली तारें... वॉच टॉवर्स, सर्च लाइट्स और फटेहाल कपड़ों में इंसानी आकृतियाँ हम नहीं जानते थे कि वे दिन के धुँधले उजाले में धुँधलाती हुईं, सीधी वीरान सड़कों पर पैदल चलते हुए, जाने किस ओर जा रही थीं। वहाँ से चीखने-चिल्लाने और आदेश के अंदाज़ में बजती सीटियों के स्वर भी सुने जा सकते थे। हम नहीं जानते थे कि उनका क्या मतलब था, पर मेरी कल्पना शक्ति कहती थी कि बहुत से लोग फाँसी के तख्तों पर झूल रहे हैं। मुझे डर तो लग रहा था पर मैंने खुद को सँभाल लिया क्योंकि अब तो हमें हर जगह ऐसे ही भयंकर दृश्यों और अनुभवों का गवाह बनना था। आखिरकार हमारी गाड़ी मंज़िल पर जा पहुँची। पहले-पहल छाई खामोशी के बाद चारों ओर से आदेश के तीखे स्वर गूँजने लगे। असल में यह तो एक शुरुआत भर थी। क्योंकि अब तो हमें शिविरों में रहते हुए, लगातार उन तीखे और कठोर सुरों में मिल रहे आदेशों को दिन-रात सहन करना था। वे स्वर ऐसे थे, मानो कोई शिकार अपनी आखिरी साँसें गिन रहा हो, पर इस सुर में एक अजीब सी कठोरता थी; एक ऐसे आदमी का सुर, जिसे दिन-रात इसी तरह चिल्लाना पड़ता हो; एक ऐसे आदमी का सुर, जिसकी बार-बार हत्या की गई हो।

बंदी शिविरों की ओर

अचानक रेलगाड़ी के डिब्बे अपने चिरपरिचित शोर के साथ खुले, और कुछ बंदियों का जत्था भीतर घुस आया। वे धारीदार वर्दी में थे, उनके सिर मुँडे हुए थे लेकिन वे दिखने में बहुत हट्टे-कट्टे थे। वे सभी यूरोपियन भाषा में बोल रहे थे, जिसमें लगभग एक निश्चित मात्रा में हास्य भी शामिल था, जो हमें ऐसे हालात में बहुत ही घिनौना लग रहा था। जिस तरह डूबते इंसान के लिए तिनके का सहारा भी बहुत होता है, उसी तरह मेरे मन में छिपे आशावाद (जो अकसर निराशाजनक हालात के बीच भी मेरी भावनाओं को वश में रखता आया है।) ने इस सोच को बढ़ावा दिया : 'ये कैदी दिखने में भले-चंगे लगते हैं, सही-सलामत हैं और आपस में हँसी मज़ाक भी कर रहे हैं। कौन जाने, शायद मुझे भी उनके जैसा ही कोई पद सौंप दिया जाए।' मनोरोग चिकित्सा में एक निश्चित अवस्था होती है, जिसे 'मौत की सज़ा रद्द होने का भ्रम' (डिल्यूज़न ऑफ रिप्रीव) के नाम से जाना जाता है। जिस व्यक्ति को प्राणदंड दिया जाना है, वह अपनी मृत्यु से ठीक पहले यह भ्रम पाल लेता है कि शायद उसे आखिरी पल में माफी मिल जाए और उसकी मौत का हुकुम वापस ले लिया जाए। **हम सब भी इसी तरह आशा की डोर को थामे रखते हैं और आखिरी पल तक यही मानते रहते हैं कि हमारे साथ कुछ भी बुरा नहीं होगा।**

हमारे डिब्बे में घुस आए लाल-लाल गालों और गोल चेहरोंवाले कैदियों के चेहरे देखकर हमें भी हौसला मिल रहा था। लेकिन भला तब हम यह कहाँ जानते थे कि वे सब बंदी एक ऐसे चुने हुए खास वर्ग से थे, जो कई वर्षों से, प्रतिदिन स्टेशन पर आनेवाले बंदियों को इसी तरह शिविरों में ले जाने का काम करता था। वे नए आए हुए बंदियों व उनके सामान का जिम्मा भी उठा लेते थे। इस सामान में लोगों के पास रखी दुर्लभ वस्तुएँ तथा तस्करी किए गए जवाहरात भी शामिल होते। युद्ध के आखिरी वर्षों में, ऑश्विज़ निश्चित रूप से यूरोप के विचित्र स्थानों में से रहा होगा। वहाँ सोने, चाँदी, प्लेटिनम व हीरों आदि के अनूठे भंडार सिर्फ विशाल गोदामों में ही नहीं बल्कि एस.एस. अधिकारियों के हाथों में भी रहते थे।

एक के बाद एक सदमा

रेलगाड़ी से उतारकर, पंद्रह सौ कैदियों को एक ऐसे छोटे से बाड़े में ठूँस दिया गया, जिसमें शायद मुश्किल से दो सौ कैदियों की जगह रही होगी। भूख और सर्दी के मारे जान निकल रही थी। वहाँ किसी का लेटना तो दूर, इतनी भी जगह नहीं थी कि हर कोई फर्श पर उकड़ूँ होकर भी बैठ सके। पिछले चार दिनों से हर बंदी के लिए पाँच औंस डबलरोटी का टुकड़ा ही पेट भरने का साधन था। तभी मैंने सुना कि शेड का एक बड़ा बंदी अधिकारी एक सदस्य के साथ हीरे और प्लेटिनम जड़े टाई पिन के लिए मोल-तोल कर रहा था। अधिकतर सौदेबाजी शराब के लिए ही होती थी, जिसे वे श्नैप्स कहते थे। अब मुझे यह तो याद नहीं है कि एक 'गे शाम' मनाने के लिए, भरपूर मात्रा में श्नैप्स जुटाने के लिए कितने हज़ार अंकों की ज़रूरत थी लेकिन मैं यह जानता था कि लंबे समय से वहाँ रह रहे इन कैदियों का शराब के बिना गुज़ारा नहीं था। ऐसे हालात में उन्हें खुद को शराब के नशे में झोंके रखने के लिए कौन दोषी ठहरा सकता था? कैदियों का एक दल ऐसा भी था, जिसे एस.एस. के लोग भरपूर मात्रा में शराब दिया करते : ये वही लोग थे, जिन्हें गैस चैंबरों व शवदाह गृहों में काम करने के लिए नियुक्त किया गया था और जो अच्छी तरह जानते थे कि एक दिन उन्हें नए व्यक्तियों के लिए यह जगह खाली करनी होगी और फिर वे मजबूरी में अपनाई गई जल्लाद की इस भूमिका को जारी रखने के बजाय स्वयं ही इसके शिकार हो जाएँगे।

हमारे काफिले में साथ आए हर कैदी के मन में अब भी यही गलतफहमी थी कि वह किसी तरह बच जाएगा और अब भी सब कुछ ठीक है। हमें एहसास तक नहीं था कि इसके बाद कैसे-कैसे भयानक अनुभव हमारा इंतज़ार कर रहे थे। उस समय हमें यह पता नहीं था कि 'परदे के पीछे' का अर्थ क्या हो सकता है? हम वहाँ घट रही सभी घटनाओं से बिलकुल अनजान थे। हमसे कहा गया कि अपना सामान गाड़ी में ही छोड़कर कतारें बना लें। स्त्री और पुरुषों की दो कतारें, एक बड़े एस.एस. अधिकारी के आगे से गुज़र रही थीं। आज मुझे वह दिन याद करके हैरानी होती है कि कैसे मैंने अपने कोट के अंदर अपना

झोला छिपाने का साहस कर लिया था। मेरी कतार के पुरुष एक-एक कर, अधिकारी के आगे से निकल रहे थे। मुझे एहसास हुआ कि अगर अधि-कारी ने मेरा थैला देख लिया तो यह मेरे लिए खतरनाक हो सकता है।

मैं अपने पिछले अनुभव से जान चुका था, वह कम से कम मुझे धकियाकर नीचे तो धकेल ही सकता था। मैंने सहज होने का प्रयास करते हुए, अपनी कमर सीधी की ताकि उसे मेरी पीठ का भार दिखाई न दे। अब मैं उसके ठीक सामने था। वह एक लंबा और दुबला-पतला आदमी था, जो अपनी बेदाग वर्दी में बड़ा चुस्त-दुरुस्त दिखाई दे रहा था। एक लंबी यात्रा के बाद, गंदे और फटेहाल कपड़ों में खड़े हम बंदियों की तुलना में उसकी छवि बहुत अलग दिख रही थी। उसने अपने बाएँ हाथ से दायीं कलाई को आराम से सहारा देते हुए, चेहरे पर एक बेपरवाही का भाव ओढ़ा हुआ था। उसका दायाँ हाथ उठा हुआ था और वह अपने हाथ की एक उँगली से बंदियों को दायीं या बायीं ओर जाने का संकेत देता जा रहा था। हममें से किसी को भी इस बात का ज़रा भी अंदाज़ा नहीं था कि उस आदमी की उँगली के संकेत के पीछे कौन सा भयानक अर्थ छिपा हो सकता है, जो केवल दाएँ या बाएँ जाने का ही संकेत दे रही थी। उसके अधिकतर संकेत बायीं ओर के लिए ही थे।

अब मेरी बारी थी। तभी कोई मेरे कान में धीरे से बोला कि दायीं ओर भेजने का अर्थ है, बंदी को काम के लिए चुना जाना, जबकि बायीं ओर उन रोगियों व बंदियों को भेजा जा रहा है, जो काम नहीं कर सकते थे। ऐसे सभी बंदियों को एक विशेष शिविर में भेजा जाता था। मैं इंतज़ार कर रहा था कि सभी घटनाएँ क्रमानुसार सामने आएँगी। उनमें से बहुत सी घटनाएँ तो पहले ही घट चुकी थीं। मैं अपने थैले के भार से बायीं ओर ज़रा झुका हुआ था लेकिन स्वयं को सीधा रखने की भरपूर कोशिश भी कर रहा था। एस.एस. के अधिकारी ने मुझे हिचकिचाहट से देखने के बाद, अपने दोनों हाथ मेरे कंधों पर रख दिए। मैंने भी होशियार दिखने की भरपूर कोशिश की। उसने मेरे कंधे पकड़कर तब तक घुमाए, जब तक मेरा चेहरा दायीं ओर नहीं मुड़ गया। फिर उसने मुझे उसी दिशा में भेज दिया।

3

शिविर में हमारा पहला दिन

हमें उसी दिन शाम को, उस उँगली के खेल के मायने समझ में आ गए। यह हमारे जीवन या मृत्यु के लिए लिया गया पहला फैसला या पहला चुनाव था। हमारे काफिले के अधिकतर व्यक्तियों यानी लगभग नब्बे प्रतिशत साथियों के लिए यह मौत का फरमान था। अगले कुछ ही घंटों में उन्हें मौत की सज़ा सुना दी गई। जो लोग बायीं ओर भेजे गए थे, उन्हें स्टेशन से सीधा कदमताल करते हुए शवदाह गृह की ओर भेज दिया गया और फिर वे हमेशा के लिए गहरी नींद सुला दिए गए। वहाँ काम कर चुके एक व्यक्ति ने मुझे बताया कि उस इमारत के दरवाज़ों पर कई यूरोपियन भाषाओं में 'स्नानघर' लिखा था। अंदर जाते ही हर कैदी को एक साबुन का टुकड़ा दिया जाता और फिर....। लेकिन शुक्र है कि मुझे वे सब घटनाएँ दोहराने की ज़रूरत नहीं है क्योंकि इस आतंक के बारे में पहले से ही बहुत से दस्तावेज़ मौजूद हैं और लोग इसके बारे में विस्तार से जानते हैं।

हममें से जो लोग बच गए थे यानी काफिले के साथ आए केवल कुछ प्रतिशत बंदी, उन्हें शाम को यह सब पता चला। मैंने वहाँ पहले से रह रहे बंदियों से पूछा कि अन्य बंदियों और मेरे दोस्तों को कहाँ भेजा गया था?

'क्या उसे बायीं ओर भेजा गया था?' उसने पूछा।

'हाँ।' मैंने उत्तर दिया।

'तब तुम उसे वहाँ मिल सकते हो।' उसने एक ओर इशारा किया।

'कहाँ?' मैंने पूछा। उसने कुछ गज़ की दूरी पर दिख रही चिमनी की ओर इशारा किया, जिससे निकलती आग की लपट पोलैंड के आसमान

पर जाते हुए आगे जाकर एक बादल में ओझल हो रही थी।

'वह देखो, तुम्हारा दोस्त स्वर्ग की दिशा में जा रहा है', जवाब आया। लेकिन मैं यह बात तब तक नहीं समझ सका, जब तक मुझे दो टूक शब्दों में सारी हकीकत नहीं समझाई गई।

मैं बातों को सिलसिलेवार ही बता रहा हूँ। अगर मनोवैज्ञानिक नज़रिए से देखा जाए तो स्टेशन से धुँधल से भरी उस सुबह से लेकर, शिविर में हमारी पहली रात तक, हमारे लिए अभी बहुत कुछ देखना बाकी था।

हमें हथियारबंद एस.एस. पहरेदारों के साथ, स्टेशन से दौड़ाया गया। हम शिविर की ओर जाते हुए, उन कँटीली तारों के पास से गुज़रे, जिनमें बिजली का करंट था। इसके बाद हमें अपने शरीर को साफ–सुथरा करने की कसरत से गुज़रना था। जो लोग बच गए थे, उनके लिए यह सचमुच का स्नान था। एक बार फिर से हमें यह झूठी तसल्ली होने लगी कि हमारे साथ कुछ बेहतर होने जा रहा था। एस.एस. अधिकारी दिखने में अच्छे लग रहे थे। जल्दी ही हमें उनकी सज्जनता का परिचय भी मिल गया। वे हमारे साथ सिर्फ तभी तक भले बने रहे, जब तक उन्होंने हमें फुसलाकर, हमारे हाथों पर बँधी घड़ियाँ नहीं हथिया लीं। वैसे भी हमें अपनी सारी संपत्ति तो उन्हें देनी ही थी। हमारा सारा सामान अब उनका था। अगर हम अपनी घड़ी उनमें से किसी एक को देते तो हमारे लिए ही फायदेमंद था। शायद वह किसी दिन हमारी भलाई का बदला चुका देता।

हमें एक बरामदेनुमा स्थान पर इंतज़ार करने को कहा गया, जो कीटाणुनाशन कक्ष के बाहर बना था। फिर एस.एस. के आदमी आए और उन्होंने ज़मीन पर कुछ कंबल बिछा दिए। वे चाहते थे कि हम अपना सारा सामान, हमारी घड़ियाँ और जेवरात आदि उन कंबलों पर फेंक दें। अब भी कुछ सीधे और मासूम बंदी ऐसे थे, जिन्होंने एस.एस. अधिकारियों से यह पूछकर सबको चकित कर दिया कि क्या वे अपनी शादी की अँगूठियाँ, कोई मैडल या गुडलक पीस अपने साथ रख सकते थे? उन्हें अब भी यह बात समझ नहीं आई थी कि उनके पास कुछ नहीं

रहने दिया जाएगा।

मैंने पुराने बंदियों में से एक को अपने भरोसे में लेना चाहा। मैं झट से उसकी ओर खिसका और अपने कोट की अंदरवाली जेब में पड़े कागज़ों के पुलिंदे को दिखाते हुए धीमे से बोला, 'देखो! मेरे पास एक वैज्ञानिक पुस्तक की पांडुलिपि है। मैं इसे बचाना चाहता हूँ। मैं जानता हूँ कि तुम कहोगे कि मुझे तो भगवान का शुक्रिया अदा करना चाहिए कि मेरी जान बच गई, मैं इससे ज़्यादा अपनी किस्मत से और क्या उम्मीद रख सकता हूँ। पर मैं खुद को रोक नहीं सका इसीलिए तुमसे विनती करता हूँ कि तुम किसी भी कीमत पर इस पांडुलिपि को बचाने में मेरी मदद करो; यह मेरी सारे जीवन की जमा-पूँजी है। तुम समझ रहे हो न, मैं क्या कह रहा हूँ?'

ऐसा लगा कि शायद उसे बात समझ आने लगी थी। धीरे-धीरे उसके चेहरे पर मुस्कान दिखने लगी, ऐसा लगा कि उसे मुझ पर तरस आ रहा हो। लेकिन फिर उसकी मुस्कान अचानक विस्मय भाव में बदल गई। मानो वह मेरा अपमान कर रहा हो और तब उसने अपने मुँह से वह शब्द निकाला, ''शिट!!'', यह शब्द हम शिविरवासियों के जीवन में सदा अपनी मौजूदगी बनाए रखता था। वह अपने हाव-भावों से भी मेरा काफी उपहास कर चुका था। उसी समय मेरा आमना-सामना क्रूर सत्य से हुआ और मैंने अपनी मनौवैज्ञानिक प्रतिक्रिया के पहले चरण के आखिरी बिंदु को पहचाना : मैं अपने पिछले जीवन से एक झटके में ही बाहर आ गया था यानी अब मुझे पूरी तरह से केवल 'आज' में ही जीना था। अब मेरे पास अपने लिए कुछ भी बचाकर रखने का कोई अधिकार नहीं था।

अचानक मेरे साथ बैठे उन सभी लोगों में एक थरथराहट सी दौड़ गई, जो पीले, मुरझाए और थके हुए चेहरों के साथ असहाय भाव से बातचीत में मग्न थे। हमें फिर से कड़े स्वर में दिए जा रहे आदेश सुनाई देने लगे और मुक्कों व घूँसों के साथ स्नानघर की ओर रवाना किया गया। जब हम भीतर गए तो एक एस.एस. अधिकारी हम सबके इंतज़ार में पहले से वहाँ मौजूद था, वह बोला, 'मैं तुम सबको दो मिनट का

समय देता हूँ और यह समय मेरी घड़ी के हिसाब से होगा। इन दो मिनटों के भीतर तुम्हें अपने सारे कपड़े उतारने होंगे। तुम्हारी देह पर जो भी है, उसे उतारकर, अपने पास ही ज़मीन पर रख दो। तुम्हारे पास अपने जूते, गेलिस और टाँगों के बीच बँधी गद्देदार पट्टी के सिवा कुछ नहीं बचना चाहिए। मैं गिनती करना शुरू करता हूँ, अब...।'

लोगों ने बेहिचक अपने कपड़े फाड़ने आरंभ कर दिए। समय कम हो रहा था, वे मारे घबराहट के और भी बदहाल हो रहे थे, घबराकर अपने अंतर्वस्त्र, बेल्ट और जूतों के तस्मों से उलझ रहे थे। फिर हमने पहले कोड़े की फटकार सुनी; नंगी देहों पर चमड़े के कोड़े मारे जा रहे थे।

इसके बाद हम सबको झुंड बनाकर, एक ऐसे कमरे में ले जाया गया, जहाँ हमारी हजामत हुई: सिर समेत हमारे शरीर के किसी भी अंग पर बाल का एक कतरा तक नहीं छोड़ा गया। इसके बाद हमें स्नान करने के लिए कतारों में भेज दिया गया। हम एक-दूसरे को पहचान तक नहीं पा रहे थे, पर हमें यह देखकर बहुत सुकून मिला कि नलों से असल में पानी ही टपक रहा था।

जब हम अपने स्नान की बारी आने के इंतज़ार में थे तो अपनी देह के नंगेपन ने हमें एहसास दिलाया कि हमारे पास अब अपने नंगे शरीरों के अलावा कुछ नहीं बचा था - यहाँ तक कि अब उस पर बाल तक नहीं बचे थे; सच कहूँ तो हम सभी अपने इन नग्न अस्तित्वों के वश में थे। ऐसा लगा जैसे अपने पिछले जीवन से हमारा कोई नाता ही न रह गया हो। मेरे पास चष्मा और बेल्ट बची थी; बाद में डबलरोटी के एक टुकड़े के लिए मैंने वह बेल्ट भी किसी दूसरे को दे दी थी। शरीर के निचले हिस्से में पहनी जानेवाली गद्दीदार पट्टियों के मालिकों के लिए थोड़ा-बहुत रोमांच अभी बाकी था। शाम को हमारी झोंपड़ी में हमारे वरिष्ठ बंदी अधिकारी ने अपना भाषण देते हुए, छत पर लटक रही बल्लियों की ओर इशारा किया और कहा कि 'अगर किसी गद्दीदार पट्टी के मालिक ने अपनी पट्टी में पैसे या कीमती पत्थर वगैरह सिलकर छिपाने की कोशिश

की तो वह उसे उसी बल्ली से लटकाकर मार देगा।' उसने गर्व से बताया कि शिविर का वरिष्ठ अधिकारी होने के नाते वह ऐसा करने का पूरा हक रखता है।

जहाँ तक हमारे जूतों का सवाल था, यहाँ भी मामला इतना आसान नहीं था। हालाँकि हमें उन्हें रखने की इजाज़त थी, परंतु जिनके पास अच्छे जूते थे, उन्हें उनसे छीनकर, बदले में ऐसे जूते दे दिए गए थे, जो उनके पैरों में फिट नहीं आते थे। असली मुश्किल तो उन कैदियों के लिए थी, जिन्होंने अपने वरिष्ठ कैदी साथियों की सलाह मानकर अपने बड़े व लंबे जूते काट दिए थे और उनके कटने के निशान छिपाने के लिए उन पर साबुन मल दिया था, जो हमें नहाते समय दिया गया था। एस.एस. के लोग तो जैसे इसी मौके की तलाश में थे। सभी गुनाहगारों को एक साथवाले छोटे कमरे में ले जाया गया। कुछ ही देर बाद हमने दोबारा कोड़े बरसने और उन लोगों के कराहने की आवाज़ें सुनीं और इस बार ये मार-पीट, पहले से अधिक समय तक जारी रही।

इस तरह हमारे सारे भ्रम, धीरे-धीरे एक-एक कर टूट रहे थे और फिर अचानक, हममें से अधिकतर कैदी एक भयंकर किस्म के हास्यबोध में मग्न हो उठे। हम जानते थे कि अब हमारे पास हास्यास्पद रूप से नग्न जीवन के सिवा खोने के लिए बाकी कुछ बचा ही नहीं था! जब नलों से पानी आने लगा तो हमने अपने और एक-दूसरे के बारे में हँसी-मज़ाक करने की पूरी कोशिश की। जो भी हो भई, उन नलों से तो हमें शुद्ध पानी ही मिल रहा था।

उस विचित्र प्रकार के हास्यबोध के अलावा हम एक और भावना को महसूस कर सकते थे : कौतूहल या जिज्ञासा। मैं पहले भी इस प्रकार की जिज्ञासा का सामना कर चुका था, यह अटपटे हालातों के लिए एक बुनियादी प्रतिक्रिया होती है। एक बार पर्वतारोहण के अनुभव के दौरान मेरी जान पर बन आई थी और दुर्घटना के उस कठिन क्षण में मेरे मन में केवल यही जानने का कौतूहल बचा था कि इस घटना के बाद मैं जीवित बचूँगा या फिर मुझे अपनी फूटी खोपड़ी के अलावा शरीर के

और कौन-कौन से अंगों के टूटने-फूटने की पीड़ा सहनी होगी?

यही सर्द कर देनेवाला कौतूहल ऑश्विज़ कैंप में भी साथ बना रहा। इसके कारण आसपास के माहौल के असर से अपने मन को किसी तरह दूर रखना संभव हो गया। उस समय यह सोच एक सुरक्षा-साधन के रूप में कारगर सिद्ध हो रही थी। हम यह जानने को उत्सुक थे कि इसके बाद क्या होगा; और उसके क्या नतीज़े सामने आएँगे। मिसाल के लिए, कड़कड़ाती सर्दी के दिनों में हमारा खुली हवा में खड़े होना और स्नान के बाद लंबे समय तक कपड़ों के बिना रहना! अगले कुछ ही दिनों में हमारा यह कौतूहल हैरानी में बदल गया; हैरानी की बात यह थी कि इतना सब होने पर भी हमें सर्दी नहीं लगी थी।

नए कैदियों के लिए ऐसे ही बहुत से हैरतंगेज़ अनुभव इंतज़ार कर रहे थे। हम लोगों के बीच जो लोग चिकित्सा के क्षेत्र से जुड़े थे, उन्होंने इन्हें सबसे पहले जाना : किताबें हमेशा झूठ बोलती हैं! शिविर में आने से पहले मुझे यकीन हुआ करता था कि कुछ ऐसे काम भी हैं, जो हम कर ही नहीं सकते। : जैसे हम इसके या उसके बिना नहीं सो सकते थे, हम इसके या उसके बिना नहीं जी सकते थे; जबकि हम ऑश्विज़ में पहली रात ऐसे बिस्तरों में सोए थे, जो एक के ऊपर एक कतार में लगे हुए थे। करीबन साढ़े छह से आठ फीट के प्रत्येक तख्त पर नौ बंदी सो रहे थे। उन नौ बंदियों के बीच केवल दो कंबलों को ही सर्दी से बचाने का काम करना था। हम ऐसा करने में सफल रहे लेकिन हम सबको एक ही करवट लेकर, एक-दूसरे से बेतरह सटकर, भीड़ के बीच सोना पड़ा। हमने गहरी नींद ली। बेशक कुछ बातों से अनजाने में लाभ भी मिल जाता है। हड्डियों को जमा देनेवाली सर्दी के बीच इस व्यवस्था ने थोड़ी राहत दी। हालाँकि अपने बिस्तरों पर जूते पहनकर सोने की मनाही थी, पर कुछ लोगों ने उन्हें तकिए की तरह सिरों के नीचे दबा लिया था, उन्हें इस बात की परवाह नहीं थी कि वे जूते कीचड़ से सने हुए थे। बाकी कैदियों को अपना सिर, अपनी बाजू पर ही टिकाना पड़ रहा था, जो एक ही स्थान पर रखे जाने की वजह से अकड़ रही थी। फिर भी हमें नींद आई और

कुछ घंटों के लिए मानों हर प्रकार के कष्ट और ज़ुल्म से छूट मिल गई।

मैं ऐसे ही कुछ और आश्चर्यों के बारे में बताना चाहूँगा, जो उस दौरान हमने अपनी सहनशक्ति की सीमा के बारे में जाने : हम अपने दाँत साफ नहीं कर सकते थे, इस मजबूरी और विटामिन की भयंकर कमी के बावजूद हमारे मसूड़े पहले से कहीं ज़्यादा स्वस्थ और मज़बूत थे। हमें करीबन छह माह तक एक ही कमीज़ को तब तक पहनना होता था, जब तक वह दिखने में कमीज़ लगनी बंद नहीं हो जाती थी। हम कई-कई दिनों तक अपने शरीर को साफ नहीं कर पाते थे क्योंकि नलों में पानी जम जाता था और फिर भी हमारे गंदे हाथों पर पड़े छालों और फफोलों में मवाद नहीं भरता था (यदि उनमें बर्फ के कारण शीतदंश न हुए हों) हममें से कई लोगों को पहले कच्ची नींद की शिकायत थी। ये लोग हलकी सी आहट सुनकर भी नींद से उठकर बैठ जाया करते थे, लेकिन अब यही लोग शोर-शराबे के बावजूद अपने उस साथी के भार तले दबे गहरी नींद लेते पाए जाते थे, जो उनके कान से कुछ ही इंच की दूरी पर लंबे-लंबे खर्राटे भर रहा होता था।

दोस्तोवस्की का एक कथन है, जिसमें उन्होंने साफ शब्दों में कहा था कि **एक मनुष्य के रूप में हम किसी भी चीज़ के आदी हो सकते हैं।** अगर अब हमसे कोई इस कथन की सच्चाई के बारे में पूछता तो हमारा जवाब होता, 'जी हाँ, मनुष्य किसी भी वस्तु का आदी हो सकता है पर मेहरबानी करके हमसे यह न पूछें कि ऐसा कैसे होता है।' अभी हमारी मनोवैज्ञानिक खोजबीन हमें इतनी दूरी तक नहीं ले गई थी; और न ही हम बंदियों के रूप में उस मोड़ तक पहुँचे थे, जहाँ ऐसे सवालों के जवाब देना संभव हो। हम अब भी अपनी मनोवैज्ञानिक प्रतिक्रियाओं के पहले चरण में थे।

भले ही कुछ देर के लिए सही, पर हममें से हर कैदी के मन में कभी न कभी आत्महत्या का विचार अवश्य आया। यह हमारी असहाय अवस्था, हर रोज़, हर वक्त लगातार मँडराते मौत के खतरे और दूसरे बंदियों की मौत को बहुत पास से देखने के अनुभव की उपज थी। अपने

निजी संकल्प के अनुसार (जिसके बारे में हम बाद में चर्चा करेंगे) मैंने शिविर के पहले ही दिन स्वयं से वादा किया था कि मैं कभी भी उन करंटवाले तारों को गले से नहीं लगाऊँगा, जो हमारे शिविरों के आसपास लगाए जाते थे। प्राय: शिविर में आत्महत्या करने के लिए इसी लोकप्रिय तरकीब का नाम लिया जाता था। आत्महत्या करने की इच्छा रखनेवाला व्यक्ति जाकर करंटवाले कँटीले तारों को छू लेता और...। मेरे लिए यह फैसला कर पाना बहुत मुश्किल भी नहीं रहा। वैसे भी शिविर में रहे लोगों के औसतन जीवनकाल को ध्यान में रखते हुए, आत्महत्या करने का कोई तुक भी नहीं बनता था क्योंकि हमारे लंबे समय तक बचने की संभावना बहुत कम थी। केवल कुछ ही लोग इसके अपवाद के रूप में गिने जा सकते थे, जो हर प्रकार के चुनाव की प्रक्रिया से बेदाग निकल जाते थे। ऑश्विज़ के नए कैदी, अपने सदमे की पहली अवस्था के दौरान मौत से भयभीत नहीं हुए। यहाँ तक कि पहले कुछ दिन के बाद, कैदियों के लिए गैस चैंबर का भय भी जाता रहा – जो भी हो, कम से कम गैस चैंबर होने के कारण आत्महत्या की नौबत नहीं आती थी। ये गैस चैंबर ही दुर्बल कैदियों के लिए मृत्यु का दूसरा नाम बन जाते थे।

4

शिविर में बने रहने के उपाय

मैंने बाद में जिन मित्रों से भेंट की, उन्होंने मुझे बताया कि मैं उन बंदियों में से नहीं था, जिनके लिए शिविर में भर्ती होने का अनुभव बहुत ही निराशाजनक रहा हो। जब ऑश्विज़ में पहली रात बीतने के बाद सुबह हुई तो उस घटना के दौरान मैं सहज भाव से मुस्कराने के अलावा कुछ न कर सका। हमें अपने ब्लॉक से बाहर न आने के कड़े निर्देश दिए गए थे लेकिन हमारा एक साथी किसी तरह घुसपैठ करके हमारे ब्लॉक तक आ ही गया। वह हमसे कुछ सप्ताह पहलेवाले काफिले में ऑश्विज़ पहुँचा था। वह हमारे मन को दिलासा और तसल्ली देने के साथ-साथ कुछ और बातें भी बताना चाहता था। वह इतना दुबला हो गया था कि पहले तो हम उसे पहचान ही नहीं सके। उसने अपने हास्यबोध और 'मुझे परवाह नहीं' वाले रवैये के साथ हमें झटपट कुछ टिप्स दिए, जैसे - भयभीत मत होना... चुनाव के समय हिम्मत बनाए रखना... डॉक्टर एम. (एस.एस. चिकित्सा अधिकारी) डॉक्टरों के लिए थोड़ा लिहाज़ कर लेता है। मेरा यह साथी गलत कह रहा था। झोंपड़ियों के ब्लॉक के एक डॉक्टर कैदी की आयु लगभग साठ साल थी। उसने मुझे बताया था कि उसने डॉक्टर एम. से विनती की थी कि वह उसके बेटे को बचा ले, जिसके भाग्य में गैस चैंबर ही लिखा था पर डॉक्टर एम. ने बड़ी ही बेरहमी से इनकार कर दिया था।

'और एक बात तो मैं तुम्हें हाथ जोड़कर कहना चाहता हूँ'; उसने अपनी बात जारी रखी, 'हज़ामत करना मत भूलो, अगर मुमकिन हो सके तो रोज़ करो। भले ही तुम्हें इसके लिए काँच के टुकड़े का ही इस्तेमाल क्यों न करना पड़े.... भले ही इसके बदले में अपना डबलरोटी का टुकड़ा ही क्यों न देना पड़े। इस तरह तुम जवान दिखोगे और गालों पर लाली भी

बनी रहेगी। अगर तुम जीवित रहना चाहते हो तो उसके लिए यहाँ एक ही उपाय है, तुम्हें देखकर लगना चाहिए कि तुम काम करने के लिए पूरी तरह से फिट हो। मान लो कि तुम्हारे पाँव पर कोई छाला हो गया और तुम इसकी वजह से लड़खड़ाकर चल रहे हो और अगर एस.एस. का कोई अधिकारी या सिपाही तुम्हें देख लेता है तो वह इशारा करके तुम्हें कतार से अलग कर देगा और अगले ही दिन तुम खुद को गैस चैंबर में पाओगे। तुम जानते हो, हमारे यहाँ कमज़ोर, दयनीय, मरियल, रोगी और शारीरिक कार्य न कर पानेवाले व्यक्ति को 'मोस्लेम'(Moslem) कहकर पुकारा जाता है। देर–सवेर उन सभी व्यक्तियों को गैस चैंबर का निशाना बनना ही होता है, जो इन लोगों के किसी काम के नहीं होते। इसलिए याद रखो, हजामत करो... तनकर खड़े रहो... और पूरी चुस्ती के साथ काम करो... फिर तुम्हें किसी गैस चैंबर के नाम से डरने की ज़रूरत नहीं है। भले ही तुम्हें यहाँ आए चौबीस घंटे से भी कम समय हुआ है लेकिन किसी को भी गैस के नाम से डरने की ज़रूरत नहीं है।' और फिर वह मेरी ओर संकेत कर बोला, 'हाँ, तुम इनका अपवाद कहे जा सकते हो और आशा करता हूँ कि तुम मेरी इस बेबाकी को माफ कर दोगे।' फिर उसने दूसरों के आगे अपनी बात दोहराई, तुम सब लोगों में से केवल यही एक बंदी ऐसा दिखाई दे रहा है, जिसे अगली बार गैस चैंबर के लिए चुने जाने का भय होना चाहिए। इसलिए तुम लोग निश्चिंत रहो!

उसकी ये बातें सुनकर मैं मुस्कराने लगा। अब मुझे पूरा विश्वास हो गया है कि उस दिन अगर मेरे स्थान पर कोई भी होता तो वह भी इसी तरह मुस्कराता।

एक बार लैसिंग ने ठीक ही कहा था, 'कुछ न कुछ ऐसा तो ज़रूर होना चाहिए, जिनके कारण तुम अपना विवेक खो बैठो वरना तुम्हारे पास खोने के लिए कुछ और नहीं है।' **एक असामान्य परिस्थिति के लिए एक असामान्य प्रतिक्रिया को ही सामान्य बरताव माना जाएगा।** हम मनोवैज्ञानिक यही मानते हैं कि किसी भी असामान्य हालात के लिए, इंसान की प्रतिक्रिया भी असामान्य ही होती है। बंदी शिविर में दाखिला होने पर

किसी व्यक्ति की प्रतिक्रिया उसकी मन की असामान्य अवस्था को ही दिखाती है। अगर तटस्थ भाव से देखा जाए तो यह सामान्य बात ही है। यह बाद में समझ में आएगा कि उन हालात पर यह बस एक तयशुदा प्रतिक्रिया थी। जैसा कि मैंने बताया, कुछ ही दिनों में, इन प्रतिक्रियाओं में बदलाव आने लगा। बंदी पहले से दूसरे चरण में आ गए; इस चरण तक आते-आते कैदी भावात्मक रूप से मर चुके थे।

बंदियों की मानसिक अवस्था में बदलाव

पहले बताई गई प्रतिक्रियाओं के अलावा, नए बंदी दूसरे बंदियों के उन गहरे तकलीफदेह भावों की पीड़ा को भी महसूस करते थे, जिसे वे सबके सामने दिखाना नहीं चाहते थे। कैदी की अपने घर व परिवार के लिए गहरी तड़प सबसे पहले सामने आती थी। कई बार यह इतनी तीव्र और गहरी हो उठती कि उसे ऐसा लगता जैसे वह तड़प ही उसे निगल जाएगी। इसके बाद उसके मन में घृणा का भाव जागता; उसे उस सारी बदसूरती से घृणा होने लगती, जो उसके आसपास फैली थी, भले ही वह सिर्फ अपने बाहरी रूपों में ही क्यों न हो।

अधिकतर बंदियों को फटेहाल चीथड़ों से बनी वर्दी पहनने को मिलती, जिसकी तुलना में शायद खेतों में कौओं को भगाने के लिए लगाए गए कागभगोड़े भी सुंदर दिखते होंगे! शिविर की झोंपड़ियों के बीच कीचड़ फैला रहता, कोई उसे जितना भी साफ करने की कोशिश करता, उसे उतना ही अधिक उसके संपर्क में आना पड़ता। नए कैदियों को बड़े ही चाव से उन दलों के बारे में विस्तार से बताया जाता, जिन्हें शौचालय साफ करने और मल ढोने का काम करना होता था। हमेशा की तरह ढलानयुक्त खेतों की ओर मल ढोते समय, कुछ गंदगी छलककर ढोनेवाले के चेहरे पर आती। अगर वह घृणा जाहिर करता या अपना मुँह साफ करने की कोशिश करता तो कापो यानी सिपाही का कोड़ा बरस जाता था। इसलिए सारे बंदी जल्द ही सामान्य प्रतिक्रियाएँ देना बंद कर देते थे।

पहले-पहल जब कोई बंदी किसी दूसरे समूह को सज़ा के रूप में

दी गई परेडों का दृश्य देखता तो अपना मुँह फेर लेता; वह सहन नहीं कर पाता था कि उसके साथी सज़ा के नाम पर घंटों परेड में जुटे रहें और बदले में मुक्के और घूँसे खाते रहें।

कई सप्ताह गुज़र गए। धीरे-धीरे हालात बदलने लगे। सुबह के समय, जब पौ भी नहीं फटी थी, अपने दरवाज़ों के पास खड़े बंदी, अपने दल के साथ परेड के लिए तैयार थे। तभी एक कैदी ने किसी की चीख सुनी। उसके एक साथी को ठोकर मारकर गिराया गया था, फिर झटके से उठाकर, दोबारा ठोकर मारकर पटका गया था लेकिन उसका कसूर क्या था? दरअसल उसे उस दिन बुखार था पर उसने अपनी बीमारी की सूचना गलत समय पर दी थी। उसे इस बात के लिए सज़ा दी जा रही थी कि उसने अपने काम से बचने के लिए ऐसा प्रयास किया। उस समय उसके स्थान पर दूसरे बंदी को काम के लिए नहीं भेजा जा सकता था।

लेकिन मनोवैज्ञानिक प्रतिक्रियाओं के दूसरे चरण में पहुँच चुके बंदी अब ऐसे दृश्य देखकर अपने मुँह नहीं फेरते थे। तब तक उनकी भावनाएँ धुँधलाकर करीबन मर चुकी होतीं और वे ऐसे दृश्यों को बड़ी उदासीनता से ताकते रहते थे। एक और उदाहरण: उस आदमी ने खुद को रोगियों के कक्ष के बाहर पाया। उसे उम्मीद थी कि उसे शिविर में ही हलका काम करने की इजाज़त मिल जाएगी, जो कि चोट, बुखार या शरीर में सूजन के कारण कभी-कभी मिल जाया करती थी। तभी वहाँ एक बारह साल के बच्चे को लाया गया। शायद उसे घंटों बर्फ में खड़े रहने की सज़ा दी गई होगी या फिर वह जूते पहने बिना ही शिविर के बाहर घंटों काम करते हुए बीमार हो गया होगा। उसके पैरों की उँगलियों में शीतदंश हो गए थे। डॉक्टर ने उन्हें चुन-चुनकर चिमटी से निकाला, वरना गैंग्रीन से हालत और भी खराब हो सकती थी। अब हमारे दर्शक बंदी नाराज़गी, डर, खीझ और तरस खाने जैसे भावों को महसूस नहीं कर पाते थे। शिविर में कुछ ही सप्ताह रहने के बाद उनके लिए कष्ट सहते लोग, मरणासन्न हालतवाले लोग तथा मृतक इतने आम हो गए थे कि अब यह सब उन्हें भावुक नहीं कर सकता था।

मैंने भी टाइफस (एक संक्रामक रोग) से पीड़ित रोगियों की झोंपड़ी में कुछ समय बिताया। इन रोगियों को बहुत तेज़ बुखार था और इनमें से अधिकतर वहाँ बेसुध पड़े रहते थे। अनेक रोगी तो मरने की कगार पर थे। एक दिन उनमें से एक की मौत हो गई। इसके बाद मैंने बिना किसी भावात्मक उथल-पुथलवाला एक ऐसा दृश्य देखा, जो हर मौत के बाद यूँ ही प्रतिदिन दोहराया जाता था। एक-एक कर, सारे कैदी उस शव के पास आने लगे, जो अभी पूरी तरह से ठंढा भी नहीं हुआ था। एक ने उसका आलू का बचा हुआ भोजन लपक लिया; दूसरे ने तय किया कि लाश के लकड़ी के जूते, उसके अपने जूतों से बेहतर हो सकते थे और उसने उन्हें बदल लिया। एक तीसरे आदमी ने लाश के कोट के साथ यही किया और एक अन्य आदमी को जो पाकर बेहद खुशी मिली, उसे जानकर तो आप भी चकित रह जाएँगे - क्या आप कल्पना कर सकते हैं कि उसे क्या मिला होगा? उसे उस लाश की जेब से एक लंबी डोरी मिली!

मैंने यह सब बड़े ही सीधे सच्चे और विरक्त भाव से देखा। हारकर मैंने एक चिकित्सा सहायक से उस शव को वहाँ से हटाने का आग्रह किया। उसने उस शव को टाँगों से पकड़ा और दो ऐसे तख्तों की पंक्तियों के बीच बने बरामदे में लुढ़कने के लिए छोड़ दिया, जहाँ पर पचास टाइफस रोगियों के बिस्तर बने हुए थे। वह उस शव को कच्चे ऊबड़-खाबड़ फर्श पर घसीटता ले गया। वे खुले स्थान की ओर ले जानीवाली दो सीढ़ियाँ हमारे लिए शुरू से ही परेशानी की वजह रही थीं क्योंकि हम सब लंबे समय तक भरपेट भोजन न मिलने की वजह से बहुत दुबले और मरियल हो गए थे। शिविर में कुछ ही माह बिताने के बाद, हम उन छह-छह इंच की ऊँचाई पर बनी सीढ़ियों पर चढ़ने के लायक नहीं रह गए थे। कमज़ोरी के कारण हमें किसी चौपाए की तरह अपने हाथों पर भार देते हुए, अपने-आपको सीढ़ियों से ऊपर घसीटना पड़ता था।

शव को घसीटकर ले जानेवाला व्यक्ति दरवाज़े के पास पहुँचा। उसने बहुत ज़ोर लगाते हुए, अपने-आपको हिलाया और फिर शव को घसीटना आरंभ किया: पहले पैर, फिर धड़ और अंत में एक विचित्र से

घनघनाते सुर में शव का सिर उन दो सीढ़ियों से जा टकराया। मेरी जगह झोंपड़ी के ठीक दूसरी ओर एक छोटी सी खिड़की के पास थी। मैं अपने ठंढे हाथों में थामे गए सूप के कटोरे से, भुक्खड़ों की तरह गरम सूप गुटक रहा था। अचानक मेरी नज़र खिड़की के बाहर गई। अभी जिस लाश को बैरक से हटाया गया था, वह वहाँ पड़ी, खुली आँखों से मुझे ही ताक रही थी। दो घंटे पहले ही तो मैंने उस आदमी से बात की थी। पर यह दृश्य देखने के बाद भी मैं बेलाग होकर अपना सूप पीता रहा।

अगर पेशेवर रुचि के चलते, मेरे भावों की कमी ने मुझे हैरान न किया होता तो शायद मुझे इस घटना के बारे में कुछ भी याद तक नहीं होता क्योंकि इसमें मेरी कोई भावनाएँ शामिल नहीं थीं।

बंदी की उदासीनता, भावनाओं का विस्फोट तथा यह सोच रखना कि बस अब वह किसी की परवाह नहीं करता... ये सब ऐसे ही लक्षण थे, जो कैदियों की मनोवैज्ञानिक प्रतिक्रियाओं के दूसरे चरण में उभरते थे और धीरे-धीरे उसे दिन-प्रतिदिन की मार-पिटाई और अवहेलना के लिए असंवेदनशील बना देते थे। इस असंवेदनशीलता के जरिए बंदी स्वयं के इर्दगिर्द ज़रूरी बचावकारी खोल का निर्माण कर लेते थे।

5

मार-पिटाई और अपमान का ज़हर

बंदियों को ज़रा-ज़रा सी बातों के बहाने जमकर पीटा जाता था और कई बार तो उन बेरहम अधिकारियों को बहाने की भी ज़रूरत महसूस नहीं होती थी। मिसाल के लिए, हमारे यहाँ डबलरोटी राशन में मिलती थी, जिसके लिए हम सबको कतार में खड़े होना पड़ता था। एक बार, मेरे पीछे खड़ा व्यक्ति कतार की सिधाई को नज़रअंदाज़ करते हुए, थोड़ा सा हटकर खड़ा हो गया और यूँ कतार का टेढ़ा होना, एक एस.एस. सिपाही को पसंद नहीं आया। मैं नहीं जानता था कि मेरे पीछे क्या चल रहा था और न ही मुझे यह पता था कि एस.एस. अधिकारी के दिमाग में क्या खुराफात आ गई थी। अचानक मेरे सिर पर दो करारी चोट पड़ीं। तभी मैंने पीछे मुड़कर अपने पास खड़े एस.एस. अधिकारी को देखा, जो अपने हाथ में एक छड़ी लिए खड़ा था। ऐसे पलों में शारीरिक पीड़ा इतना कष्ट नहीं देती (और यह भाव सज़ा पाए बच्चों के साथ-साथ वयस्कों पर भी लागू होता है।); बल्कि इस अन्याय से पैदा होनेवाली मानसिक पीड़ा, इंसान को बेचैन कर देती है। ऐसी घटना से जुड़ी नाइंसाफी सहन करना मुश्किल हो जाता है और मन ही मन एक गुस्सा सा सुलगने लगता है।

कैसी अजीब बात है कि कई बार अचानक किया गया कोई वार, (जो शायद निशाने से भी चूक गया हो) उस तयशुदा हालात में ऐसी चोट दे जाता है, जो शायद सही निशाना लगने पर भी महसूस न हुई होती। एक बार, मैं बर्फीले तूफान के दौरान रेल की पटरी के पास खड़ा था। हमारे दल को खराब मौसम के बावजूद काम करने का हुकुम मिला था। मैं पटरी की मरम्मत के लिए रोड़ी (पत्थर के टुकड़े) डालते हुए कड़ी मेहनत कर रहा था क्योंकि अपनी देह को गरमाहट देने के लिए

इसके सिवा कोई दूसरा तरीका भी नहीं था। मैं केवल एक पल के लिए, अपनी उखड़ी साँसों पर काबू पाने के लिए रुका और अपने बेलचे का सहारा लेते हुए, उस पर झुक गया। बदकिस्मती से सिपाही भी उसी समय पीछे घूमा और उसे लगा कि मैं हरामखोरी कर रहा हूँ, काम से जी चुरा रहा हूँ। उसने मुझे उस दिन अपने अपमानजनक शब्दों या घूँसों से चोट नहीं पहुँचाई। बल्कि उसने तो अपनी ओर से एक शब्द तक कहने की ज़रूरत नहीं समझी। उसने अपने सामने खड़ी फटेहाल इंसानी आकृति के लिए एक अपशब्द तक मुँह से नहीं निकाला, जो शायद अब उसे किसी इंसानी आकृति का एहसास तक नहीं देती होगी। उसने अपनी मौज़ में, वहीं से एक पत्थर उछालकर मेरी ओर फेंका। मानों वह किसी जानवर का ध्यान अपनी ओर खींचना चाह रहा हो, किसी पालतू जानवर को काम पर लगने का संकेत दे रहा हो या एक ऐसे जीव से पेश आ रहा हो, जिसके और आपके बीच इतना सा भी सामान्य संपर्क नहीं होता कि आप उसे कोई सज़ा दे सकें या कड़े शब्दों में फटकार सकें।

मार–पिटाई का सबसे पीड़ादायी भाग, उससे जुड़ा अपमान ही होता था, जिसे वे बड़ी मुस्तैदी से लागू करते थे। एक बार, हमें बर्फीले रास्तों से, भारी और लंबे शहतीर ढोकर ले जाने थे। अगर एक भी आदमी का पैर फिसलता तो वह अपने साथ–साथ उन सभी बंदियों के लिए भी खतरा बन जाता, जो उसके साथ उसी शहतीर (Girders) को उठाकर चल रहे होते। मेरे एक पुराने दोस्त के कूल्हे में थोड़ी दिक्कत थी, वह खुश था कि उसे अपनी विकलांगता के बावजूद काम करने का मौका मिला हुआ था क्योंकि अपंग लोगों को तो बंदियों के चुनाव के दौरान ही मौत दे दी जाती थी। वह इतने भारी शहतीर के भार तले दबकर, एक ओर को लँगड़ाते हुए चल रहा था।

तभी ऐसा लगा कि वह गिरने ही वाला है और उसके साथ ही बाकी सब भी गिरते। मैंने उस समय शहतीर नहीं उठा रखा था इसलिए मैं बिना किसी सोच–विचार के उसकी मदद के लिए आगे बढ़ गया। ऐसा करने के इनाम में, मुझे झट से पीठ पर गहरा वार मिला, कड़े शब्दों में

फटकारा गया और अपने स्थान पर वापस जाने का आदेश दिया गया। कुछ ही मिनट पहले, मुझ पर अपना गुस्सा बरसानेवाला वही सिपाही हमें धिक्कारते हुए ऐसा कह चुका था कि हम ऐसे 'सूअर' हैं, जिन्हें साथियों के साथ मिलकर काम करना नहीं आता।

एक बार की बात बताता हूँ– हम सभी जंगल में थे और हमें दो डिग्री फैरनहाइट के तापमान पर, मिट्टी की ऊपरी परत खोदनी थी, जो बर्फ के साथ जमकर कड़ी हो चुकी थी, वहाँ पानी के पाइप डाले जाते थे। तब तक मैं शारीरिक रूप से बहुत दुबला हो गया था। हमारे साथ लाल टमाटर जैसे गालोंवाला फोरमैन भी आया था। उसका चेहरा निश्चित रूप से मुझे किसी सूअर के चेहरे की याद दिलाता था। मैंने देखा कि उसने उस कड़कड़ाती सर्दी में सुंदर, गरम व ऊनी दस्ताने पहन रखे थे। वह कुछ देर तक लगातार मुझे चुपचाप देखता रहा। मैंने महसूस किया कि मेरे लिए कोई मुसीबत खड़ी होने ही वाली थी क्योंकि मेरे आगे मिट्टी का ढेर पड़ा था, जिसे देखकर फौरन अंदाज़ा लगाया जा सकता था कि मैंने तब तक कितनी मिट्टी खोदी थी।

और फिर वह बोला, 'सूअर कहीं के! मैं कब से तुझे ही देख रहा हूँ! अब मैं तुझे सिखाऊँगा कि काम कैसे करते हैं? ज़रा देख कि तू कैसे अपने दाँतों से यह मिट्टी खोदेगा – तू जानवर की मौत मरेगा! मैं दो ही दिन में तेरा सफाया करवा दूँगा। लगता है तूने सारी ज़िंदगी किसी काम को हाथ तक नहीं लगाया, तू करता क्या था, खबीस? कोई काम–धंधा करता था?'

मैं तो यह सब सुनने का आदी हो चला था पर जान से मारने की इस धमकी को थोड़ा गंभीरता से लेना ज़रूरी लगा इसलिए मैं सीधा खड़ा हुआ और उसकी आँखों में झाँकते हुए बोला, 'मैं एक डॉक्टर था, एक विशेषज्ञ!'

क्या? डॉक्टर? शर्त लगा सकता हूँ कि तू मरीज़ों से अच्छा पैसा ऐंठता होगा?

'मैंने अपना अधिकतर काम बिना पैसों के किया है और क्लीनिकों में गरीबों का मुफ्त इलाज भी किया है।' कहने को तो मैं कह गया पर शायद बात हद से पार हो गई थी। वह झट से मुझ पर लपका और किसी पागल की तरह चिल्लाते हुए घूँसे और लातें बरसाने लगा। अब मैं याद नहीं कर पा रहा कि उसने इस दौरान मुझे चिल्लाते हुए क्या कहा था?

मैं आपको इस मामूली सी घटना के माध्यम से बताना चाहता था कि कई बार ऐसे पल भी आते हैं, जब नफरत से पैदा हुए गुस्से के कारण, खुद को भावहीन समझनेवाला बंदी भी भड़क सकता है – यह गुस्सा किसी नाराज़गी या चोट के कारण नहीं बल्कि इससे जुड़े अपमान की वजह से सामने आता है।

उस समय अचानक मेरे सिर पर खून सवार हो गया था क्योंकि मेरे सामने बैठा ऐसा आदमी मेरे जीवन को परख रहा था, जो मेरे बारे में कुछ नहीं जानता था। वैसे मैं आपके आगे अपने मन की बात भी रखना चाहूँगा (बाद में मैंने अपने साथ काम करनेवाले बंदियों के सामने इस घटना के बारे में ऐसी बात कही, जिसे कहकर मेरे दिल को उस बच्चे की तरह तसल्ली मिली, जो पीठ पीछे दोस्त की बुराई करके अपना गुस्सा निकाल रहा होता है)। ये आदमी कितना वाहियात और बेरहम दिखता है, अगर मेरे अस्पताल की बाहरी रोगियों को सँभालनेवाली नर्स इसे देख लेती तो वह इसे प्रतीक्षा कक्ष में बैठने की इजाज़त तक न देती।

कापो की मेहरबानी

खुशकिस्मती से मेरे दल का कापोस यानी प्रमुख अधिकारी, मेरे लिए थोड़ा नरम रवैया रखने लगा था। वह कुछ हद तक मुझे पसंद भी करने लगा था क्योंकि मैं उसकी प्रेम कहानियाँ और विवाह के विज्ञापनों से जुड़ी समस्याओं के बारे में सुनता था, जो वह काम पर पैदल जाते समय मुझे अकसर सुनाया करता। मैंने अपनी जाँच-पड़ताल और मनोवैज्ञानिक सलाह से उसके चरित्र की व्याख्या करते हुए उस पर अपना प्रभाव जमा लिया था। इसके बाद वह मेरा आभारी हो गया था,

जो मेरे लिए बहुत मायने रखता था। पहले भी कई अवसरों पर, वह मेरे लिए हमारी टुकड़ी की पहली पाँच पंक्तियों में से एक में, अपने साथ मेरे लिए स्थान आरक्षित रख चुका था। इसमें करीबन दो सौ अस्सी लोग होते थे। उसका ऐसा करना मेरे लिए बहुत फायदेमंद साबित होता। हम सबको अंधेरे में ही उठकर, उन पंक्तियों का हिस्सा बनना होता था। सभी इस बात से डरते थे कि कहीं देर न हो जाए वरना उन्हें पिछली कतारों में भेज दिया जाएगा। दरअसल जब भी किसी भी बेकार और फालतू के कामों के लिए मज़दूरों की ज़रूरत पड़ती तो वरिष्ठ कापो सामने आता और उस काम के लिए पिछली कतारों में खड़े बंदियों को ही चुनता। इन लोगों को किसी अनजान जगह पर अनजान पहरेदारों के नेतृत्व में अटपटे कामों के लिए भेज दिया जाता था। अकसर ये काम काफी जोखिमभरे होते थे। कभी-कभी वरिष्ठ कापो पहली पाँच पंक्तियों में से भी किसी एक व्यक्ति को चुन लेता, जो अपने-आपको कुछ ज़्यादा ही चालाक दिखाने की कोशिश में होता। किसी भी तरह के विरोध को मार-पीट करके तुरंत दबा दिया जाता और चुने गए लोगों को चीख-चिल्लाहट व घूँसों के बीच वहाँ से खदेड़कर ले जाया जाता।

हालाँकि, जब तक हमारे कापो को अपने दिल की बात सुनाने के लिए किसी साथी की ज़रूरत थी, तब तक मेरे साथ ऐसा नहीं हो सकता था। मेरे लिए निश्चित रूप से, उसके पास एक सम्मानजनक स्थान सलामत रहता था। लेकिन इसके अलावा कुछ अन्य लाभ भी मिलते थे। लगभग सभी शिविरवासियों की तरह मैं भी एडिमा यानी शरीर में सूजन के रोग से ग्रस्त था। मेरी टाँगें इतनी सूजी हुई थीं और उनके ऊपर की चमड़ी में इतना खिंचाव था कि मैं अपने घुटने तक नहीं मोड़ सकता था। मुझे अपने जूतों के फीते भी खोलकर रखने पड़ते थे, ताकि मेरे सूजे हुए पैर उनके भीतर आ सकें। अगर मेरे पास जुराबें होती भीं तो भी उन्हें पहनने की कोई गुंजाइश नहीं थी।

इस तरह मेरे अधखुले नंगे पैर हमेशा गीले रहते और मेरे जूतों में बर्फ भरी रहती। पैरों में शीतदंश और बिवाइयों के मारे हालत पस्त थी।

एक-एक कदम ज़मीन पर रखना यूँ लगता मानो कोई भारी जुर्म किया जा रहा हो। जब हम बर्फ से भरे खेतों से होकर निकलते तो हमारे जूतों पर बर्फ जमा हो जाती। लोग चलते समय बार-बार फिसलते और उनके पीछे चलनेवाले भी उन पर धड़ाधड़ गिरते चले जाते। तभी कोई सिपाही आगे आता और उन आदमियों पर बंदूक के कुंदे बरसाकर उन्हें उठाने की कोशिश करता ताकि रुके हुए कारवाँ को आगे बढ़ाया जा सके। आप कारवाँ के जितने अगले हिस्से में होते, आपके लिए यह सज़ा उतनी ही कम होती कि किसी के गिरने से आपको भी गिरना पड़ेगा और फिर कोड़ों की मार सहते हुए, अपने दुःखते पैरों से भाग-भागकर, आगे निकल गए लोगों से कदमताल करना होगा। चिकित्सक के रूप में आदरणीय कापो की नियुक्ति पाकर मैं बहुत खुश था क्योंकि इस तरह मैं पहली पंक्ति में सामान्य चाल रखते हुए चल सकता था।

जब लंच के दौरान हमें कार्यस्थल पर सूप परोसा जाता तो मेरी बारी आने पर वह मेरी सेवाओं के अतिरिक्त भुगतान के तौर पर सूप के चमचे को बरतन में गहराई तक ले जाकर सूप परोसता, ताकि मेरे कटोरे में थोड़े गाढ़े सूप के साथ कुछ मटर के दाने भी आ सकें। इस तरह मैं केवल पानीवाला सूप पीने से बच जाता। यह कापो एक भूतपूर्व सैन्य अधिकारी था, मैंने जिस फोरमैन से झगड़ा किया था, उससे तो कापो ने यहाँ तक कह दिया था कि मैं एक अच्छा और हुनरमंद मज़दूर था। हालाँकि इससे उस मामले में कोई मदद नहीं मिली, पर वह इसके बावजूद मेरी जान बचाने में सफल रहा। उस फोरमैन के साथ हुई झड़प के अगले ही दिन, वह मुझे दूसरे कार्यकारी दल में काम करने के लिए खींच ले गया। ऐसे कई अवसर आए, जब मेरी जान पर बन आई लेकिन उसकी सज्जनता ने मुझे बचा लिया।

हम जहाँ निर्माण का काम करते थे, वहाँ के फोरमैन हमारे लिए खेद प्रकट करते और हमारी असुविधा को दूर करने व हालात को सहज करने की पूरी कोशिश करते लेकिन फिर भी वे हमें यह याद दिलाने से नहीं चूकते थे कि हम जितना काम करते थे, उससे भी कम समय में,

एक आम मज़दूर उससे कई गुना ज़्यादा काम कर सकता था। लेकिन यदि उनसे कहा जाता कि एक आम मज़दूर साढ़े दस औंस डबलरोटी (जो कि असल में इतनी भी नहीं मिलती थी!), तथा एक तिहाई पिंट पतले सूप पर प्रतिदिन नहीं जीता था; एक आम मज़दूर को उस मानसिक दबाव में नहीं जीना पड़ता था, जिसमें उन दिनों हम जी रहे थे; एक आम मज़दूर को हमेशा, हर वक्त आसपास नाच रही मौत की चेतावनी नहीं मिलती थी, उसे उसके परिवार की जानकारी से अनजान नहीं रखा जाता था, जो दूसरे शिविरों में भेज दिए गए थे या शायद गैस चैंबरों के हवाले कर दिए गए थे... तो शायद वे हमारे पक्ष को भी समझ जाते। एक दिन तो मैंने एक दयालु फोरमैन से कह भी दिया था, जितने कम समय में, मैंने तुमसे सड़क बनाने का काम सीखा है, अगर उतने ही कम समय में, तुम मुझसे दिमाग का ऑपरेशन करना सीख सकते तो मैं पक्का तुम्हारा शागिर्द बन जाता। और वह दाँत निकालकर खी–खी करने लगा।

जान की सलामती

उदासीनता दूसरे चरण का प्रमुख लक्षण थी। यह आत्मरक्षा के लिए एक ज़रूरी तंत्र था। धुँधलाती हुई हकीकत और सारे प्रयास व भाव, एक ही कार्य पर केंद्रित; अपनी व अपने मित्र की जान की सलामती! जब भी बंदी शाम को काम से वापस लौटते तो अकसर उन्हें चैन की एक साँस के साथ, यही कहते सुना जा सकता था, चलो एक और दिन बीत गया।

ये बंदी गहरे दबाव और लगातार जीवित बने रहने के लिए की जा रही जी तोड़ कोशिश के बीच जी रहे थे। इसके कारण उनका अंदरूनी जीवन मजबूरन साधारण स्तर तक आ गया था। कैंप में ही मेरे अनेक साथी ऐसे थे, जो मनोविश्लेषण में प्रशिक्षण ले चुके थे और वे शिविरासियों के बीच अकसर 'वापसी' की बात करते थे – मानसिक जीवन के और अधिक असभ्य रूप की ओर वापसी। उनकी इच्छाएँ और कामनाएँ उनके सपनों में साफ रूप से देखी जा सकती थीं।

6

बंदी जीवन और भरपेट भोजन की कमी

ये बंदी सबसे ज़्यादा किन बातों के सपने देखते थे? इन्हें डबलरोटी, केक और गरम पानीवाले सुखद स्नान के सपने आते थे। वास्तविक जीवन में इन छोटी-छोटी इच्छाओं के पूरा न होने पर, वे इन्हें अपने सपनों के ज़रिए पूरा करते। क्या इन सपनों ने और किसी भी तरह से उनकी मदद की; सपने देखनेवाला जब उठता तो उसके सामने शिविर की नंगी सच्चाई मुँह बाए खड़ी दिखती; और उसे अपने सपने के भ्रम और शिविर की सच्चाई के बीच एक भयंकर फासला दिखाई देता।

मैं उस रात को कभी नहीं भुला सकूँगा, जब मैं एक बंदी साथी की कराहें सुन उठ बैठा था, वह नींद में कोई बुरा सपना देखते हुए, बुरी तरह से छटपटा रहा था। मेरे मन में हमेशा से ही ऐसे लोगों के लिए गहरी दया का भाव रहा है, जो रातों को डरावने सपनों से भयभीत रहते हैं इसलिए मैं उस बेचारे को नींद से जगा देना चाहता था। अचानक ही मैंने उसे जगाने के लिए बढ़ाए गए हाथ को वापस पीछे खींच लिया, मैं यह सोचकर ही डर गया कि मैं क्या करने जा रहा था। मैं उस एक क्षण में अचानक ही इस तथ्य के प्रति सजग हो गया कि सपना भले ही कितना भी भयानक क्यों न हो, वह हमारे शिविर की भयानक सच्चाई से तो बुरा नहीं हो सकता था। यदि मैं उसे जगा देता तो वह फिर से इस भयानक माहौल में वापस आ जाता।

बंदियों को भरपेट भोजन नहीं मिलता था और भोजन पाने की उनकी कुदरती इच्छा ही उस समय उनकी सबसे बड़ी ज़रूरत थी। उनका सारा मानसिक जीवन इसी ज़रूरत के आसपास टिका था। आइए, हम उन बंदियों के व्यवहार पर गौर करते हैं, जिनके आसपास काम के समय, निगरानी करने के लिए कोई नहीं होता था। उनमें से अधिकतर बंदी,

मौका पाते ही भोजन के बारे में बातचीत करना शुरू कर देते। गड्ढे में काम करते हुए, एक बंदी अपने साथ ही काम कर रहे बंदी से पूछता कि उसका मनपसंद व्यंजन कौन सा है। इसके बाद वे आपस में व्यंजन तैयार करने की विधियाँ साँझा करते और उस दिन के लिए व्यंजनों की सूची तैयार करते, जब वे आज़ाद होंगे और अपने परिवारों के बीच होंगे, हालाँकि दूर-दूर तक ऐसा होने की कोई उम्मीद नज़र नहीं आ रही थी। वे लगातार बोलते चले जाते, सभी चीज़ों का पूरे विस्तार से वर्णन करते। उनकी यह बातचीत तब तक जारी रहती, जब तक कि कोई उन्हें किसी गुप्त संकेत से यह नहीं जता दिया जाता कि संतरी आनेवाला है। प्राय: उनके ये संकेत एक विशेष पासवर्ड या नंबर के रूप में होते थे।

मैं भोजन को लेकर होनेवाली इन बहसों और बातचीत को शुरू से ही खत़रनाक मानता आया था। **जब आप अपनी जीवनशैली को बहुत कम राशन और कम कैलोरी के अनुकूल बना रहे हों तो ऐसे में स्वादिष्ट व्यंजनों के विस्तृत वर्णन के साथ अपनी इच्छा को भड़काना उचित है क्या? भले ही इससे कुछ पल के लिए मन को दिलासा मिलता हो पर यह एक भुलावा था, जो मनोवैज्ञानिक रूप से, पक्के तौर पर, खतरे से भरा था।**

हमारे बंदी जीवन की बादवाली अवधि में, दिन में एक बार दिए जानेवाले पानीवाले सूप के साथ डबलरोटी का राशन शामिल था। इसके अलावा हमें तथाकथित रूप से 'अतिरिक्त एलांउस' भी दिया जाने लगा, जिसमें तीन-चौथाई औंस मार्जरीन, खराब गुणवत्ता का एक टुकड़ा सॉसेज, चीज़ का एक नन्हा टुकड़ा या ज़रा सा सिंथेटिक शहद और एक चम्मच पतला जैम, बारी-बारी से दिया जाता। कैलोरी के अनुसार, यह भोजन कतई पूरा नहीं पड़ता था, खास तौर पर हमारे भारी शारीरिक श्रम तथा कड़कड़ाती सर्दी से बचने के लिए मिलनेवाले आधे-अधूरे कपड़ों को देखते हुए तो यह भोजन बहुत ही कम था। जो रोगी, खास देखरेख के लिए रखे जाते और जिन्हें काम पर जाने के बजाय झोंपड़ी में ही आराम करने की इजाज़त मिलती, उनकी हालत तो और भी बदतर थी।

जब हमारी चमड़ी के नीचे वसा (चर्बी) की आखिरी परत तक

खत्म हो गई तो हम ऐसे कंकालों की तरह दिखने लगे, जिन्हें चमड़ी और फटे चीथड़ों में ढाँप दिया गया हो। हम देख सकते थे कि हमारे ही शरीर हमें निगलने लगे थे। शारीरिक गठन ने अपने ही प्रोटीन को पचाना आरंभ कर दिया था और माँसपेशियाँ गायब हो गई थीं। इसके बाद देह में मानो किसी भी विरोध के लिए कोई ताकत ही नहीं बची। हमारी झोंपड़ी के सारे सदस्य एक-एक कर मौत के मुँह में जाने लगे।

हममें से हर कोई इस बात का बिलकुल सही अंदाज़ा लगा सकता था कि इसके बाद किसकी बारी आएगी और कितने समय में उसकी अपनी बारी आने की उम्मीद है। मौत को कई बार अपने आसपास देखने के बाद, हम उसकी सभी निशानियों को अच्छी तरह पहचानने लगे थे, जिस वजह से हमारे अंदाज़े बिलकुल सही निकलते थे। यह लंबे समय तक नहीं टिकनेवाला... अब इसकी बारी है... हम एक-दूसरे के कानों में फुसफुसाते और जब शाम को, अपने शरीर पर जुँओं की नियमित तलाश में, हम अपने शरीरों को देखते तो मन में विचार आता- मेरा शरीर तो पहले ही एक लाश बन चुका है। ये मुझे क्या हो गया है? मैं तो जैसे मनुष्य के माँस पिंड का एक ढेर भर रह गया हूँ, ऐसे माँस पिंडों के ढेर... जो कँटीली तारों के पीछे मिट्टी से बने कच्चे घरों में ठुँसे हुए हैं; जिसमें से प्रतिदिन एक अंश सड़ने लगता है क्योंकि वह बेजान हो गया है।

मैंने आपको बताया न कि खुद को भोजन और स्वादिष्ट व्यंजनों के विचारों से बचाए रखना कितना मुश्किल था। ये जबरन कैदियों के दिमाग में घुसे चले आते थे, जब भी किसी बंदी को अपनी दिनचर्या से एक भी मिनट फालतू मिलता तो वह इसी कल्पना में खो जाता। इस कल्पना को समझना मुश्किल भी नहीं है। यहाँ तक कि हममें से मज़बूत दिल रखनेवाले भी उस समय के लिए तरसते थे, जब हमें अच्छा भोजन मिलेगा; हालाँकि यह तड़प अच्छे भोजन के लिए नहीं बल्कि उस वक्त के लिए थी, जब हमें वैसा भोजन मिल सकता था। हम अपने उस उप-मानवीय अस्तित्व को पहचान पा रहे थे, जिसने हमें भोजन के अलावा कुछ और सोचने से परे कर रखा था।

जो लोग जीवन में कभी ऐसे हालातों से न गुज़रे हों, वे भुखमरी से जूझ रहे व्यक्ति के, आत्मा तक को नष्ट कर देनेवाले मानसिक संघर्ष और संकल्प शक्ति के टकराव का अंदाज़ा भी नहीं लगा सकते। वे कभी नहीं समझ सकते कि एक खंदक में खड़े-खड़े, केवल दस-साढ़े दस बजे बजनेवाले सायरन पर कान लगाए रखना - जो कि आधे घंटे का भोजन का अवकाश होता था, जिसमें हमें हमारी राशनवाली डबलरोटी दी जाती (वह भी अगर उपलब्ध हुई तो); अगर फोरमैन बहुत खिझाऊ किस्म का न हो तो उससे बार-बार समय का पूछना... अपनी कोट की जेब में रखी डबलरोटी के टुकड़े को प्यार से छूना... अपने दस्तानों के बिना, बर्फ से जम चुकी उँगलियों से उसे सहलाना... फिर एक टुकड़ा मुँह में धरकर उसका स्वाद लेना... अपनी संकल्प शक्ति के आखिरी कतरे को बटोरते हुए, उसे दोबारा जेब में रखना... और फिर अपने आपसे उस सुबह एक वादा करना और उसे दोपहर तक तोड़ देना क्या होता है - वे इन सब बातों के मायने नहीं समझ सकते।

हमारे बंदी जीवन के बाद की अवधि में, हमें दी जानेवाली डबलरोटी का राशन घटता चला गया और हम इस बारे में लंबी व कभी न खत्म होनेवाली बहसों में डूबे रहते कि डबलरोटी का राशन इस्तेमाल करने का तरीका सही या गलत हो सकता है। इस बारे में दो तरह की सोच रखनेवाले लोग थे। एक दल इस बात के पक्ष में था कि सारा राशन एक ही बार में खा लेना चाहिए।

इस तरह दोगुना लाभ होता था; चाहे दिन में एक बार ही सही पर कुछ देर के लिए तो खुद को भरपेट भोजन का एहसास दिया जा सकता था और फिर राशन के चोरी होने या खोने का भय भी नहीं रहता था। दूसरा दल इस बात के पक्ष में था कि राशन को थोड़े अंतराल के साथ बाँटकर खाया जाना चाहिए और इसके पक्ष में वह दल अलग-अलग तर्क भी देता था।

मैं दूसरी सोच रखनेवालों के साथ चल रहा था। कैंप जीवन के चौबीस घंटों में से सबसे डरावना समय वह होता था, जब प्रातःकाल में

तीन सीटियों की तीखी आवाज़ हमें हमारी थकान व सपनों से भरी नींद से जगा देती। इसके बाद हम अपने गीले जूतों से जूझने लगते, हमें उनमें जबरन अपने पैर घुसाने पड़ते थे, जिनमें पानी भर जाने के कारण सूजन आ गई थी। इसके बाद छोटी–छोटी बातों पर आहों व कराहों का दौर शुरू हो जाता, जैसे जूतों के फीते न होने पर तारों से जूते बाँधने के लिए की जा रही छीनाझपटी। एक सुबह मैंने एक ऐसे आदमी को बच्चों की तरह बिलखते सुना, जिसे मैं बहुत बहादुर और ज़िंदादिल इंसान समझता था। वह रो रहा था क्योंकि पैरों में सूजन होने के कारण वे जूतों में समा नहीं पा रहे थे और अब उसे बर्फीले फर्श पर नँगे पाँव निकलना पड़ रहा था। उन्हीं डरावने पलों के बीच, मैंने अपने लिए आराम के कुछ पल पा लिए; मैंने अपनी जेब से डबलरोटी का एक छोटा सा टुकड़ा निकाला और उसे बड़े ही आनंद से कुतरने लगा।

बहुत कम मात्रा में भोजन मिलने की वजह से शरीर को पूरा पोषण नहीं मिल रहा था और साथ ही कैदियों में सेक्स की इच्छा भी लगभग न के बराबर हो गई थी। बंदियों में सदमे के शुरुआती असर के साथ–साथ लगभग न के बराबर काम–विकृति थी। जैसा कि पुरुषों के अन्य कैंपों या सेना के कुटियों में होता आया था, यहाँ ऐसा नहीं था। यहाँ तक कि बंदी रात को सपनों में भी स्वयं को सेक्स से जोड़कर नहीं देख पाते थे। हालाँकि उनके कुंठित भाव तथा गूढ़ भावनाएँ उनके व्यवहार में अवश्य झलकती थीं।

अधिकतर बंदियों के बीच यही आदिम भाव प्रधान था कि उन्हें किस तरह अपनी जान बचानी है और जो भी बात इस तथ्य से परे जाती, वे उसके लिए अपनी उदासीनता और असंवेदनशीलता का परिचय दे देते। यह बात मुझे तब पता चली, जब मुझे ऑश्विज़ से डखौ कैंप में लाया गया।

7

मेरे घर की एक झलक

डखौ के कैंप में ले जानेवाली रेलगाड़ी हम दो हज़ार कैदियों साथ विएना से होते हुए निकली। करीबन आधी रात को हम विएना के एक रेलवे स्टेशन के पास से निकले। वह पटरी, हमें उस रास्ते से होते हुए, लेकर जानेवाली थी, जहाँ मेरा जन्म हुआ। वह उस घर के पास से जानेवाली थी, जहाँ मैंने अपने जीवन के अनेक वर्ष बिताए थे। दरअसल बंदी बनाए जाने तक मैं वहीं रहता आया था।

उस कारावास डिब्बे में हम पचास लोग थे, जिसमें केवल दो छोटे बंद झरोखे थे। फर्श पर केवल एक ही दल उकड़ूँ होकर बैठ सकता था, जबकि दूसरों को घंटों खड़े होना पड़ रहा था। वे उन झरोखों के पास झुंड बनाए खड़े थे। वे अपने–अपने पंजों के बल खड़े, एक–दूसरे के सिरों के ऊपर से ताकते हुए, बाहर देख रहे थे। मुझे अचानक मेरे कस्बे की झलक दिखाई दी। जब से हमने यह सोच लिया था कि हमें माउथाउसेन शहर के कैंप में ले जाया जा रहा है और हमारे पास जीवित रहने के नाम पर केवल एक या दो सप्ताह ही शेष है, तब से हम सब स्वयं को जीवित के स्थान पर मरा हुआ ही मान बैठे थे। जाने क्यों ऐसा लग रहा था मानो, मैं किसी ऐसे मरे हुए इंसान की नज़रों से उन सड़कों, चौराहों व घरों को देख रहा था, जो किसी दूसरी दुनिया से आया हो और किसी भूतिया शहर को देख रहा हो।

घंटों के विलंब के बाद रेलगाड़ी स्टेशन से रवाना हुई और मुझे वही सड़क दिखाई दी – मेरी सड़क! वे युवा छोकरे, जिनके पीछे सालों का कैंप जीवन था, उनके लिए छेदों से झाँककर की जा रही यह यात्रा एक बहुत बड़ा अवसर थी। मैं उनसे विनती करने लगा, उनके आगे हाथ जोड़ने लगा, उनसे आग्रह करने लगा कि वे एक क्षण के लिए मुझे आगे

खड़ा होने दें। मैंने उन्हें समझाना चाहा कि उस एक क्षण के लिए मेरा खिड़की के पास खड़े होना क्या मायने रखता था। उन्होंने कटाक्ष और रूखेपन के साथ मेरी विनती को ठुकरा दिया : तुम तो यहाँ इतने बरस जीकर गए हो? तुमने तो यहाँ वैसे भी सब कुछ देख ही लिया है।

कैंप में धार्मिक जीवन

आम तौर पर शिविर में, 'सांस्कृतिक शीतनिद्रा' का भी साम्राज्य था। इसके दो अपवाद थे: राजनीति व धर्म। शिविर में हर स्थान पर राजनीति की चर्चा होती और लगभग लगातार; प्राय: ये चर्चाएँ उन अफवाहों पर टिकी होतीं, जो हमारे आसपास यूँ ही फैला करती थीं। सैन्य स्थिति के बारे में फैलनेवाली अफवाहों में अकसर विरोधाभास रहता। वे एक के बाद एक तेज़ी से सामने आतीं और सभी बंदियों के दिमाग में चौबीस घंटे घूम रहे युद्ध के दृश्यों को और भी गहरा बना देतीं। कई बार तो ऐसा लगता मानो अब सब ठीक होनेवाला है, युद्ध बंद होने में देर नहीं है लेकिन तभी आशावादी विचारों को रौंदनेवाले समाचार सामने आ जाते और सभी मायूसी से मुँह लटका लेते। कुछ लोग तो वैसे भी दिल हारकर ही बैठे थे लेकिन कोशिश तो उन आशावादियों से होती थी, जो अकसर अपनी बातों से दूसरों को खिझाते रहते थे। कैदियों में जिस तरह तेज़ी से धार्मिक रुचि दिखाई देने लगी थी, वह वाकई कल्पना से परे थी।

धार्मिक मान्यताओं के प्रति आवेग व गहनता को देख नए आनेवाले कैदी अकसर हैरान हो जाते। वे किसी झोंपड़ी के कोने में की जा रही प्रार्थनाओं को देखते या पशुओं की तालाबंद गाड़ी के अंधकार के बीच की जा रही प्रार्थना को। जिसमें हम थके-माँदे, भूख से अधमरे तथा फटे चीथड़ों में ठंढ से काँपते बंदियों को कार्यस्थल से वापस लाया जाता।

1945 की शीत तथा बसंत ऋतु में, टाइफस की संक्रामक बीमारी फैली, जिसने लगभग हर कैदी को अपनी चपेट में ले लिया। ऐसे दुर्बल व्यक्तियों के बीच मृत्यु दर अधिक रही, जिन्हें अपने काम को तब तक

जारी रखना पड़ा, जब तक उनकी देह से जान नहीं निकल गई। रोगियों को जहाँ रखा गया, वहाँ हर चीज़ का अभाव था। वहाँ न तो कोई दवाएँ थी और न देखरेख करनेवाले सहायक। रोग के कुछ लक्षण तो बहुत ही भयंकर थे; रोगी भोजन का एक निवाला तक नहीं खा पाता था (जो कि उसके जीवन के लिए किसी संकट से कम न था।), इसके अलावा चित्तभ्रम यानी सन्निपात के दौरे पड़ते। मेरे एक मित्र को तो सन्निपात का ऐसा भयंकर दौरा पड़ा, जिसमें उसे बार-बार ऐसा लगता था कि अब उसका अंत समय आ गया है और उसे प्रार्थना करनी चाहिए। उसे अपनी बेसुधी के दौरान, कुछ बोलने के लिए शब्द ही नहीं जुटते थे। मैंने भी दूसरों की तरह एक उपाय अपनाया और स्वयं को सन्निपात से बचाने के लिए, पूरी-पूरी रात जागकर काटी। मैं घंटों मन ही मन भाषण तथा व्याख्यान तैयार करता। अंततः मैंने उस पांडुलिपि को नए सिरे से तैयार करना आरंभ कर दिया, जिसे मैंने ऑश्विज़ के कीटाणुनाशन कक्ष में गँवा दिया था, मैं कागज़ के छोटे टुकड़ों पर शॉर्टहैंड में फिर से प्रमुख विचारों को बिंदुओं में सहेजने लगा।

अध्यात्मवादी बैठक

कभी-कभार शिविर में, वैज्ञानिक विषयों पर चर्चा छिड़ जाती। एक बार मैं ऐसी घटना का साक्षी बना, जो मैंने पहले कभी नहीं देखी थी, यहाँ तक कि अपने निजी जीवन में भी ऐसा कुछ नहीं देखा था। यह एक अध्यात्मवादी बैठक थी, जो काफी हद तक मेरे अपने पेशे के करीब थी। मुझे शिविर के प्रधान डॉक्टर (वे भी एक बंदी थे) ने बुलाया था, वे जानते थे कि मैं एक मनोवैज्ञानिक था। यह सभा, रोगियों के कक्षों में बने एक गुप्त कमरे में हुई, जहाँ एक छोटा सा दायरा तैयार किया गया था। साफ-सफाई विभाग के एक अधिकारी को भी अवैध रूप से उनके बीच लाया गया था।

एक आदमी प्रार्थना के साथ आत्मा का आवाहन करने लगा। शिविर का क्लर्क, अपने हाथ में एक खाली कागज़ लिए बैठा था,

वह उस पर अपनी मरजी से कुछ नहीं लिखना चाहता था। उसे आत्मा के प्रयोग के लिए रखा गया था। अगले दस मिनट के भीतर (इसके बाद सभा समाप्त कर दी गई क्योंकि मीडियम आत्माओं को बुलाने में नाकामयाब रहा।) उसकी पेन्सिल ने हौले से अंग्रेज़ी में 'VAE V' जैसे शब्द उकेरे। यह तो साफ दिख रहा था कि उसे लैटिन भाषा नहीं आती थी और उसने पहले कभी ये शब्द नहीं सुने थे 'vae victis' – मृतकों के लिए शोक! मुझे ऐसा लगा कि उसने जीवन में एक बार उस शब्द को कहीं न कहीं सुना होगा और उसके मन में उसकी हलकी सी छाप अंकित रह गई होगी और उस समय उसके अवचेतन मन ने उन शब्दों को इसी रूप में स्वीकार कर लिया होगा, यह घटना हमारी मुक्ति तथा युद्ध के समाप्त होने से कुछ माह पहले की है।

यातना शिविर में बलपूर्वक लागू की गई मानसिक व शारीरिक आदिम दशा के बावजूद, अध्यात्म जीवन का गहरा होना संभव था। हो सकता है कि एक समृद्ध बौद्धिक जीवन जीने के आदी भावुक लोगों को पीड़ा का सामना करना पड़ा हो, (वे ज़रा नाज़ुक किस्म के ही होते थे) लेकिन उनके आंतरिक स्व को, सेल्फ को इतनी हानि नहीं हुई थी। वे अपने उन भयानक हालातों से निकलने के बाद आंतरिक समृद्धि और आध्यात्मिक स्वतंत्रता के साथ जीवन जीने में सफल रहे।

उस स्पष्ट विरोधाभास को केवल इसी तरह समझाया जा सकता था, जिसके अनुसार नरम रवैयेवाले कैदियों को, कड़े रवैयेवाले बलशाली कैदियों के मुकाबले शिविर में बेहतर तरीके से जीने के अवसर मिले। अपनी बात को साफ शब्दों में समझाने के लिए मुझे मजबूरन निजी अनुभव देना ही होगा। मैं आपको बताना चाहता हूँ कि जब हम तड़के सुबह के समय अपने कार्यस्थल पर पैदल कदमताल करते हुए जाते तो क्या होता था।

प्रेम में ही मुक्ति है

चारों ओर से आवाज़ गूँजती, टुकड़ी! आगे बढ़.. लेफ्ट -2-3-4!

लेफ्ट -2-3-4! लेफ्ट -2-3-4! पहला आदमी बाएँ, बाएँ, बाएँ! टोपियाँ उतारो!! ये शब्द मानो आज भी मेरे कानों में गूँजते रहते हैं। टोपियाँ उतारो!' इस आदेश के साथ ही हम दरवाज़े के पास से निकलते और हमारे ऊपर सर्चलाइट की रोशनी फेंकी जातीं। अगर कोई सही ढंग से कदमताल न करता तो उसी समय ठोकर खाता और उससे भी बदतर हाल तो उस बंदी का होता, जो ठंढ़ के मारे, आदेश मिलने से पहले ही, अपनी टोपी को कानों तक पीछे खींच लेता।

हम अंधेरे में, बड़े पत्थरों व पानी से भरे गड्ढों में, सड़क के किनारों बनी पगडंडियों पर लड़खड़ाते चलते। हमारे साथ चल रहे पहरेदार लगातार चिल्लाते रहते और अपनी बंदूक के पिछले हिस्सों से हमें कोंचते रहते। जिसके पैरों में बेहद सूजन होती, वह अपने बगलवाले की बाजू का हलका सा सहारा लेकर चलता। उस समय मुँह से एक शब्द तक नहीं निकल पाता था; बर्फीली हवा कुछ बोलने की इजाज़त ही कहाँ देती थी? अपने उठे हुए कॉलर से मुँह ढाँपकर, मेरे साथ चल रहे आदमी ने धीमी आवाज़ में कहा, अगर आज हमारी बीवियाँ हमें इस हाल में देख लें तो...। उम्मीद करता हूँ कि वे दूसरे शिविरों में आराम से होंगी और उन्हें इस बात का कतई अंदाज़ा नहीं होगा कि हम पर यहाँ क्या बीत रही है।

यह सुनते ही मेरी आँखों के आगे मेरी पत्नी का चेहरा कौंध गया और हम मीलों तक गिरते-पड़ते, बर्फीली ढलानों पर रपटते, बार-बार एक-दूसरे को सहारा देते, एक-दूसरे से उलझते-गिरते चलते चले गए, मुँह से एक शब्द भी नहीं निकला पर हम दोनों ही जानते थे; हम अपनी-अपनी पत्नियों के बारे में सोच रहे थे। कभी-कभी अचानक मेरी नज़र आकाश की ओर चली जाती, जहाँ सितारों की रोशनी कम हो रही थी और बादलों के एक घने झुंड़ के पीछे से, सुबह की गुलाबी रोशनी का हलका सा प्रकाश फैलाने लगा था लेकिन मेरा मन तो अपनी पत्नी की स्मृतियों में अटका हुआ था। मैं अपनी कल्पना में पूरी स्पष्टता से उसे देख पा रहा था। मैंने उसे मेरी पुकार का जवाब देते सुना, उसकी मुस्कान

और मन को हौसला व साहस देनेवाली उसकी नज़र को देखा। भले ही झूठ ही सही, पर उसकी वह नज़र, उस सूरज की रोशनी से कहीं अधिक आलोकित थी, जो अब क्षितिज में उदय होने जा रहा था।

इस सोच ने मुझे सम्मोहित कर दिया था: **जीवन में पहली बार, मैंने उस सत्य को अनुभव किया, जिसे अनेक कवियों ने अपने कविताओं और गीतकारों ने अपने गीतों में स्थान दिया था। अनेक चिंतकों ने इसे अंतिम प्रज्ञा का नाम दिया। वह सत्य – वह प्रेम ही अंतिम व उच्चतम लक्ष्य है, जिसकी एक मनुष्य आकांक्षा कर सकता है।** उस दिन मैंने इस महान रहस्य का अर्थ जाना कि **मनुष्य की रची कविताओं, उसके विचारों और मान्यताओं को यह प्रकट करना ही होगा: प्रेम के माध्यम से तथा प्रेम में ही मनुष्य की मुक्ति छिपी है।** मैं समझ गया कि किस प्रकार, एक आदमी, जिसके पास इस संसार में कुछ भी नहीं बचा है, वह फिर भी उस परम आनंद का अनुभव कर सकता है, भले ही वह सिर्फ एक क्षण के लिए ही क्यों न हो, जब उसने अपने प्रियतम को याद किया हो। **जब अवसाद व दुःख के कोहरे के बीच मनुष्य खुद को सकारात्मकता के साथ प्रकट न कर सके, जब अपने कष्टों को अच्छी तरह सहना ही उसकी एकमात्र नियति रह जाए – जो कि एक सम्मानजनक उपाय है – तो ऐसी दशा में वह अपने मन में बसी प्रियतमा की छवि का मनन करके संपूर्ण संतोष पा सकता है।** मैं अपने जीवन में पहली बार इस योग्य बन सका कि इन शब्दों का अर्थ जान सकूँ कि 'देवदूत एक अनंत कीर्ति के निरंतर मनन में खोए हैं।'

तभी मैंने देखा कि मेरे सामने का एक आदमी लड़खड़ा गया और उसके पीछे आ रहा व्यक्ति भड़भड़ाते हुए उसी पर जा गिरा। पहरेदार आया और उन सब पर चाबुक से प्रहार करने लगा। मेरे विचारों का ताँता कुछ क्षण के लिए टूटा लेकिन जल्द ही मेरी आत्मा, एक बंदी के चोले से निकलकर, दूसरी ही दुनिया में चली गई और मैंने अपनी प्यारी पत्नी से बातें करना जारी रखा। मैंने उससे सवाल किए और उसने उन सवालों के जवाब दिए; उसने मुझसे सवाल किए और फिर मैंने उसके सवालों के जवाब दिए।

ठहरो! हम वहाँ पहुँच चुके थे, जहाँ उस दिन का काम करना था। हर कोई अंधेरे में खड़ी झोपड़ी की ओर भागा ताकि अपने लिए एक उपयुक्त औज़ार का चुनाव कर सके। हर कैदी ने एक बेलचा या कुल्हाड़ा उठाया।

'सूअरों! तुम जल्दी हाथ-पैर नहीं चला सकते क्या?' जल्द ही हम खाई में अपने-अपने स्थान पर काम करने आ गए। कुल्हाड़ों की चोट से बर्फीली फर्श में दरारें आने लगीं और कई जगह से चिंगारियाँ भी निकलती दिखीं। सभी कैदी इस तरह चुप थे मानो उनके दिमाग ही कुंद हो गए हों।

मेरा मन अब भी अपनी पत्नी की सुंदर स्मृतियों से खोया हुआ था। अचानक मेरे मन में विचार आया, मैं तो यह तक नहीं जानता कि वह जीवित भी है या नहीं। मैं तो केवल एक ही बात जानता था - जिसे मैंने अब तक अच्छी तरह सीख लिया था: प्रेम, प्रियतमा के भौतिक रूप से भी परे जाता है। इसे उसके आध्यात्मिक स्वरूप व उसके आंतरिक स्व में अपना गहरा अर्थ मिलता है। भले ही वह वास्तविक रूप से उपस्थित हो या नहीं, भले ही वह जीवित भी हो या नहीं, ये सब बातें फिर जैसे बेमानी हो जाती हैं।

मैं नहीं जानता था कि मेरी बीवी ज़िंदा थी या उसे मार दिया गया था और मेरे पास यह जानने के लिए कोई उपाय भी नहीं था (मेरे पूरे बंदी जीवन के दौरान मेरे पास न तो कोई पत्र आया और न ही मैं किसी को कोई पत्र भेज सका।); लेकिन उन क्षणों में तो जैसे इसके भी मायने नहीं रह गए थे। मानों मेरे लिए कुछ भी जानने की आवश्यकता नहीं रह गई थी; मेरे विचारों, मेरे प्रेम तथा प्रियतमा की छवि को कोई भी छू तक नहीं सकता था। यदि मुझे उस समय यह भी पता चल जाता कि मेरी पत्नी की मृत्यु हो गई है तो संभवत: मुझे इस बात से भी कोई अंतर न पड़ा होता और मेरे साथ उसका मानसिक संवाद उतना ही जीवंत और संतुष्टि से भरपूर होता, ''मुझे अपने हृदय पर अंकित कर लो, प्रेम मृत्यु से भी अधिक बलशाली है।''

इस गहरे आंतरिक जीवन ने ही बंदियों को उनके खालीपन, एकांत तथा उनके अस्तित्व की आध्यात्मिक गरीबी से ऊपर उठने में मदद की और उन्हें उनके अतीत में झाँकने की अनुमति देकर, मानो उन्हें बचा लिया। जब उन्हें पूरी छूट मिल जाती तो वे अपने अतीत के कल्पनालोक में दिल खोलकर विचरते, जिसमें जीवन की अहम घटनाएँ ही नहीं बल्कि छोटी और मामूली लगनेवाली घटनाएँ और बातें भी जैसे सार्थक हो जातीं। बंदी की यादों का असर, उन छोटी बातों को भी एक विचित्र सा चरित्र देते हुए भव्य बना देता। उनका संसार और अस्तित्व सुदूर जान पड़ते और आत्मा तरसकर उनकी निकटता पाने के लिए ललचा जाती: मैं मन ही मन बस की सवारी करता, अपने घर का अगला दरवाज़ा खोलता, अपने फोन कॉल का जवाब देता, बिजली के बल्ब जलाता। हमारे विचार प्राय: ऐसी ही विस्तृत बातों पर टिके होते और ये यादें किसी की भी आँखें नम करने के लिए काफी थीं।

8

प्रकृति की निकटता

जब किसी बंदी का आंतरिक जीवन बहुत अधिक गहरा होने लगता तो वह कला और प्रकृति का भी ऐसा रस पाता, जो उसने जीवन में पहले कभी नहीं पाया था। उनके प्रभाव में आकर, वह कभी-कभी अपने भयानक हालातों को भी भुला देता। हम बंदियों की गाड़ी में, सलाखोंवाली नन्हीं खिड़कियों से साल्ज़बर्ग के सूरज की रोशनी से नहाए पर्वतों को देखा तो मानो हमारे हाथ कोई खज़ाना लग गया हो। ऑश्विज़ से बैवेरियन कैंप की यात्रा के दौरान शायद हमारे चेहरे देखकर कोई यकीन नहीं कर सकता था कि ये उन लोगों के चेहरे थे, जो जीवन और मुक्ति पाने की हर आस छोड़ चुके थे। उस तथ्य के बावजूद या शायद इसके कारण ही हम प्रकृति की उस सुंदरता में मग्न थे, जिसके लिए हम एक लंबे अरसे से तरसते आ रहे थे।

शिविर में भी अकसर कोई व्यक्ति काम करते हुए, अपने साथी का ध्यान अपनी ओर आकर्षित करके उसे बैवेरियन जंगलों में पेड़ों से झाँकता सूर्यास्त (जैसा डुरेर के प्रसिद्ध वाटर कलर चित्र में है) दिखा देता। वही जंगल, जिसमें हमने युद्ध सामग्री रखने के लिए एक विशालकाय संयंत्र तैयार किया था। एक शाम, जब हम अपनी झोपड़ी की फर्श पर पड़े आराम कर रहे थे और कुछ लोग थकान से चूर, हाथों में सूप के कटोरे लिए बैठे थे तो बाहर से एक व्यक्ति भागा-भागा आया और उसने हमसे कहा कि 'हम सब बड़ेवाले मैदान में एकत्र हो जाएँ ताकि अद्भुत सूर्यास्त का नज़ारा देखा जा सके।' हमने बाहर खड़े होकर, पश्चिम की ओर चमकते बादल देखे। जहाँ रंग बदलते आकार व रूपोंवाले बादलों के साथ जैसे सारा आकाश जीवंत हो गया और उसने हमारे सामने सलेटी रंग से लेकर लाल और कई रंगों की आभा प्रस्तुत की। हमारे पीछे

उदासी से भरी कच्ची मटमैली झोपड़ियों से एक तीखा विरोधाभास झलक रहा था, जबकि कीचड़ से भरे मैदानों में बने पानी के छोटे-छोटे गड्ढों में चमकता सूरज प्रतिबिंबित हो रहा था। फिर कुछ क्षणों के द्रवित कर देनेवाले मौन के बाद एक बंदी के मुँह से निकला, 'यह संसार कितना सुंदर हो सकता था!'

एक बार की बात है, हम एक खाई में काम कर रहे थे। हमारे आसपास का आसमान सलेटी था, अभी सुबह नहीं हुई थी और उस उजास के बीच बर्फ भी सलेटी रंग की दिख रही थी। मेरे साथी भी ऐसे ही सलेटी चीथड़ों में थे और उनके चेहरे भी यूँ ही सलेटी (मैले) से दिखाई दे रहे थे।

मैं एक बार फिर धीमें-धीमें अपनी पत्नी से बातचीत करने में मग्न हो गया या शायद मैं अपने कष्टों के, अपनी इस धीमी मौत के कारण तलाशने के लिए संघर्ष कर रहा था। **अपने पास आ रही मौत के खिलाफ अपने आखिरी विरोध व उससे जुड़ी निराशा के बावजूद, मैंने पाया कि उस गहरी उदासी के बीच भी मेरी आत्मा कहीं से झाँक रही थी। मैंने पाया कि उसने सारी निराशा और निरर्थक जगत से पार का जीवन पा लिया है।** जब मैंने अपने अस्तित्व के लिए किसी सार्थक उद्देश्य का प्रश्न उठाया तो जाने कहाँ से विजयी स्वर में 'हाँ' सुनाई दिया। उसी एक पल में, दूर दिखाई दे रहे एक फार्महाउस में बत्ती जलने लगी, जो क्षितिज पर खड़ा ऐसा दिख रहा था, मानो किसी ने उसे वहाँ रंगों से बनाया हो। उस अंधकार में भी जैसे प्रकाश जगमगा उठा। मैं घंटों तक वहाँ बर्फीले फर्श पर खड़ा रहा, एक सिपाही मुझे अपमानित करते हुए वहाँ से निकल गया और मैं अपनी प्रियतमा से बातें करता रहा। मैं उसे अपने जितना पास महसूस करता जाता, उतना ही यह एहसास बढ़ने लगता कि मैं उसे छू सकता था, अपने हाथ बढ़ाकर, उसके हाथ थाम सकता था। यह भावना बहुत प्रबल थी, वह वहीं थी। फिर उसी समय, एक पक्षी चुपके से उड़ते हुए आया और मेरे सामने आकर बैठ गया, वह उसी मिट्टी के ढेर पर बैठा था, जिसे मैंने घंटों के श्रम से खोदा था और फिर वह मेरी ओर ताकने लगा।

कला से प्रेम

मैंने आपसे कला का ज़िक्र पहले भी किया था। क्या यातना शिविरों में भी कला जैसी कोई चीज़ हो सकती है? दरअसल यह इस बात पर निर्भर करता है कि आप कला किसे कहते हैं? सबके साथ मिलकर बैठने के लिए एक स्थान को समय–समय पर सँवारा जाता था। अस्थायी रूप से एक कुटिया साफ की गई, कुछ लकड़ी की बेंचों को कीलों से जोड़कर एक साथ लगा दिया गया और एक कार्यक्रम प्रस्तुत किया गया। शाम के समय, कापोस और कर्मचारी वहाँ एकत्र हुए, कापोस को कैंप में अच्छा पद मिला हुआ था और कर्मचारियों में ऐसे लोग शामिल थे, जिन्हें लंबी परेडों के लिए नहीं भेजा गया था। वे सब मिलकर हँसने या फिर शायद एक साथ रोने के लिए आए थे; खैर कुछ भी कहें, वे सब कुछ भुलाने के लिए वहाँ थे। वहाँ गाने, कविताएँ और चुटकुले सुनाए गए और उनमें से कुछ में तो कैंप पर व्यंग्य भी किया गया था। वे सब आयोजन इसलिए थे कि शायद हम अपनी असली दशा को भुला सकें और वास्तव में ऐसा हुआ भी। ये बैठकें इतनी असरदार थीं कि कुछ आम कैदी तो अपनी थकावट के बावजूद इनका हिस्सा बनना चाहते, फिर चाहे उन्हें वहाँ जाने की वजह से रोज़ मिलनेवाला भोजन भी क्यों न छोड़ना पड़े।

जब हम काम पर जाते तो हमें भोजन के लिए आधे घंटे का अवकाश मिलता था। उस दौरान हमें सूप परोसा जाता (जिसके लिए ठेकेदार रखे जाते और वे इस काम के लिए बहुत ज़्यादा खर्च नहीं करते थे।) इस दौरान हमें अधूरे बने हुए इंजन कक्ष में बैठने की इजाज़त थी। वहाँ जाने पर, हर किसी को पीने के लिए एक चमचा पनीला सूप मिलता। जब हम उसे बड़े ही लालच के साथ गटकते तो कोई कैदी एक टब पर चढ़कर इतालवी गीत गाने लगता। हम गानों का आनंद उठाते और यह पक्का हो जाता कि उसे सूप की दुगनी मात्रा दी जाएगी; बिलकुल तले से निकला हुआ एक चमचा सूप यानी उसमें मटर के दाने भी होंगे!

कैंप में केवल मनोरंजन करने के लिए ही इनाम नहीं मिलते थे, वहाँ तारीफों के पुल बाँधनेवालों का भी भला होता था। मिसाल के लिए, मुझे

ही लें, मैं कैंप के सबसे बेरहम माने जानेवाले कापो से संरक्षण पा सकता था (हालाँकि मैं नसीबवाला था कि मुझे कभी इसकी ज़रूरत नहीं पड़ी।) उस व्यक्ति को कई कारणों से 'हत्यारे कापो' के नाम से जाना जाता था। दरअसल हुआ यूँ कि एक शाम मुझे उसी कमरे में दोबारा जाने का सम्मान मिला, जिसमें मुझे आध्यात्मिक सत्र के लिए एक बार पहले भी बुलाया गया था। वहाँ बड़े डॉक्टर के वही कुछ निकटतम दोस्त और गैरकानूनी तरीके से, सैनीटेशन विभागवाला वारंट अधिकारी भी मौजूद था। तभी हत्यारे कापो ने कमरे में प्रवेश किया, उसे उसकी एक कविता का पाठ करने को कहा गया, जो कि कैंप में बहुत लोकप्रिय (अलोकप्रिय) हो चुकी थी। उससे दोबारा आग्रह करने की नौबत नहीं आई। उसने अपनी जेब से डायरीनुमा चीज़ निकालकर हम पर अपनी कला के नमूनों की बौछार करनी शुरू कर दी। उसकी प्रेम कविताओं में से एक को सुनकर तो मुझे इतनी हँसी आई कि उसे रोकने के लिए अपने होंठ को दाँतों से काटना पड़ा और इस तरह उस दिन मैंने अपनी जान बचाई। चूँकि मैंने बहुत ही दिल खोलकर तारीफ के पुल बाँधे थे इसलिए मेरी रक्षा संभव हो सकी, मुझे पहले भी उसके दल में काम करने का अवसर मिला था और मेरे लिए वह एक दिन ही काफी रहा। वैसे हत्यारे कापो को अपने पक्ष में रखना कुल मिलाकर फायदेमंद ही होता इसलिए मैंने दिल खोलकर तारीफ की।

सच कहूँ तो कैंप में कला का हर रूप बहुत ही विकृत तरीके से सामने आता। मैं तो कहूँगा कि कला से जुड़ी किसी भी चीज़ का प्रभाव केवल उसके प्रदर्शन तथा वीरान कैंप जीवन की पृष्ठभूमि के डरावने विरोधाभास के साथ ही जुड़ा होता था। मैं ऑश्विज़ कैंप में अपनी दूसरी रात को कभी नहीं भुला पाऊँगा, जब मैं अचानक संगीत के सुरों के कारण, थकान से भरी नींद से उठ बैठा था। हमारी कुटिया के पास ही वार्डन के कमरे में कोई समारोह चल रहा था। वहीं से धीमे सुर में तैरता संगीत हमारे बिस्तरों तक पहुँच रहा था। अचानक एक अजीब सी चुप्पी छा गई और वायलिन पर बहुत ही उदास धुन बजने लगी, यह एक ऐसी धुन थी, जो बहुत बार नहीं बजाई गई थी। वायलिन मानो रोने लगा

और उसके साथ ही मुझे भी रोना आ गया क्योंकि उसी दिन किसी का चौबीसवाँ जन्मदिन था। वह कोई, ऑश्विज़ के किसी कैंप में, सैंकड़ों या फिर हज़ारों गज़ की दूरी पर था, पर पूरी तरह से मेरी पहुँच से बाहर था, वह 'कोई' मेरी पत्नी थी।

मनोरंजक किस्सागोई

यह जानकर किसी भी बाहरी आदमी को हैरानी हो सकती है कि उसे कैंप के जीवन में कला की झलक देखने को मिल सकती थी। लेकिन उसे यह सुनकर तो और भी ज़्यादा हैरानी होगी कि कैंप में हास्यप्रियता की भी कमी नहीं थी; भले ही उसकी सिर्फ एक हलकी सी झलक क्यों न दिखे, जो कि कुछ क्षणों या मिनटों से अधिक की नहीं होती थी। अपने बचाव के लिए लड़ी जा रही जंग में, विनोदी स्वभाव आत्मा के हथियारों में से एक था। यह एक जाना-माना तथ्य है कि केवल हास्यप्रियता ही किसी भी दूसरे भाव के मुकाबले, मनुष्य को उदासीनता से उबार सकती है। हालात कैसे भी हों, यह उसे उससे उबरने के लायक बनाती है, फिर भले ही ऐसा कुछ क्षण के लिए ही क्यों न हो। मैंने इमारत के निर्माण कार्य के दौरान अपने साथ काम करनेवाले साथी को व्यावहारिक तौर पर विनोदी स्वभाव के लिए प्रशिक्षित किया था। मैंने उसे सुझाव दिया कि हम एक-दूसरे को हर रोज़ कम से कम एक मज़ेदार किस्सा सुनाने का वादा करेंगे, वह किसी ऐसी घटना से जुड़ा होगा, जो हमारे वहाँ से आज़ाद होने के बाद हमारे साथ घट सकती थी।

वह एक सर्जन था और एक बड़े अस्पताल में सहायक के पद पर काम कर चुका था। एक बार मैंने उसे ऐसी मज़ेदार बात सुनाई कि उसके चेहरे पर बड़ी सी मुस्कान तैर गई। मैंने उससे कहा कि जब वह शिविर से छूटने के बाद फिर से सामान्य जीवन जीने लगेगा तो वह अपने पिछले काम की आदतों को आसानी से नहीं छोड़ सकेगा। निर्माण स्थल पर, फोरमैन अकसर हमें उत्साहित करने के लिए चिल्लाता (खास तौर पर जब सुपरवाइज़र मुआयने के लिए आता था।) : 'एक्शन! एक्शन!' मैंने अपने दोस्त से कहा, 'एक दिन तुम अपने ऑपरेशन कक्ष में काम कर

रहे होगे, जहाँ मरीज़ के पेट का कोई बड़ा ऑपरेशन किया जा रहा होगा। अचानक एक सहायक भागते हुए अंदर आ जाएगा और वरिष्ठ सर्जन के आने का संकेत करते हुए चिल्लाएगा, 'एक्शन! एक्शन!''

कई बार दूसरे लोग भी भविष्य के बारे में बहुत ही मज़ेदार सपने बना देते थे, जैसे एक व्यक्ति ने कहा कि 'हो सकता है कि कैंप से छूटने के बाद वे किसी के घर रात्रिभोज पर जाएँ और खाने के दौरान यह भूल जाएँ कि अब वे कैदी नहीं रहे और वे सूप परोस रही मेज़बान महिला से विनती करने लगें कि क्या वह उन्हें बरतन के तले से गाढ़ा सूप परोस सकती है?'

बंदी शिविर में जीवन जीने के बावजूद हम हास्यप्रियता विकसित करने तथा सभी बातों को मज़ाकिया ढंग से लेने की कला भी सीख रहे थे। लेकिन इससे इनकार नहीं किया जा सकता कि पीड़ा हर जगह मौजूद रहती है। अगर मैं आपको एक मिसाल देना चाहूँ तो कह सकता हूँ कि एक मनुष्य की पीड़ा गैस के व्यवहार के समान होती है। अगर किसी खाली कक्ष में गैस की निश्चित मात्रा डाली जाए तो यह कक्ष को पूरी तरह से, समान रूप से भर देगी, चाहे वह कितना भी बड़ा क्यों न हो। उसी तरह पीड़ा या कष्ट भी मनुष्य की आत्मा व चेतन मन को उसी तरह भर देते हैं, भले ही वह पीड़ा कम हो या अधिक!

9

ऑश्विज़ से डखौ कैंप

एक छोटी सी बात भी बहुत सारे आनंद का कारण बन सकती है। मिसाल के तौर पर ऑश्विज़ से डखौ कैंप की ओर जाते समय हमारे साथ ऐसा ही हुआ। हम सभी के अंदर यह डर था कि हमें माउथाउसेन कैंप की ओर ले जाया जा रहा है। डेन्यूब के पास एक पुल के करीब पहुँचते ही हमारी बेचैनी बढ़ने लगी क्योंकि उस पुल को पार करके ही माउथाउसेन में प्रवेश किया जाता था। जिन लोगों ने पहले कभी ऐसी कोई घटना न देखी हो, उनके लिए यह कल्पना करना भी थोड़ा मुश्किल होगा कि उस समय हमारे डिब्बे में क्या हुआ। जब कैदियों ने देखा कि हम पुल पार करने के बजाय डखौ ही जा रहे थे तो वे मारे खुशी के नाचने लगे।

फिर जब हम दो रातों और तीन दिन की यात्रा करने के बाद उस कैंप में पहुँचे तो हमारे साथ क्या हुआ? यात्रा के दौरान हमारे पास इतनी जगह तक नहीं थी कि हम सभी अपने डिब्बे में उकड़ूँ बैठ सकें। हममें से अधिकतर ने खड़े होकर ही अपना सफर पूरा किया था और जो बैठे भी थे, उन्हें उस बदबूदार गीले फूस पर बैठकर काम चलाना पड़ा, जिसमें से मानव मूत्र की तीखी गंध आ रही थी। जब हम उस कैंप में पहुँचे तो हमें पुराने कैदियों से एक खास खबर मिली कि वह कैंप आकार में बहुत बड़ा नहीं था (उसमें 2500 कैदियों को रखने की जगह थी।) वहाँ कैदियों को जान से मारने के लिए कोई ओवन, शवदाह गृह या गैस आदि नहीं थे! इसका मतलब था कि जो कैदी कमज़ोरी के कारण किसी भी तरह से काम करने के लायक नहीं रहेगा, उसे गैस चैंबर में ले जाकर मारा नहीं जाएगा। उसे तब तक इंतज़ार करना होगा, जब तक उसे ऑश्विज़ ले जाने के लिए कोई बीमारों का काफिला तैयार नहीं होता। इस हैरतअंगेज़ खुशखबरी को सुनकर हम सब खिल उठे। ऑश्विज़ में हमारी झोंपड़ी के

मुखिया की इच्छा पूरी हो गई थी : हम सभी एक ऐसे कैंप में आ गए थे, जहाँ ऑश्विज़ की तरह कैदियों को जलाकर राख करनेवाली कोई चिमनी नहीं थी। अगले कुछ घंटों के दौरान हमारे साथ जो भी होनेवाला था, उसे पूरी तरह से नज़रअंदाज़ करते हुए हम दिल खोलकर हँसे और चुटकुलों से मन बहलाते रहे।

जब सभी नए बंदियों की गिनती की गई तो हममें से एक कैदी कम पाया गया। आखिरकर वह एक झोंपड़ी में मिला, जहाँ वह थकान के मारे बेसुध होकर सो गया था। इसके कारण हमें वह सारा समय उस खोए हुए बंदी के मिलने तक बारिश और ठंढी हवा के बीच बिताना पड़ा। इसके बाद तो हमारी हाज़िरी जैसे सज़ा देनेवाली परेड में बदल गई। सारी रात और अगले दिन सुबह देर तक भी, हमें अपनी लंबी यात्रा के बाद, बारिश में भीगते हुए, कड़कड़ाती सर्दी में खड़े होना पड़ा। इस सबके बावजूद हम सभी इस बात से बहुत खुश थे कि कैंप में कोई चिमनी नहीं थी और ऑश्विज़ वहाँ से बहुत दूरी पर था।

दूसरे कैदियों से जलन

एक बार हमने अपने कार्यस्थल से बंदियों के दल को निकलते देखा। तब हम सारे कष्टों को एक अलग ही रूप में देखते थे। हमें उन बंदियों को देखकर जलन का एहसास हुआ, जो दिखने में व्यवस्थित और सुरक्षित लग रहे थे। उन्हें देखकर लगा कि वे बहुत ही खुशहाल जीवन जी रहे थे। हमने गहरी उदासी के बीच सोचा, बेशक उन्हें नियमित तौर पर नहाने का अवसर मिलता होगा। उनके पास अपने दाँतों व कपड़ों को साफ रखने के ब्रश होंगे, उनमें से हरेक के पास सोने के लिए एक अलग गद्दा होगा और उन्हें मासिक रूप से आनेवाली डाक के माध्यम से अपने रिश्तेदारों की खोज-खबर मिलती होगी, ज़्यादा नहीं तो कम से कम, वे इतना तो जानते ही होंगे कि उनके करीबी लोग जीवित भी हैं या नहीं? हम सब तो बहुत पहले ही यह सब खो चुके थे।

हमें उन कैदियों को देखकर भी बहुत जलन होती थी, जिनके पास

कारखाने में काम करने का मौका था या जो ऐसे कमरे में काम करते थे, जिसके सिर पर छत होती! सबकी इच्छा यही थी कि काश उन्हें भी ऐसा अवसर मिल पाता।

यहाँ तक कि कैंप के बाहर बनी टुकड़ियों में भी कुछ ईकाइयाँ ऐसी थीं, जिन्हें दूसरों से बदतर माना जाता था। जिस बंदी को हर रोज़ बारह घंटों तक, एक रेलवे मैदान के गहरे कीचड़ से भरे टबों को खाली करने के लिए तीखी चढ़ाई पर नहीं जाना पड़ता था, उससे किसी को भी जलन हो सकती थी। रोज़ होनेवाली अधिकतर दुर्घटनाएँ इसी काम के दौरान होती थीं और वे अकसर जानलेवा होती थीं।

दूसरे कार्य दलों में फोरमैन घूँसों की स्थानीय परंपरा बनाए रखते, तब हम यह देखते कि क्या हमारी किस्मत में उनसे पूरी तरह से बचना लिखा है या हमें उनके नीचे अस्थायी तौर पर काम करके इससे मुक्ति मिल जाएगी। एक बार, बदकिस्मती से मैं भी एक ऐसे ही दल में फँस गया था।

दो घंटों के बाद एक हवाई अलार्म ने हमारे लिए बाधा खड़ी की। (जिस दौरान फोरमैन खास तौर पर मुझ पर ही काम कर रहा था।) उस समय शायद मैं कैंप की ओर वापस आनेवाली स्लेजगाड़ी में से एक पर सवार होकर वापस आ गया होता, जो वहाँ से मृतक या थकान से अधमरे हो चुके कैदियों को वापस लाती थी। अलार्म के कारण सभी बंदियों को एक स्थान पर एकत्र होना पड़ता था और उसी वजह से उस दिन मेरी जान बच सकी। कोई कल्पना तक नहीं कर सकता कि उन हालात में ऐसे सायरन से हमें कितना सुकून मिलता था; शायद किसी मुक्केबाज़ को भी आखिरी घंटी की आवाज़ सुनने पर इतनी खुशी नहीं मिलती होगी, जो आखिरी मिनट में ढेर होने के खतरे से बच गया हो।

हम छोटी से छोटी दया के लिए भी एहसानमंद थे। अगर हमें बिस्तर पर जाने से पहले जुएँ निकालने का मौका मिल जाता तो हमें खुशी होती। हालाँकि यह अपने आपमें कोई बहुत ही आनंददायक काम नहीं था क्योंकि ऐसा करने के लिए हमें एक सर्द झोंपड़ी में नग्न होकर खड़ा होना

पड़ता, जहाँ छत से जमी हुई बर्फ के लंबे टुकड़े लटकते रहते थे। यदि इस प्रक्रिया के दौरान छापे का कोई अलार्म बजने के कारण सारी बत्तियाँ बंद न होतीं तो भी हम भगवान का शुक्र अदा करते। अगर हम अपना काम सही तरह से पूरा न कर पाते तो हमें आधी रात तक जगाकर रखा जाता था।

आनंद की नकारात्मक खुशी

कैंप जीवन के ये छोटे-छोटे आनंद एक प्रकार की नकारात्मक खुशी देते थे - 'कष्ट से मुक्ति', जैसा कि शोपेनहावर ने कहा है, वह भी एक तरह के संबंधित रूप में। यहाँ तक कि छोटे असली सकारात्मक आनंदों की मात्रा भी गिनी-चुनी थी। मुझे याद है, एक दिन मैंने आनंददायक क्षणों का एक चिट्ठा सा तैयार किया तो पता चला कि पिछले कई सप्ताहों के दौरान मुझे केवल दो ही आनंददायक क्षण हासिल हो सके थे। एक क्षण तब आया था, जब मुझे काम से लौटकर यह पता चला कि मुझे एक लंबे इंतज़ार के बाद एक कैदी रसोइए के नीचे काम करने का मौका मिला है।

वह रसोइया अपने बड़े पतीलों के साथ खड़ा रहता और उसके सामने आनेवाले बंदी अपने कटोरे उसके आगे करते जाते। वह एकमात्र ऐसा रसोइया था, जो यह नहीं देखता था कि वह अपने चमचे से किस आदमी के कटोरे में सूप डाल रहा है। वह किसी के भी पद की परवाह किए बिना सबको एक समान मात्रा में सूप परोसता। वह उन लोगों में से नहीं था, जो अपने देश के लोगों या दोस्तों को देखकर, उन्हें सूप में से आलू चुनकर दे दे, जबकि दूसरों को सिर्फ ऊपर-ऊपर का पतला सूप दे।

लेकिन मैं उन लोगों पर अपना फैसला थोपनेवाला कौन होता हूँ, जो अपने लोगों को बाकी दूसरे लोगों के मुकाबले ज़्यादा अहमियत देते थे। ऐसे हालात में, जहाँ ज़िंदगी या मौत का सवाल हो, वहाँ अपने दोस्तों का पक्ष लेनेवाले व्यक्ति को कोई दोष कैसे दे सकता है? किसी

भी व्यक्ति को ऐसा करने का हक नहीं है, जब तक वह पूरी ईमानदारी के साथ खुद से यह न कह पाए कि ऐसे हालात में वह खुद कभी ऐसा पक्षपात न करता।

जब मैं अपने सामान्य जीवन में वापस लौट आया, उसके एक लंबे अरसे के बाद (यानी मेरे कैंप से रिहा होने के बहुत समय के बाद), किसी ने मुझे इलेस्ट्रेटिड वीकली का एक पन्ना दिखाया, जिसमें कैदियों की भीड़ को उनकी झोपड़ी में लेटा दिखाया गया था। वे एक मेहमान को खाली नज़रों से ताक रहे थे। 'क्या यह सब भयानक नहीं दिखता? कैसे भयंकर घूरनेवाले चेहरे – यह सब कितना भयभीत कर देनेवाला है' उसने कहा।

मैंने पूछा, 'क्यों?' ऐसा मैंने इसलिए पूछा क्योंकि उस समय मैं कुछ समझा ही नहीं था। उसी क्षण में, मैंने उस घटना को एक बार फिर से देखा : सुबह के पाँच बजे थे, बाहर अभी गहरा अंधकार था। मैं कच्ची झोपड़ी के भीतर लकड़ी के एक तख्ते पर लेटा था, जहाँ मेरे जैसे सत्तर अन्य रोगियों की 'देखरेख' की जा रही थी। हम बीमार थे और हमें काम के लिए कैंप से बाहर नहीं जाना था; हमें परेड के लिए भी नहीं जाना था। हम अपनी झोंपड़ी के छोटे से कोने में सारा दिन लेट सकते थे और ऊँघते हुए, रोज़ मिलनेवाली डबलरोटी का इंतज़ार कर सकते थे (बेशक बीमारों को दी जानेवाली डबलरोटी की मात्रा घटा दी जाती थी।) और इसके साथ ही हमें अपने सूप का भी इंतज़ार रहता (और भी पतला व घटी हुई मात्रा)। लेकिन हम कितने संतुष्ट थे; इतना सब कुछ होने के बाद भी खुश थे। हम अपने शरीर की गरमाहट बनाए रखने के लिए एक-दूसरे के साथ सटकर बैठे थे और इतने आलस से घिरे थे कि बिना किसी काम के उँगली तक नहीं हिलाना चाह रहे थे।

उस समय रात की पाली से लौटनेवाली टोली की तीखी सीटियाँ व चीख-पुकार सुनाई दीं, उन्हें हाज़िरी देने के लिए बुलाया जा रहा था। तभी अचानक फटाक से दरवाज़ा खुला और बर्फ का तूफान भीतर घुस आया। एक बुरी तरह से पस्त, बर्फ से ढका साथी झोपड़ी में दाखिल हुआ और लड़खड़ाकर एक ओर बैठ गया लेकिन सीनियर वार्डन ने उसे

उसी समय बाहर भगा दिया। अगर किसी आदमी की जाँच चल रही हो तो उस समय किसी भी अजनबी के भीतर आने पर कड़ी पाबंदी थी। मुझे उस दिन उस आदमी के लिए बहुत खेद हुआ और साथ ही इस बात की खुशी भी हुई कि मैं उसके स्थान पर नहीं था। बीमार पड़ने और बीमारों के कमरे में ऊँघने के बजाय, अगर मुझे वहाँ यूँ ही दो दिन रहने का अवसर मिल जाता या उसके बाद के दो दिन और मिल जाते तो सचमुच चैन आ जाता।

जिस समय मैं पत्रिका में वे तसवीरें देख रहा था, यह सब अचानक मेरे दिमाग में आया। जब मैंने अपनी बात समझाई तो श्रोता समझ गया कि मुझे वह तसवीर इतनी भयानक क्यों नहीं लगी। उस तसवीर में दिखाए गए लोग शायद इतने दुःखी नहीं रहे होंगे।

10

कुछ सार्थक मूल्य

बीमारों के कमरे में मेरा चौथा दिन था और मुझे हाल ही में रात की पाली में जाने का हुकुम दिया गया था। बड़े डॉक्टर ने मुझसे आकर पूछा कि 'क्या मैं दूसरे कैंप में टाइफस रोगियों के कमरे में अपनी मेडिकल सेवाएँ देना चाहूँगा?' हालाँकि मेरे दोस्तों ने मुझे सलाह दी थी कि मैं ऐसे काम की हामी न भरूँ, मेरा कोई सहकर्मी ऐसा नहीं कर रहा था लेकिन इसके बावजूद मैंने हामी भर दी। मैं जानता था कि किसी कार्यकारी दल में, कुछ ही दिन में मेरी मौत हो जाएगी। लेकिन अगर मेरी मौत होनी तय है तो उस मौत के कुछ मायने तो हों। मैंने सोचा कि एक गैरउत्पादक मज़दूर के रूप में मरने से कहीं बेहतर होगा कि मैं एक उद्देश्य के साथ, डॉक्टर के रूप में अपने साथियों की सेवा करते हुए मरूँ।

मेरे लिए यह चुनाव कोई बलिदान नहीं बल्कि सीधा-सीधा गणित था। लेकिन साफ-सफाई विभाग से वारंट अधिकारी ने गुप्त रूप से यह आदेश दिया था कि जो दो डॉक्टर अपनी मरज़ी से टाइफस रोगियों की सेवा करने के लिए राज़ी हो गए हैं, उनके जाने तक उनका ध्यान रखा जाना चाहिए। क्योंकि हम इतने कमज़ोर दिखते थे कि उसे डर था कि कहीं उसे दो डॉक्टरों के बजाय दो लाशें न सँभालनी पड़ जाएँ।

मैंने पहले भी बताया कि जो भी काम, स्वयं को या अपने करीबी दोस्तों को जीवित रखने से नहीं जुड़ा होता था, वह बहुत जल्द अपना अर्थ खो देता था। सब कुछ यहीं आकर बलिदान हो जाता था। इसमें मनुष्य का चरित्र इस हद तक शामिल हो जाता कि वह एक मानसिक जंग से घिर जाता, जो उसके सारे मूल्यों के लिए एक खतरा बन जाती और उसे संदेह के घेरे में खड़ा कर देती। वे अब एक ऐसी दुनिया के प्रभाव में थे, जहाँ मनुष्य के जीवन और मर्यादा की कोई पहचान शेष नहीं थी, जिसने मनुष्य से उसकी इच्छा छीनकर, उसे एक ऐसी वस्तु

बना दिया था, जिसे पूरी तरह से खत्म किया जा सकता था (हालाँकि यह योजना पहले से ही बना ली जाती थी कि उसका पूरा प्रयोग कैसे किया जा सकता था - कैसे उसकी शारीरिक शक्ति का आखिरी औंस तक निकाला जा सकता था।) इसके बाद व्यक्तिगत अहं के कोई मूल्य नहीं बचते थे।

यदि यातना कैंप में मनुष्य अपने आत्मसम्मान को बचाने की आखिरी कोशिश में इसके खिलाफ न लड़ता तो वह एक व्यक्ति और दिमागवाला जीव होने का एहसास खो देता। उसके पास यह एहसास ही न बचता कि वह भी निजी मूल्यों और आंतरिक आज़ादी का अधिकार रख सकता है। तब वह स्वयं को लोगों के एक विशाल समूह का हिस्सा मानने लगता; उसका अस्तित्व पशुओं जैसे जीवन स्तर पर आ जाता। लोगों को झुंडों में, एक से दूसरे स्थान पर हाँका जाता, कई बार वे एक साथ होते तो कई बार उन्हें अलग-अलग कर दिया जाता। तब वे भेड़ों के उस झुंड के समान होते, जिसमें झुंड के साथ चलना या अकेले चलना, उनकी मरज़ी के अनुसार नहीं होता। लोगों को सताकर आनंद पाने में निपुण एक छोटा लेकिन खतरनाक दल उन पर चारों ओर से नज़र रखता। वे दीवानों की तरह लोगों के झुंड को आगे-पीछे हाँकते; लातों-घूँसों व चीख-पुकार से बात करते। जबकि हम भेड़ें, केवल दो ही बातों के बारे में सोचतीं - उन बुरे कुत्तों से कैसे बचा जाए और कहीं से थोड़े से भोजन का जुगाड़ कैसे किया जाए।

आत्मरक्षा का नियम

जिस तरह कुछ भेड़ें कायरों की तरह झुँड के बीच चलती हैं, उसी तरह हममें से हर कोई झुंड के बीच चलने की कोशिश करता था। इस तरह हम उन पहरेदारों के वार से खुद को बचाने में सफल हो जाते, जो हमारी टुकड़ी के आगे-पीछे या किनारों पर कदमताल करते हुए साथ चलते थे। बीच में चलनेवाले कैदियों को बेरहम ठंढी हवाओं से भी सुरक्षा मिल जाती। इस तरह, अपनी जान बचाने के लिए ही हर व्यक्ति उस भीड़ का हिस्सा बनकर, उसके भीतर चलना चाहता था। जब भी कोई टुकड़ी बनाई जाती तो ऐसा अपने-आप ही हो जाता। लेकिन कई बार हम जानबूझकर ऐसा करते। हम चाहते थे हम आत्मरक्षा के नियम

को मानकर चलें और किसी भी तरह से अपने आपको संदेह के घेरे में न आने दें। हमारा आचरण ऐसा हो कि किसी भी अधिकारी को हम पर शक न हो।

भीड़ से परे होने की तलब

बेशक कई मौके ऐसे भी होते थे, जब भीड़ से परे होना संभव और अनिवार्य हो जाता। यह एक जाना माना तथ्य है कि **जब हम जबरन थोपे गए सामुदायिक जीवन के बीच होते हैं, जिसमें व्यक्ति के हर काम पर सामनेवाले की नज़र होती है तो उस समय, चाहे थोड़े समय के लिए ही सही, उसके मन में भीड़ से परे होने की इच्छा पैदा हो जाती है।** यहाँ भी हर कैदी अपने व अपने विचारों के साथ, कुछ समय अकेले में बिताने के लिए तरसता था। वह अपने लिए थोड़ी गोपनीयता और एकांत की कामना करता। जब मुझे तथाकथित 'आराम' कैंप में भेजा गया तो उसके बाद मैं एक बार में पाँच मिनट के संक्षिप्त से एकांत के लिए भी तरस जाता। जिस कच्ची झोंपड़ी में मैं काम करता था, उसमें पचास रोगी बेसुध पड़े रहते थे। उसके पीछे, कैंप को घेरनेवाली कांटेनुमा तार की दोहरी चारदीवार के कोने में एक स्थान था, जहाँ कुछ खंभों व पेड़ की शाखाओं की मदद से तंबू सा बनाया गया था, जिसमें करीबन आधे दर्जन शव (कैंप की प्रतिदिन की मृत्यु दर) रखे जा सकें। वहाँ पानी के पाइपों की ओर जाते हुए एक लंबा सा पाइप भी पड़ा था। जब भी मेरी सेवाओं की ज़रूरत न होती तो मैं जाकर, उस पाइप के लकड़ीवाले ढक्कन पर बैठ जाता। मैं वहाँ बैठकर, हरियाली से भरी ढलानों को निहारता और अपने कांटेनुमा तारों के फ्रेम के बीच दिख रहे बवैरियन परिदृश्य की सुदूर दिखनेवाली नीली पहाड़ियों की सराहना करता। उन्हें देखते-देखते मैं सुंदर सपनों में खो जाता। मेरे ये सपने उत्तर और उत्तर-पूर्व दिशा से जुड़े होते थे। यह वही दिशा थी, जहाँ मेरा घर था लेकिन मुझे बादलों के सिवा वहाँ कुछ और दिखाई नहीं देता था।

रोगियों की सेवा

मुझे अपने पास पड़े उन शवों से कोई अंतर नहीं पड़ता था, जिनमें कीड़े रेंग रहे होते थे। केवल वहाँ से गुज़र रहे सिपाहियों की पदचाप

ही मुझे मेरे खयालों की दुनिया से बाहर लाती; या फिर जब रोगियों में से कोई मुझे पुकारता या मरीज़ों के लिए दवाएँ लाई जातीं तब मैं अपने खयालों से बाहर आ जाता। वैसे मरीज़ों के लिए आता भी क्या था, पचास रोगियों की झोंपड़ी के लिए मुश्किल पाँच से दस एस्पिरिन की गोलियाँ... इतनी सी गोलियों से मुझे कई दिनों तक काम चलाना होता था। मैं उन्हें लेकर रखता, झोंपड़ी का एक चक्कर लगाता, मरीज़ों की नब्ज़ देखकर, गंभीर लग रहे रोगियों को आधी गोली दे देता। घातक रूप से गंभीर रोगियों को किसी भी तरह की दवा देने की मनाही थी। क्योंकि एक तो उससे कोई लाभ नहीं होता था और दूसरा इस तरह उन लोगों के लिए भी दवाओं की कमी हो जाती, जिनके बचने की अभी थोड़ी आस बाकी थी। साधारण रूप से बीमार मरीज़ों के लिए मेरे पास दिलासे के सिवा कुछ नहीं था। इस तरह, मैं खुद को एक से दूसरे रोगी की ओर घसीटता रहता। मैं स्वयं भी टाइफस के एक हमले के कारण बहुत ही पस्त और मरियल हो चुका था। इसके बाद मैं अपने एकांत में चला जाता। और लकड़ी के ढक्कन पर बैठकर खयालों में खो जाता।

एक बार, इसी पाइप ने मेरे तीन साथी कैदियों की ज़िंदगी बचाई थी। आज़ादी से कुछ समय पहले, बहुत बड़े-बड़े काफिलों को डखौ रवाना किया जा रहा था और इन तीन कैदियों ने दिमाग लगाया कि वे किसी तरह काफिले में शामिल होने से बच जाएँ। वे पाइप के नीचे आकर छिप गए, ताकि पहरेदारों की नज़रों से बच सकें। मैं वहीं ढक्कन पर बैठा, बड़ी मासूमियत से, चारदीवारी की ओर यूँ ही कंकड़ उछालने का खेल खेलता रहा। मुझे देखते ही पहरेदार एक पल को हिचकिचाए, पर फिर वहाँ से निकल गए। जल्दी ही मैं उन तीनों बंदियों को यह शुभ समाचार देने में कामयाब रहा कि अब उनके सिर से संकट टल गया है।

केवल एक नंबर

किसी भी बाहरी अजनबी के लिए यह समझना बहुत कठिन होगा कि कैंप में मनुष्य के जीवन का मोल कितना कम आँका जाता था। कैंप के अधिकारी सख्त स्वभाव के थे लेकिन जब भी रोगियों का काफिला जाने के लिए तैयार होता तो वे मानों मनुष्य के अस्तित्व के प्रति गहरे

अनादर के साथ और भी सावधान हो जाते। रोगियों के दुबले हो चुके शरीरों को दोपहिया वाहनों पर लादा जाता, जिन्हें कैदी अकसर बर्फ के तूफानों के बीच मीलों खींचकर, अगले कैंप तक ले जाते। अगर छकड़ा चलने से पहले ही, किसी रोगी की जान चली जाती तो भी उसे उन्हीं अधमरे रोगियों के बीच डाल दिया जाता क्योंकि जो भी हो लेकिन सूची का बिलकुल ठीक होना अनिवार्य था। केवल सूची ही सबसे ज़्यादा मायने रखती थी।

एक आदमी की गिनती केवल तब तक ही थी, जब तक उसके पास एक कैदी नंबर था। सही मायनों में हम एक नंबर ही बन गए थे। ज़िंदा या मुर्दा – यह बात ज़्यादा मायने नहीं रखती थी; हर 'नंबर' का जीवन, किसी भी लिहाज़ से महत्वहीन ही था। उस नंबर और जीवन के पीछे छिपे भाग्य, इतिहास व उस आदमी के चेहरे का जैसे कोई मोल ही नहीं था। एक डॉक्टर होने के नाते मुझे भी एक बार रोगियों के एक काफिले को, बवेरिया के दूसरे कैंप में ले जाने का आदेश दिया गया। वहाँ एक युवा कैदी था, जिसके भाई का नाम काफिले के साथ जानेवाले रोगियों की सूची में नहीं था और उसे वहीं छोड़ना पड़ रहा था। युवक ने इतनी देर तक विनती की, फिर कैंप वार्डन ने उसे किसी दूसरे आदमी के साथ बदली करने का निश्चय कर लिया, फिर उसके भाई को उस आदमी का स्थान दिलवा दिया गया, जो कैंप में ही रहना चाह रहा था। क्योंकि जो भी हो, सूची का सही होना बहुत आवश्यक था। यह काम आसान था। भाई ने केवल दूसरे कैदी के साथ अपने भाई का नंबर बदल दिया था।

जैसा कि मैंने आपको पहले भी बताया, हमारे पास कोई दस्तावेज़ नहीं थे; सभी किस्मतवाले थे कि उनका शरीर अब भी साँसें ले रहा था। अपने कंकालों से लटक रहे फटे चीथड़ों के साथ, हमें केवल यह जानने में रुचि थी कि हमें रोगियों के काफिले के साथ भेजा जा रहा है या नहीं? काफिले के साथ जा रहे अशक्त रोगियों की छानबीन बड़ी बेशर्मी से की जाती कि कहीं किसी के पास कोई बेहतर सामान या कपड़ा तो नहीं, जो कैंप में पीछे छूट रहे लोगों के काम आ सकता हो। देखा जाए तो उनके नसीब के ताले तो बंद ही होने जा रहे थे। जो लोग कैंप में पीछे छूट रहे

थे, जो अब भी थोड़ा काम करने में सक्षम थे, वे अपने जीवित रहने के हर साधन में सुधार लाने की कोशिश कर सकते थे। वे भावुक किस्म के लोग नहीं थे। कैदी जानते थे कि सब कुछ पूरी तरह से पहरेदारों के मूड पर निर्भर करता है। वे अपनी ही किस्मत के हाथों के खिलौने थे और इस तरह वे हालात की माँग से कहीं ज़्यादा अमानवीय हो गए थे।

किस्मत का खेल

ऑश्विज़ में मैंने अपने लिए एक नियम बनाया था, जो बहुत ही अच्छा रहा। बाद में मेरे बाकी साथियों ने भी उसे अपना लिया। मैं प्राय: पूछे जानेवाले सभी सवालों के सही उत्तर देता लेकिन जब मुझसे पूछा जानेवाला सवाल बिलकुल स्पष्ट न हो तो मैं उसका जवाब नहीं देता। अगर मुझसे मेरी आयु पूछी जाती तो मैं अपनी आयु बता देता। अगर मुझसे मेरे व्यवसाय के बारे में पूछा जाता तो मैं कहता कि मैं डॉक्टर हूँ। लेकिन मैं कभी विस्तार से जवाब नहीं देता था। ऑश्विज़ में पहली सुबह, परेड मैदान में एक अधिकारी मेरे पास आया। हम कैदियों के अलग-अलग दल बनाए जा रहे थे : चालीस साल से अधिक, पचास साल से कम, मानसिक श्रम करनेवाले, मैकेनिक आदि। इसके बाद हमारी शारीरिक जाँच हुई और फिर कुछ कैदियों के लिए एक अलग दल बनाया गया। मैं जिस दल में था, उसे दूसरी झोंपड़ी में खदेड़ दिया गया, जहाँ हमें एक बार फिर से कतारों में लगना पड़ा। एक बार फिर से छँटाई होने के बाद और अपनी आयु व काम-धंधे से जुड़े सवालों के जवाब देने के बाद, मुझे एक और छोटे दल में भेज दिया गया। सब एक बार फिर से नई झोंपड़ी में गए और नए सिरे से दल बनाया गया। यह सब कुछ समय तक जारी रहा और मुझे खुद को अनजान लोगों के दल में पाकर बहुत मायूसी हुई। वे न जाने कौन सी विदेशी भाषा में बात कर रहे थे। मुझे उनका एक भी शब्द समझ नहीं आया। इसके बाद आखिरी छँटनी हुई और मैंने खुद को फिर से उसी दल में पाया, जिसमें से अलग करके मुझे सुबह दूसरी झोंपड़ी में ले जाया गया था। उन्होंने ध्यान तक नहीं दिया कि इस दौरान मैं जाने कितनी झोंपड़ियों व दलों से मिलकर लौटा था। लेकिन मैं अच्छी तरह जानता था कि उन कुछ घंटों के दौरान किस्मत कई बार, अलग-अलग रूपों में, मेरे पास से होकर लौट गई थी।

11

विश्राम कैंप की कहानी

जब विश्राम कैंप के लिए, रोगियों का काफिला तैयार होने लगा तो मेरा नाम (यानी मेरा नंबर) भी उसमें डाल दिया गया क्योंकि वहाँ कुछ डॉक्टरों की ज़रूरत थी। लेकिन किसी को भी इस बात का पक्का यकीन नहीं था कि उन्हें वास्तव में विश्राम कैंप ही भेजा जा रहा था। कुछ सप्ताह पहले भी ऐसा ही एक जत्था तैयार किया गया था। तब भी लोगों को यही लगा था कि उन बेचारों को हमेशा के लिए गैस चैंबरों में खाक होने भेजा जा रहा है। जब यह ऐलान किया गया कि जो भी रात की कठिन पाली में अपनी मरज़ी से सेवाएँ देना चाहेगा, उसका नाम काफिले में जानेवालों की सूची में से हटा दिया जाएगा तो बयासी कैदी झट से अपनी सेवाएँ देने के लिए आगे आ गए। करीबन पंद्रह मिनट बाद ही उस काफिले को रद्द कर दिया गया लेकिन उन बयासी कैदियों का नाम रात की पालीवाली सूची में बना रहा। उनमें से अधिकतर के लिए इस सूची में नाम होने का अर्थ था कि अगले पंद्रह दिनों के भीतर वे इस दुनिया में नहीं होंगे।

इसके बाद विश्राम कैंप के लिए दोबारा एक काफिला तैयार किया गया। इस बार भी कोई नहीं जानता था कि वे सब किसी गैस चैंबर या फिर असली विश्राम कैंप की ओर जानेवाले थे या फिर यह रोगियों के शरीर से आखिरी बूँद खून तक निचोड़ लेने की एक और साजिश थी – फिर भले ही वह चौदह दिन के लिए ही क्यों न हो। बड़े डॉक्टर साहब को मुझसे थोड़ा लगाव हो चला था, एक दिन उन्होंने मुझे कोने में ले जाकर हौले से बताया कि 'मैं काफिले के साथ जानेवाले लोगों की सूची में से, दस बजे तक अपना नाम कटवा सकता हूँ।' मैंने उनसे कहा कि 'यह मेरा तरीका नहीं है।' मैं सीख चुका था कि भाग्य को अपना काम करने देना चाहिए। शायद मैं अपने दोस्तों के साथ रहना ज़्यादा पसंद करूँगा। उनकी

आँखों में करुणा झलक आई, मानो वे जानते हों कि मेरा...। उन्होंने चुपके से हाथ मिलाया, मानो यह जीवन के लिए नहीं बल्कि जीवन से अलविदा होनेवाली बात रही हो। मैं धीरे-धीरे अपनी झोंपड़ी में वापस आ गया। वहाँ मैंने अपने एक अच्छे दोस्त ओट्टो को इंतज़ार करते हुए पाया।

'क्या तुम सचमुच उनके साथ जाना चाहते हो?' उसने गहरी उदासी के बीच पूछा।

'हाँ, मैं जा रहा हूँ।' मैंने कहा।

उसकी आँखें छलक उठीं और मैंने उसे दिलासा देना चाहा। इसके बाद अभी एक और काम करना बाकी था – मुझे अपनी वसीयत तैयार करनी थी।

मैंने अपने दोस्त से कहा, ''सुनो ओट्टो! अगर मैं अपनी पत्नी के पास घर न पहुँच पाया और अगर तुम्हें कभी उससे मिलने का अवसर मिला तो उसे बताना कि 'मैं हर रोज़, हर घंटे, उसी के बारे में बातें करता था। उसे कहना कि संसार में मैंने सबसे अधिक उसे ही चाहा है और विवाह के बाद हमने एक साथ जो समय बिताया, वह यहाँ बीते बुरे वक्त से कहीं बढ़कर है, कहीं कीमती है।'

अगले ही दिन मैं रोगियों के काफिले के साथ रवाना हुआ। इस बार यह सब झूठ या पाखंड नहीं था। हम किसी गैस चैंबर की ओर नहीं, बल्कि विश्राम कैंप की ओर ही जा रहे थे। जो लोग मेरे दूसरे कैंप में जाने पर खेद प्रकट कर रहे थे, उनके कैंप में, हमारे नए कैंप की तुलना में कहीं अधिक भयंकर भुखमरी सामने आई। उन्होंने स्वयं को बचाना चाहा लेकिन ऐसा करते हुए उन्होंने खुद ही अपने लिए सारे दरवाज़े बंद कर लिए थे। मैं पुराने कैंप के एक मित्र से मिला। उसने मुझे बताया कि किस तरह कैंप के पुलिस अधिकारियों को, लाशों के ढेर से कटा माँस का टुकड़ा एक बरतन में से मिला, जिसे खाने के लिए पकाया जा रहा था। वहाँ इंसानी माँस खाने की नौबत आ गई थी। मैं वहाँ से सही समय पर निकल आया।

नौकर की मौत

क्या इस बात को पढ़ते हुए, तेहरान की मौतवाला प्रसंग याद नहीं आता? एक बार एक धनी-मानी फारसी इंसान बगीचे में अपने सेवकों के साथ टहल रहा था। तभी उसका नौकर चिल्लाया कि उसने अभी-अभी मौत को देखा, जो उसे धमका रही थी। उसने अपने मालिक से विनती की कि वे उसे सबसे तेज़ चलनेवाला घोड़ा दे दें, ताकि वह मौत के डर से दूर, तेहरान चला जाए। मालिक ने ऐसा ही किया और नौकर तेज़ी से घोड़ा दौड़ाता हुआ ओझल हो गया। जब मालिक घर आया तो उसे मौत दिखाई दी। उसने उससे पूछा, 'तुमने मेरे नौकर को क्यों डराया-धमकाया?' मौत बोली, 'नहीं, मैंने तो ऐसा कुछ नहीं किया। मैं तो केवल उसे देखकर हैरान हुई कि वह अभी तक यहीं है, जबकि उसकी और मेरी मुलाकात तो आज तेहरान में होनी है।'

भाग्य पर भरोसा

कैंप के निवासी किसी भी तरह का निर्णय लेने से डरते थे और कोई पहल नहीं कर पाते थे। यह सब एक बलशाली भावना की वजह से था, जिसके अनुसार उन्हें लगता था कि वे भाग्य के अधीन हैं और भाग्य की राह में कोई रोड़ा अटकाने के बजाय उसे अपने तरीके से काम करने देना चाहिए। इसके अलावा उनमें एक अजीब सी लापरवाही भी आ चुकी थी।

कई बार तत्काल निर्णय लेने का अवसर आता। ऐसे निर्णय जो ज़िंदगी या मौत से जुड़े हो सकते थे। उस समय कैदी यही तय करते कि भाग्य ने उनके लिए जो चुना है, वही ठीक है। जब भी किसी बंदी को बच निकलने के प्रयास से जुड़ा कोई फैसला करना होता तो उनकी यह सोच साफ दिखाई देती। जिन क्षणों के बीच उसे वहाँ से निकल जाने या न जाने का फैसला करना होता – और सच में यह सारी बात केवल कुछ क्षणों पर ही टिकी होती थी – उन क्षणों में वह मानो कई नर्कों की यात्रा कर आता। उसके लिए तय करना कठिन हो जाता कि क्या उसे भागना चाहिए? क्या उसे यह खतरा मोल लेना चाहिए?

मैं स्वयं ऐसी मानसिक पीड़ा का गवाह बना। लड़ाई का मोर्चा

पास आ रहा था, मुझे बचकर निकलने का एक मौका मिला। मेरे एक साथी को अपनी चिकित्सा सेवाएँ देने के लिए, कैंप से बाहर बनी झोंपड़ियों तक जाने का मौका मिलता था और वह वहाँ से भागना चाहता था। किसी गंभीर रोगी को विशेषज्ञ की सलाह चाहिए, इसी बहाने से वह मुझे अपने साथ कैंप के बाहर ले गया। कैंप के बाहर, विदेशी प्रतिरोध आंदोलन का एक सदस्य हमें वर्दियाँ और दस्तावेज़ देनेवाला था। आखिरी क्षणों में कुछ दिक्कतें आ गईं और हमें एक बार फिर से कैंप में लौटना पड़ा। हमने इस मौके का लाभ उठाते हुए अपने लिए कुछ सामान बटोर लिया – कुछ सड़े हुए आलू और अपने लिए पिट्ठू बैग।

हम महिलाओं के कैंप की एक खाली पड़ी झोंपड़ी में घुस गए, उन महिलाओं को दूसरे कैंप में भेजा जा चुका था। झोंपड़ी अस्त-व्यस्त दशा में थी; साफ दिख रहा था कि अधिकतर औरतें अपना राशन लेकर ही वहाँ से चंपत हुई थीं। वहाँ फटे-पुराने चीथड़े, तिनके, सड़ा हुआ भोजन और टूटे बरतन ही दिखाई दिए। कुछ कटोरे अब भी अच्छी अवस्था में थे और वे हमारे लिए बहुत उपयोगी होते लेकिन हमने उन्हें न उठाने का निर्णय लिया। हम जानते थे कि आगे चलकर, जब हालात और कठिन होंगे, उस समय वे कटोरे न केवल भोजन के लिए बल्कि वॉशबेसिन और मल-मूत्र त्याग करने के भी काम आ सकते थे (सब पर कड़ाई से यह नियम थोपा गया था कि कोई भी अपनी झोंपड़ी में किसी भी तरह का बरतन नहीं रखेगा। हालाँकि कुछ लोगों को मजबूरन इस नियम को तोड़ना पड़ता, जिनमें खासतौर पर टाइफस के रोगी शामिल थे, वे इतने कमज़ोर हो गए थे कि मल-मूत्र त्याग के लिए, किसी का सहारा लेकर भी बाहर तक नहीं जा पाते थे।) मैं निगरानी के लिए खड़ा हुआ तो मेरा मित्र झट से भीतर गया और जल्दी ही एक बैग के साथ बाहर आया, उसने उसे अपने कोट के नीचे दुबका लिया। उसने अंदर एक और झोला देखा था, जिसे मुझे अपने लिए लाना था इसलिए अब वह पहरे पर खड़ा हुआ और मैं भीतर गया। जब मैं उस कचरे से अपने लिए कुछ सामान बटोर रहा था तो मुझे झोले के साथ-साथ दाँत साफ करने का एक ब्रश भी मिल गया। तभी अचानक मैंने देखा कि वहाँ छोड़ी गई चीज़ों के बीच एक बूढ़ी औरत की लाश भी पड़ी थी।

मानसिक शांति

मैं अपनी झोंपड़ी से अपना सारा सामान समेटने के लिए भागा। मेरा भोजन का कटोरा, किसी मृतक टाइफस रोगी से मिले एक जोड़ा फटे दस्ताने, शॉर्टहैंड में लिखे कुछ कागज़ों की चिंदियाँ (जैसा कि मैंने पहले भी बताया, उन चिंदियों पर मैंने उस पांडुलिपि को नए सिरे से लिखना शुरू कर दिया था, जिसे मैं ऑश्विज़ में गँवा चुका था।) मैंने अपने रोगियों के बीच झट से एक दौरा किया, जो झोंपड़ी के दोनों ओर रखे, सड़े हुए लकड़ी के तख्तों पर गोल-मोल हुए पड़े थे। मैं अपने इकलौते देशवासी के पास आया, जो लगभग अधमरा हो चुका था, मैं चाहता था उसकी बिगड़ती हालत के बावजूद उसे बचाने की हर संभव कोशिश करता रहूँ। मुझे वहाँ से फरार होने की इच्छा को अपने मन में छिपाकर ही रखना था, पर जाने कैसे मेरा साथी भाँप गया (शायद उसे मेरे चेहरे पर हलकी घबराहट दिख गई)। उसने थके से स्वर में पूछा, 'क्या तुम भी जा रहे हो?' मैंने इनकार कर दिया पर उसकी उदास नज़रों से पीछा छुड़ाना मुश्किल था। मैं अपने दौरे के बाद उसके पास लौट आया। एक बार फिर से उसकी मायूस निगाहों ने मेरा स्वागत किया और जाने क्यों मुझे लगा कि उन निगाहों में कहीं एक शिकायत छिपी है।

जब से मैंने अपने दोस्त के सामने भागने के लिए हामी भरी थी, तभी से मन को एक अजीब से खालीपन ने घेर लिया था। वह भाव गहराता ही जा रहा था। अचानक मैंने तय किया कि तकदीर को अपने हाथों में लेना होगा। मैं दौड़कर अपनी झोंपड़ी से बाहर आया और अपने मित्र से कहा कि 'मैंने अपना मन पक्का कर लिया है, मैं यहीं रहूँगा, अपने रोगियों की सेवा करूँगा और यह कहते ही वह खालीपन और मायूसी, पलभर में हवा हो गए।' मैं नहीं जानता था कि आनेवाले दिनों में क्या होनेवाला है लेकिन मैंने उस दिन एक ऐसी मानसिक शांति पाई, जिसका एहसास पहले कभी नहीं हुआ था। मैं अपनी झोंपड़ी में लौट आया, अपने देशवासी साथी के पायताने बैठा और उसे दिलासा देने लगा; इसके बाद मैंने दूसरे रोगियों से भी बात की और उनके रोग की बेसुधी के बीच उनके मन को सहारा देने की कोशिश करता रहा।

12

कैंप का आखिरी दिन

कैंप में हमारा आखिरी दिन आ पहुँचा। लड़ाई का मोर्चा नज़दीक आता जा रहा था इसलिए ज़्यादा से ज़्यादा कैदियों के काफिले दूसरे कैंपों में भेजे जा रहे थे। कैंपों के अधिकारी, कापोस और रसोइए भी वहाँ से जा चुके थे। उस दिन आदेश दिया गया कि शाम को सूर्यास्त से पहले पूरा कैंप खाली हो जाना चाहिए। यहाँ तक कि कुछ बचे हुए कैदियों (रोगियों, कुछ डॉक्टरों व कुछ सहायकों) को भी वह स्थान खाली करना होगा। रात के समय पर कैंप में आग लगाई जानेवाली थी। दोपहर तक वे ट्रक नहीं आए, जिनमें रोगियों को भरकर, दूसरे कैंपों में भेजा जाना था। इसलिए कैंप के दरवाज़े बंद कर दिए गए और काँटेदार तार की बाड़ों के पास भी चौकसी बढ़ा दी गई, ताकि कोई वहाँ से बचकर निकल न सके। ऐसा लग रहा था कि बचे हुए बंदियों के भाग्य में यही लिखा था कि वे कैंप की आग में जलकर भस्म हो जाएँ। मैंने और मेरे दोस्त ने दूसरी बार वहाँ से निकलने की योजना बनाई।

हमें आदेश दिया गया कि तीन आदमियों के शव, काँटेदार तारों वाली बाड़ के बाहर दफनाकर आएँ। कैंप में केवल हम दोनों ही इतने ताकतवर बचे थे, जो ऐसा कोई काम पूरा कर सकते थे। बाकी लगभग सारे कैदी झोंपड़ियों में पड़े बुखार व बेहोशी के बीच कराह रहे थे। हमने अपनी योजना तैयार की : पहली बार में हम मेरे दोस्त का झोला बाहर ले जानेवाले थे, जिसे कपड़े धोने के उस पुराने टब में छिपाया जा सकता था, जो ताबूत का काम कर रहा था। जब हम दूसरा शव ले जाते तो उस समय मेरा झोला बाहर ले जाया जा सकता था और फिर तीसरे दौरे के साथ ही हमने भागने की योजना तैयार की थी। पहले दो दौरे तो योजना के अनुसार ही रहे। जब हम वापस आए तो मैं इंतज़ार करने लगा और मेरा दोस्त डबलरोटी का कोई टुकड़ा तलाशने लगा ताकि हम आनेवाले

दिनों में, जंगल में कुछ खा सकें। मैं इंतज़ार करता रहा। कुछ मिनट और बीत गए। जब वह वापस नहीं आया तो मेरी बेचैनी बढ़ने लगी। तीन साल की कैद के बाद, मैं बड़ी प्रसन्नता के साथ अपनी आज़ादी की कल्पना कर रहा था कि लड़ाई के मोर्चे की ओर भागकर जाने का क्षण कितना शानदार होगा लेकिन आखिरकार इसकी ज़रूरत ही नहीं पड़ी।

ज्यों ही मेरा दोस्त वापस आया, कैंप का प्रवेश द्वार खोल दिया गया। एक आलीशान, एल्यूमीनियम रंग की कार धीरे-धीरे चलते हुए, परेड मैदान तक आई, जिस पर विशाल रेड क्रॉस पेंट किए गए थे। जिनेवा में अंतरराष्ट्रीय रेड क्रॉस से एक प्रतिनिधि आया था और अब कैंप व उसके निवासी उसके अधीन थे। वह पास ही बने एक फार्म हाउस में ठहरा ताकि किसी भी आपातकाल के दौरान, कैंप के निकट रह सके। अब भागने की किसे पड़ी थी? कार से, दवाओं से भरे बक्से उतारे गए, सिगरेट बाँटी गईं और सबके उल्लास की सीमा न रही। अब हमें वहाँ से भागकर, अपनी जान जोखिम में डालने की कोई ज़रूरत नहीं थी।

अपने उल्लास के बीच हम तीसरे शव को तो भूल ही गए थे इसलिए उसे बाहर ले गए और तीन शवों के लिए खोदी गई संकरी सी कब्र में, उसे भी डाल दिया। हमारे साथ आनेवाला पहरेदार थोड़ा दयालु किस्म का आदमी था – वह अचानक और नरमदिल हो उठा। उसे लगा कि शायद तख्ता पलट सकता है और उसे हमारी मदद की ज़रूरत पड़े इसलिए वह भी हमारे साथ उन शवों पर मिट्टी डालने से पहले की जानेवाली प्रार्थना में शामिल हुआ। पिछले दिनों के तनाव और उत्तेजना के बाद व मौत के साथ हुई हमारी रेस के बाद, प्रार्थना के शब्दों में ऐसी गहराई थी, जैसी कभी किसी मानवीय स्वर में नहीं रही होगी।

इस तरह कैंप का आखिरी दिन आज़ादी के इंतज़ार में बीत गया। पर शायद हमने अपनी खुशी कुछ जल्दी ही मना ली थी। रेड क्रॉस के प्रतिनिधि ने हमें आश्वासन दिया कि एक अनुबंध पर हस्ताक्षर हो चुके हैं और कैंप को अब खाली नहीं करवाया जाएगा। लेकिन उसी रात अधिकारी ट्रक लेकर आ गए और कैंप खाली करने को कहा। बाकी बचे हुए कैदियों को दूसरे कैंप में ले जाया जा रहा था, जहाँ

से उन्हें अड़तालीस घंटों के भीतर स्विट्ज़रलैंड भेजा जाना था ताकि कुछ युद्धबंदियों के साथ उनकी अदला-बदली की जा सके। हम उन अधिकारियों के रवैये को देखकर हैरान रह गए। वे बहुत ही दोस्ताना ढंग से पेश आ रहे थे और हमें निडर होकर ट्रकों में सवार होने के लिए कहा जा रहा था। उनका कहना था कि हमें इस अवसर के लिए अपनी किस्मत को धन्यवाद देना चाहिए। जिन बंदियों में थोड़ी-बहुत जान बाकी थी, वे तो स्वयं ही ट्रकों पर सवार हो गए, बाकी लोगों को बड़ी मुश्किल से कंधों पर सहारा देकर ट्रकों में चढ़ाया गया। अब मुझे और मेरे दोस्त को अपने झोले छिपाने की ज़रूरत नहीं थी, हम आखिरी दल में खड़े थे, जिनमें से केवल तेरह को आखिरी ट्रक में भेजने के लिए चुना जाना था। बड़े डॉक्टर ने लोगों को गिना और वह हमें अपनी गिनती में शामिल करना भूल गया। उन तेरह को भेज दिया गया और हम दोनों वहीं रह गए। हम बहुत ही हैरान, परेशान और नाराज़ थे, हमने बड़े डॉक्टर से शिकायत की तो उसने अपनी सफाई देते हुए कहा कि वह इतना पस्त हो गया था कि उसके मन से हमारा खयाल ही उतर गया। उसने कहा कि उसे लगा कि हम अब भी भागने की मंशा रखते हैं। हम अधीर भाव से वहीं बैठ गए, बचे हुए कैदी अपनी पीठ पर झोले लादे, किसी आखिरी ट्रक के आने का इंतजार कर रहे थे। हमें बहुत देर तक इंतज़ार करना पड़ा। आखिरकार, पिछले कुछ घंटों की उत्तेजना व थकान (जिस दौरान हम निरंतर आशा व निराशा के बीच झूलते रहे थे) की वजह से हम निढाल हो गए और अपने सामान व जूतोंसहित चौकदारों के कमरे में पड़े गद्दे पर ही लुढ़क गए।

बंदूकों व तोपों के शोर से हमारी आँख खुली; कमरे में बंदूकों के धमाकों की रोशनियाँ आ रही थीं। बड़ा डॉक्टर भागते हुए कमरे में आया और हमें वहीं छिपने का आदेश दिया। एक कैदी मेरे पास पड़े पलंग से सीधा, जूतों समेत मेरे पेट पर कूदा और मेरी नींद पूरी तरह से खुल गई। इसके बाद समझ में आया कि आखिर हो क्या रहा था : लड़ाई का मोर्चा हम तक आ पहुँचा था! आखिरकार गोलीबारी थमी और सुबह हो गई।

कैंप के बाहर एक खंभे पर सफेद झंडा लहरा रहा था।

कुदरत का एक और खेल

हमें कई सप्ताह बाद पता चला कि आखिरी घंटों में भी, कैंप में बचे हुए कैदियों के साथ किस्मत का खेल चल रहा था। **हमें एहसास हुआ कि ज़िंदगी और मौत के मामले में मनुष्य के अपने निर्णय कितने अनिश्चित हो सकते हैं।** मुझे कुछ ऐसी तसवीरें देखने को मिलीं, जो हमारे कैंप के निकट के एक छोटे कैंप की थीं। हमारे जिन दोस्तों ने सोचा था कि वे उस रात ट्रकों में भरकर, अपनी आज़ादी की ओर जा रहे थे, उन्हें उस कैंप में ले जाकर, झोंपड़ियों में बंद कर दिया गया और ज़िंदा जलाकर मार दिया गया। तसवीरों में उनके अधजले शव पहचाने जा सकते थे। जिसे हम कैंप का आखिरी दिन समझ रहे थे, दरअसल वह एक चाल थी। कुदरत अभी भी हमारी परीक्षा ले रही थी।

बंदियों की उदासीनता सिर्फ उनके लिए बचाव तंत्र की भूमिका नहीं निभा रही थी बल्कि यह अन्य कई कारकों का भी नतीजा थी। इसमें भूख और नींद की कमी ने भी अपना योगदान दिया था (जैसा कि वे सामान्य जीवन में करते हैं), कैदियों की निरंतर बनी रहनेवाली खीझ भी उनके मानसिक संघर्ष का परिचय देती थी। साफ-सफाई की कमी के कारण, क्षमता से अधिक भरी हुई झोंपड़ियों में कई तरह के कीड़े-मकोड़े पनप गए थे, जिनके कारण आंशिक तौर पर नींद प्रभावित होती थी। हमें वहाँ कभी निकोटीन और कैफीन नहीं मिली और शायद यही दोनों बातें हमारे चिड़चिड़े बरताव और उदासीनता को बढ़ावा दे रही थीं।

बंदियों का हीनता बोध

इन सभी शारीरिक कारणों के अलावा कुछ मानसिक कारण भी थे। अधिकतर बंदी हीनता बोध से ग्रस्त थे। हम सभी ने कभी न कभी अपने 'कुछ होने' की कल्पना की थी। अब हमारे साथ इस तरह पेश आया जाता था, मानो हमारा कोई अस्तित्व या पहचान ही न हो (निजी आंतरिक मूल्यों की चेतना, अधिक उन्नत व आध्यात्मिक वस्तुओं से जुड़ी रहती है, जिसे किसी भी यातना शिविर का जीवन हिला नहीं

सकता। लेकिन कैदियों को छोड़ भी दें तो ऐसे कितने स्वतंत्र लोग होंगे, जिनकी चेतना ऐसी होगी?) इस बारे में सजग भाव से सोच-विचार किए बिना ही हर औसत बंदी यही सोचता कि उसे नीचा दिखाया जा रहा है। जब कोई कैंप के इस समाजशास्त्रीय ढाँचे के कारण उभरे विरोधाभासों को देखता तो यह बात साफ तौर पर दिखाई देती। अधिक विशिष्ट बंदी, कापोस, रसोइए, स्टोरकीपर, पुलिस अधिकारी खुद को दूसरे बंदियों की तुलना में किसी भी तरह नीचा नहीं समझते थे बल्कि उन्हें तो लगता था कि उन्हें पदोन्नती दी गई है! उनमें से तो कइयों ने खुद को दूसरों से महान और बड़ा मानना भी शुरू कर दिया था। इस विशेष पक्ष के प्रति लोगों की जलन और बड़बड़ाहट अकसर चुटकुलों में सामने आती। मिसाल के लिए, मैंने एक बार दो बंदियों को किसी अधिकारी के बारे में बातचीत करते सुना। वे कह रहे थे, ज़रा कल्पना करो। मैं इस आदमी को तब से जानता हूँ, जब वह एक बड़े बैंक का प्रेसीडेंट भर था। क्या यह किस्मत का खेल नहीं है कि अब वह दुनिया में इतना आगे निकल आया है?

जब कभी अपमानित दलों और तरक्की पानेवाले दलों के बीच संघर्ष की नौबत आती (ऐसे मौके बार-बार सामने आते रहते थे, जो कि भोजन के बँटवारे के साथ ही शुरू हो जाते) तो इसके नतीजे बहुत विस्फोटक होते। जिससे ऐसे मानसिक तनाव के समय चिड़चिड़ापन (जिसके शारीरिक लक्षणों के बारे में पहले ही बताया जा चुका है) और भी गहरा हो जाता। इसमें कोई हैरानी की बात नहीं कि अकसर इस तनाव का अंत एक लड़ाई के रूप में होता। बंदी हमेशा अपने आसपास मारपीट का माहौल देखते इसलिए उनके बरताव में भी एक तरह की हिंसा पनपने लगी थी। मैंने खुद भी पाया कि भूख और थकान के मारे गुस्सा आते ही मेरी मुट्ठियाँ भिंच जातीं। मैं अकसर बहुत थका हुआ रहता, हम टाइफस रोगियों की झोंपड़ियों में थे इसलिए हमें सारी रात चूल्हा जलाकर रखना होता था। हालाँकि जब आधी रात को लोग बेहोशी या नींद के बीच होते तो मैं वहाँ चूल्हे के सामने बैठकर बहुत शांति से अपना समय बिताता था। मैं उस चूल्हे के सामने लेटकर कमर सीधी कर सकता था और चुराए गए कोयले पर अपने लिए कुछ चुराए हुए आलू भून सकता था, पर ऐसा

करने के बाद, अगले दिन मैं खुद को और भी पस्त, असंवेदनशील व चिड़चिड़ा महसूस करता।

कैंप की सफाई का ज़िम्मा

जब मैं टाइफस ब्लॉक में एक डॉक्टर के रूप में काम कर रहा था, उस दौरान मुझे एक रोगी सीनियर ब्लॉक वार्डन का काम भी सँभालना पड़ा। इस तरह मेरे सिर पर कैंप की साफ-सफाई - अगर आप ऐसी किसी अवस्था को साफ कह सकें तो, का ज़िम्मा भी आ गया। झोंपड़ी में अकसर निरीक्षण का दिखावा होता, जो कि हमारे लिए साफ-सफाई रखने से ज़्यादा सताने का कारण था। बेशक अधिक भोजन और दवाओं से लाभ हो सकता था लेकिन निरीक्षकों को तो केवल यही देखना होता था कि कहीं बरामदे में कोई तिनका तो नहीं गिरा हुआ या रोगियों के गंदे, फटेहाल व कीड़ों से भरे कंबल, उनके पैरों के पास तहाकर रखे गए हैं या नहीं? उन्हें बंदियों की दशा से कुछ लेना-देना नहीं था। अगर मैं पूरी मुस्तैदी के साथ रिपोर्ट करता, अपने सिर की टोपी को खिसकाकर एड़ियाँ फटकारते हुए चिल्लाता : 'झोंपड़ी संख्या छठी/9 : 52 रोगी, 02 सहायक व 01 डॉक्टर'। तो वे संतुष्ट होकर वहाँ से चले जाते। लेकिन उनके आने तक मेरी बेचैनी बनी रहती, मुझे रोगियों के कंबल सीधे रखने पड़ते, छतों से गिर रहे तिनके सहेजने पड़ते और अपने बिस्तरों में तड़पते हुए करवटें बदलते बेचारे रोगियों को बार-बार धमकाना पड़ता कि वे मेरे झोंपड़ी को साफ दिखाने की मेहनत पर पानी न फेरें।

निरीक्षण के लिए आनेवाले अधिकारी अपने तय समय पर आने के बजाय बहुत देर से आते या फिर आते ही नहीं थे। बुखार से ग्रस्त कुछ रोगियों की उदासीनता तो इतनी बढ़ जाती कि वे तब तक कोई जवाब नहीं देते थे, जब तक उनसे चिल्लाकर बात न की जाए। कई बार जब यह तरीका भी कामयाब न होता तो उन पर हाथ उठाने की अपनी इच्छा को भरसक दबाना पड़ता। कई बार जब सामनेवाला अपनी उदासीनता या बेपरवाही की हद कर दे तो आपका चिड़चिड़ापन भी बढ़ जाता है, खास तौर पर जब उसके कारण कोई खतरा (निरीक्षक के आने का डर) सिर पर मँडरा रहा हो।

कुछ नए सवाल

किसी कैंप के बंदियों के मनोवैज्ञानिक प्रदर्शन को देखते हुए कहा जा सकता है कि इंसान पर अपने माहौल का बहुत असर होता है। यहाँ शिविर जीवन के उस निराले ढाँचे को माहौल कहा जा सकता है, जो कैदी को विवश कर देता है कि वह एक निश्चित तरीके के अनुसार ही आचरण करे। लेकिन मनुष्य की स्वतंत्रता के लिए क्या कहा जाए? क्या किसी भी माहौल के लिए बनी प्रतिक्रिया और बरताव में कोई आध्यात्मिक स्वतंत्रता नहीं होती? क्या यह सिद्धांत सच है कि मनुष्य अनेक सशर्त व पर्यावरणीय कारकों की उपज से अधिक कुछ नहीं है – भले ही वे जैविक हों या मनोवैज्ञानिक? या फिर वे समाजशास्त्रीय प्रकृति के भी हो सकते हैं? क्या मनुष्य एक ऐसी उपज है, जो दुर्घटनावश सामने आई है? इससे भी खास बात यह है, क्या यातना शिविर के उस जीवन के बारे में कैदियों की प्रतिक्रियाएँ यह साबित करती हैं कि मनुष्य अपने आसपास के माहौल के असर से अछूता नहीं रह सकता? क्या मनुष्य के पास ऐसे हालात में अपनी ओर से कुछ भी करने का चुनाव नहीं रह जाता?

मनुष्य का चुनाव

हम अपने अनुभव तथा नियम के आधार पर इन प्रश्नों के उत्तर दे सकते हैं। शिविर जीवन के अनुभव बताते हैं कि मनुष्य के पास यह चुनाव हमेशा होता है कि उसे क्या करना है। इसके लिए वहाँ के बहुत से ऐसे उदाहरण दिए जा सकते हैं, जो साहसी प्रकृति के थे और यह सिद्ध करते थे कि मनुष्य अपने चिड़चिड़ेपन को दबा सकता है और अपनी उदासीनता से उबर सकता है। साथ ही इतने कठिन मानसिक व शारीरिक तनाव के बीच भी अपनी आध्यात्मिक स्वतंत्रता के अवशेषों व अपने मन की स्वतंत्रता को बनाए रख सकता है।

यातना शिविरों में अपना जीवन बितानेवाले लोग आज भी ऐसे लोगों को याद कर सकते हैं, जो हमारी झोंपड़ियों में घूम–घूमकर, सबको दिलासा दिया करते थे। यहाँ तक कि उन्हें अपना डबलरोटी का अंतिम टुकड़ा तक दे दिया करते थे। भले ही ऐसे लोगों की संख्या नाममात्र ही क्यों न हो। लेकिन वे इस बात का पक्का सबूत थे कि **एक मनुष्य से**

सब कुछ छीना जा सकता है : मानवीय स्वतंत्रता से जुड़ी हर चीज़ छीनी जा सकती है। मगर उससे यह चुनाव करने की क्षमता नहीं छीनी जा सकती कि वह किन्हीं परिस्थितियों का सामना किस रवैये के साथ करेगा और अपने लिए कौन सा मार्ग चुनेगा। ऐसे चुनाव निरंतर सामने आते ही रहते थे। हर दिन, हर घंटा हमारे लिए ऐसे अवसर पैदा करता था कि जिसमें हमें कोई न कोई फैसला करना होता था। एक ऐसा फैसला जो यह तय करता था कि आप उन शक्तियों के आगे हथियार डालेंगे या नहीं, जो आपसे आपको और आपकी निजी आज़ादी को छीन लेना चाहती हैं; इससे यह तय होता था कि आप हालात के हाथों का खिलौना बनेंगे या नहीं और अपनी मर्यादा व गरिमा को भुलाकर खुद को, बंदियों के जीवन के लिए बने एक खास ढाँचे में ढलने की इजाज़त देंगे या नहीं?

अगर इस नज़रिए से देखा जाए तो यातना शिविर के निवासियों की प्रतिक्रियाएँ हमें निश्चित शारीरिक व समाजशास्त्रीय दशाओं से अधिक लगती हैं। हालाँकि नींद की कमी, भरपूर भोजन न मिलना और कई तरह के मानसिक संघर्ष कहते हैं कि बंदी एक निश्चित प्रकार से व्यवहार करने के लिए मजबूर थे। लेकिन अंतिम विश्लेषण में यह बात पूरी तरह से साफ होकर सामने आई है कि कोई बंदी किस तरह का इंसान बनेगा, यह उसके आंतरिक फैसले का नतीजा होता और यह केवल शिविर जीवन के प्रभावों का ही नतीजा नहीं होता था। बुनियादी तौर पर, कोई भी व्यक्ति ऐसे हालात में भी, यह तय कर सकता था कि मानसिक व आध्यात्मिक तौर पर उसका क्या होगा। वह यातना शिविर में भी अपनी मानवीय गरिमा बनाए रख सकता था। दोस्तोवस्की ने एक बार कहा था, 'मुझे केवल एक ही बात से भय लगता है: मैं अपने कष्टों के योग्य नहीं हूँ।' ये शब्द बार-बार मेरे दिमाग में आते रहे, जब मैं कैंप में उन शहीदों से परिचित हुआ, जिनका आचरण, जिनका कष्ट व मृत्यु इस तथ्य के साक्षी रहे हैं कि भीतरी आज़ादी को कभी खोया नहीं जा सकता। यह कहा जा सकता है कि वे अपने कष्टों के योग्य थे; उन्होंने जिस प्रकार अपने कष्टों को सहन किया, वह एक सच्ची भीतरी उपलब्धि थी। जिस आध्यात्मिक आज़ादी को हमसे कोई नहीं छीन सकता - वही हमारे जीवन को सार्थक तथा उद्‌देश्यपूर्ण बनाती है।

13

जीवन का उद्देश्य

एक सक्रिय जीवन मनुष्य को यह अवसर देता है कि वह रचनात्मक कार्यों में मूल्यों को पहचाने। जबकि आनंद से भरा निष्क्रिय जीवन उसे यह अवसर देता है कि वह कला, सौंदर्य व प्रकृति के अनुभव में संतुष्टि पाए। लेकिन जीवन में एक और उद्देश्य भी होता है, जिसमें सृजन व आनंद दोनों ही नहीं होते। जो उच्च नैतिक आचरण की संभावना को स्वीकार करता है : जैसे, एक मनुष्य का अपने अस्तित्व के लिए रवैया, एक ऐसा अस्तित्व जिस पर बाहरी बलों द्वारा रोक लगाई जा रही हो। उसके लिए रचनात्मकता व आनंदभरा जीवन जीने की मनाही होती है। लेकिन केवल रचनात्मकता व आनंद ही सार्थक नहीं होते। **अगर जीवन में कहीं भी, कोई भी सार्थकता है तो कष्ट के भी अपने मायने हो जाते हैं। कष्ट जीवन का एक ऐसा हिस्सा है, जिसे अलग नहीं किया जा सकता, इसे भाग्य व मृत्यु की तरह जीवन से जुड़ा हुआ ही जानें। कष्ट व मृत्यु के बिना मनुष्य का जीवन पूरा नहीं हो सकता।**

जिस रूप में मनुष्य अपने सारे कष्टों व भाग्य को स्वीकार करता है, जिस तरह वह अपनी सलीब ढोता है, वे उसे भरपूर अवसर देते हैं कि वह मुश्किल से मुश्किल हालातों के बीच भी, अपने जीवन को एक गहरा अर्थ दे सके। वह निडर, गरिमामयी बनते हुए स्वार्थ से परे होकर जी सकता है या ऐसा भी हो सकता है कि अपने आपको बचाने की कड़वाहटभरी जंग में वह मानवीय गरिमा को भुला दे और एक पशु से अधिक कुछ न रह जाए। यह मनुष्य के लिए एक मौका है कि वह किसी कठिन हालात की वजह से सामने आनेवाले उच्च नैतिक मूल्यों को अपना ले या फिर उन्हें पूरी तरह से भुला दे। इसी से तय होता है कि वह अपने कष्टों के योग्य है भी या नहीं?

इस सोच को गैरसांसारिक न समझें और न ही यह सोचें कि यह दुनियादारी से इतनी दूर है कि इसे असली दुनिया से दूर ही रखा जाना चाहिए। हाँ, इसमें कोई दोराय नहीं कि केवल कुछ लोग ही ऐसे ऊँचे नैतिक मापदंडों के लायक बन पाते हैं। बंदियों में केवल कुछ लोग ही ऐसे थे, जो अपनी अंदरूनी आज़ादी को बरकरार रख सके और अपने कष्टों से मिले मूल्यों को अपना सके। लेकिन यदि हमें ऐसा एक भी उदाहरण मिलता है तो वह इस बात का सबूत है कि मनुष्य की आंतरिक ताकत उसे उसके तयशुदा भाग्य से भी परे ले जा सकती है। ऐसे व्यक्ति केवल यातना शिविरों में नहीं होते। **मनुष्य को हर स्थान पर भाग्य का सामना करना होता है, उसके पास ऐसा अवसर हमेशा होता है कि वह अपने ही कष्टों से स्वयं कुछ हासिल कर ले।**

किसी रोगी की किस्मत को ही लें – विशेष रूप से, जिसका इलाज नहीं हो सकता। मैंने एक बार एक युवा रोगी का पत्र पढ़ा था, जिसमें वह अपने मित्र को बताता है कि उसे हाल ही में पता चला कि वह ज़्यादा समय तक ज़िंदा नहीं रह सकेगा और ऑपरेशन से भी उसे कोई फायदा नहीं हो सकता। वह आगे लिखता है कि इससे उसे अपनी देखी हुई एक फिल्म याद आ गई, जिसमें एक ऐसे आदमी को दिखाया गया था, जिसने बहुत ही बहादुरी व मर्यादा के साथ अपनी मौत का इंतज़ार किया। लड़के को ऐसा लगा कि मौत से इतने अच्छे तरीके से भेंट करना अपने आपमें एक बड़ी बात थी और अब किस्मत ने उसे भी ऐसा ही करने का एक मौका दिया है।

हममें से जिन्होंने टॉलस्टाय की पुस्तक से प्रेरित फिल्म रिज़रेक्शन (पुनरुत्थान) देखी है, उनके मन में भी यही सोच पैदा हो सकती है। वे अच्छे भाग्यवाले बड़े ही महान व्यक्ति रहे हैं। हमारे लिए उस समय ऐसा कुछ नहीं था। न तो भाग्य ही बहुत अच्छा रहा और न ही ऐसी महानता अर्जित करने का कोई अवसर मिला। फिल्म देखने के बाद हम पासवाले कैफे में गए और एक कप कॉफी व सैंडविच खाने के दौरान ही हमारे दिमाग से वे गूढ़ और आध्यात्मिक बातें हवा हो गईं। लेकिन जब हमारे

अपने जीवन में ऐसे अवसर आए, जब भाग्य हमारे सामने था और हमारे पास अवसर था कि हम उसी महान आध्यात्मिकता के साथ इससे भेंट करते, तब तक हम अपनी युवावस्था के संकल्प को भुला चुके थे और इस तरह हम असफल रहे।

शायद हमारे लिए ऐसा ही एक दिन फिर से आए, जब हम वही फिल्म दोबारा देखें या वैसी ही कोई फिल्म फिर से देखने का मौका मिले। लेकिन तब तक, इसके साथ-साथ कुछ और तसवीरें भी अंदरूनी नज़रों के सामने से होकर निकल सकती हैं; ऐसे लोगों की तसवीरें जिन्होंने किसी भावुक फिल्म में दिखाए गए दृश्यों की तुलना में, अपने जीवन में कहीं अधिक हासिल किया हो। किसी खास आदमी की आंतरिक महानता के विवरण व्यक्ति के सामने आ सकते हैं, जैसे कि उस नवयुवती की कहानी को ही लें। मैं यातना शिविर में उसकी मृत्यु का गवाह बना था। यह एक बहुत सादी सी कहानी है। यहाँ बताने को बहुत कुछ नहीं है और सुनने में ऐसा लग सकता है कि मानो मैंने ही इसे गढ़ा हो; लेकिन मुझे तो यह किसी कविता सी जान पड़ती है।

एक कहानी कविता सी

वह नवयुवती जानती थी कि वह अगले कुछ दिनों में इस दुनिया में नहीं रहेगी। लेकिन जब मैंने उससे बात की तो वह इसके बावजूद बहुत प्रसन्नचित्त थी। उसने मुझे बताया, 'मैं एहसानमंद हूँ कि तकदीर ने मुझ पर ऐसा गहरा वार किया।' वह आगे बोली, 'अपना पहले का जीवन मैंने बहुत गलत तरीके से जीया और कभी आध्यात्मिक उपलब्धि को गंभीरता से नहीं लिया।' फिर उसने झोंपड़ी की खिड़की से बाहर की ओर इशारा करते हुए कहा, 'यहाँ मेरे इस सूनेपन के बीच यह पेड़ ही मेरा साथी है। वह उस खिड़की की मदद से शाहबलूत के पेड़ की केवल एक शाखा ही देख सकती थी और उस शाखा पर दो फूल थे। उसने मुझसे कहा, 'मैं इस पेड़ से अकसर बातें करती हूँ।' मैं यह सुनकर चौंक गया और समझ नहीं पाया कि उसके इन शब्दों को किस रूप में लूँ। क्या वह बुखार के असर में थी? क्या उसे समय-समय पर मतिभ्रम होता था? मैंने बड़ी ही

व्याकुलता के साथ पूछा कि 'क्या पेड़ उसकी बात का जवाब देता है?' जवाब मिला, 'हाँ।' और 'वह क्या कहता है?' इस सवाल के जवाब में उसने कहा, 'यह मुझसे कहता है कि मैं यहाँ हूँ, मैं यहाँ हूँ, मैं जीवन हूँ, एक शाश्वत जीवन!'

हम पहले ही बता चुके हैं कि बंदी के आंतरिक जीवन की दशा के लिए केवल मानसिक व शारीरिक कारण ही ज़िम्मेदार नहीं थे क्योंकि यह मुक्त निर्णय का नतीजा था। बंदियों के मनोवैज्ञानिक परीक्षण से पता चला है कि जो बंदी धीरे-धीरे नैतिक व आध्यात्मिक मूल्यों पर अपनी पकड़ खो देते थे, वे अंततः शिविर के नीचा दिखानेवाले प्रभावों के वश में आ जाते। अब यह सवाल पैदा होता है कि यह अंदरूनी पकड़ कैसे बनती थी?

जेल में रहने की अवधि

जब भूतपूर्व बंदी अपने अनुभव लिखते या बताते हैं तो वे यह स्वीकार करते हैं कि सबसे अधिक निराशाजनक प्रभाव तो यही था कि कोई बंदी यह नहीं जानता था कि उसे कितने समय तक कैद में रहना होगा। उसे कोई तारीख नहीं दी गई थी कि वह जेल से कब तक छूट जाएगा, (हमारे कैंप में तो इस बारे में बात तक करना बेकार था।) दरअसल किसी भी बंदी की जेल में रहने की अवधि न केवल अनिश्चित बल्कि असीम भी थी। एक जाने-माने शोध मनोविज्ञानी ने कहा है कि 'यातना शिविर में जीवन को 'अस्थायी अस्तित्व' कहा जा सकता है। हम इसमें कुछ शब्दों को शामिल करते हुए नई परिभाषा गढ़ सकते हैं, 'अज्ञात सीमा का अस्थायी अस्तित्व'।

कैंप में आनेवाले नए कैदी कैंप के हालात के बारे में कुछ नहीं जानते थे। जो लोग दूसरे कैंप से आए होते, वे अपनी ज़ुबान बंद रखते। कुछ कैंप ऐसे थे, जिनसे कभी कोई वापस नहीं आता था। ज्यों ही कोई बंदी कैंप में प्रवेश करता, उसके मन में एक बदलाव आने लगता। **अनिश्चितता का अंत होते ही, अंत की अनिश्चितता सामने आ जाती।** यह देख

पाना कठिन था कि अस्तित्व के इस रूप का अंत क्या और कब होगा।

लैटिन शब्द 'फिनिस' के दो अर्थ हैं : अंत और कहीं पहुँचने के लिए लक्ष्य। जो व्यक्ति अपने 'अस्थायी अस्तित्व' का अंत नहीं देख सकता था, वह जीवन में किसी निश्चित उद्देश्य को भी नहीं साध सकता था। वह किसी सामान्य जीवन जी रहे आदमी की तुलना में, भविष्य के लिए जीना त्याग देता। इस तरह उसके आंतरिक जीवन का पूरा ढाँचा ही बदल जाता; उसके जीवन के दूसरे पक्षों को देखकर पता चलता है कि उसके भीतर नष्ट होने के लक्षण उभर आते। मिसाल के लिए, बेरोज़गार कर्मचारी भी इसी श्रेणी में आते हैं। ऐसे कर्मचारी का एक 'अस्थायी अस्तित्व' हो जाता है और एक निश्चित अर्थ में वह भविष्य या किसी लक्ष्य के लिए नहीं जी सकता। बेरोज़गार खदान मज़दूरों के जीवन पर शोध करने से पता चला है कि वे एक विचित्र प्रकार के विकृत समय से ग्रस्त होते हैं – आंतरिक समय जो कि उनकी बेरोज़गार अवस्था का नतीजा होता है। कैदी भी इस विचित्र से समय के अनुभव से ग्रस्त होते हैं।

कैंप प्रवास के दौरान, समय की एक छोटी इकाई, मिसाल के लिए एक दिन भी हर घंटे की यातना और थकान से भरा होने के कारण बहुत लंबा लगता है। समय की बड़ी ईकाई, जैसे कि एक सप्ताह, वह कहीं तेज़ी से बीतता है। जब मैं कहता हूँ कि 'कैंप में एक दिन सप्ताह से कहीं बड़ा होता है तो मेरे साथी भी इसके लिए पूरी सहमति दे देते हैं।' हमारा समय का अनुभव कितना विरोधाभासी था! इस संदर्भ में हम थॉमस मान के 'द मैजिक माउंटेन' को याद कर सकते हैं, जिसमें कुछ खास मनोवैज्ञानिक कथन छिपे हैं। थॉमस मान उन लोगों के आध्यात्मिक विकास पर अध्ययन करते हैं, जो एक समरूप मनोवैज्ञानिक अवस्था में होते हैं। जैसे किसी सैनेटोरियम में रह रहे टी.बी. के रोगी, जो यह भी नहीं जानते कि उन्हें वहाँ से कब वापस भेजा जाएगा। वे भी ऐसे ही अस्तित्व का अनुभव करते हैं – न कोई भविष्य और न ही कोई उद्देश्य!

एक नया कैदी जो स्टेशन से कैंप तक बहुत सारे बंदियों के साथ

कदमताल करते हुए आया था, उसने मुझे एक बार बताया कि उसे ऐसा लगा मानो वह अपने ही अंतिम संस्कार के लिए जा रहा हो। उसका जीवन ऐसा हो गया था, जिसमें आनेवाले कल की कोई आस न हो। उसे लगा कि जैसे जीवन समाप्त ही हो गया हो। अब जीवन में कुछ शेष नहीं रहा। ऐसा निर्जीव होने का भाव कुछ और कारणों से भी था : हमारी बंदी अवस्था जाने कब तक रहनेवाली है! ये असीम अवधि ही सबसे अधिक कष्ट देती, इसके साथ ही जेल की संकरी सीमाएँ तो थी हीं। काँटेदार तारों की बाड़ के बाहर जो भी था, वह तो हमसे हमेशा के लिए छिन गया था। मानो सब कुछ झूठा हो गया हो। बंदी के लिए बाहरी लोग और उनसे जुड़ी घटनाएँ एक भूतिया अस्तित्व रखने लगीं। बंदी को ऐसा लगने लगता मानो वह मरने के बाद किसी दूसरे लोक से इस लोक के लोगों व उनके जीवन से जुड़ी घटनाओं की जानकारी पा रहा हो।

अतीत से लगाव

जिस आदमी ने खुद को अपने भविष्य से तोड़ लिया हो, वह अकसर अतीत के विचारों में ही उलझा रहता। हम पहले भी बता चुके हैं कि बंदियों के मन में अतीत के प्रति गहरे लगाव का भाव रहता था, इसीलिए वे वर्तमान को उसके सारे ज़ुल्मों के साथ सहन कर पाते थे। लेकिन वर्तमान को उसकी हकीकत से छीनने का एक खतरा भी था। इस तरह कैंप में वे सभी अवसर आसानी से नज़रदांज़ हो जाते, जो कैंप जीवन को सकारात्मक बना सकते थे, ऐसे अवसर जो वास्तव में वहाँ मौजूद थे। अपने 'अस्थायी अस्तित्व' को अवास्तविक मानने के कारण ही बंदी अपने जीवन पर काबू नहीं रख पाते; मानो उनके सामने आनेवाली किसी भी चीज़ का कोई अस्तित्व ही न रहता। ऐसे लोग भूल जाते कि अपवादस्वरूप सामने आनेवाली या असाधारण किस्म की बाहरी कठिन अवस्थाएँ ही इंसान को आध्यात्मिक रूप से उन्नत होने का अवसर देती हैं। कैंप के संघर्ष को अपने अंदरूनी बल की परीक्षा मानने के बजाय, उन्होंने अपने जीवन को गंभीरता से नहीं लिया और उसे परिणामरहित मानकर घृणा करने लगे। उन्होंने अपनी आँखें मूँदकर, अतीत में रहना

कहीं बेहतर समझा। ऐसे लोगों के लिए जीवन के कोई मायने नहीं रह गए।

महान आध्यात्मिक स्तर

बेशक कुछ लोग ऐसे भी थे, जो महान आध्यात्मिक स्तर तक पहुँचने में सफल रहे। पर बहुत कम लोगों को ही यह अवसर मिला कि वे अपनी सांसारिक असफलता व मृत्यु से परे जाते हुए मानवीय महानता प्राप्त कर सकें। यह एक ऐसी उपलब्धि थी, जिसे वे सामान्य हालात में तो कभी नहीं पा सकते थे। मध्यम दर्जे के, बेमन से काम करनेवाले, हम लोगों के लिए बिस्मार्क के इन शब्दों का उल्लेख किया जा सकता है : '**जीवन कुछ ऐसा ही है, मानों आप किसी दाँतों के चिकित्सक के पास हैं। आप हमेशा यही सोचते रह जाते हैं कि अभी कुछ और बदतर होने ही वाला है, जबकि वह पहले ही समाप्त हो चुका होता है।**' इन शब्दों में थोड़ा बदलाव करके हम यह भी कह सकते हैं कि 'यातना शिविरों में रहनेवाले अधिकतर लोगों का यही मानना था कि **जीवन के वास्तविक अवसर निकल चुके हैं। जबकि हकीकत में, अभी अवसर और चुनौतियाँ बाकी थे। इन्हीं अनुभवों से जीत हासिल की जा सकती थी, अपने जीवन को एक आंतरिक विजय में बदला जा सकता था या उस चुनौती को अनदेखा करते हुए केवल असामान्य रूप से बढ़ा जा सकता था।** अधिकतर बंदियों ने ऐसा ही किया।

कैंप में मानसिक संघर्ष कर रहे बंदियों का जो भी भावात्मक या मानसिक उपचार किया गया, उसका उद्देश्य यही था कि उन्हें भीतर से मज़बूत बनाया जा सके, ताकि वे अपने भावी लक्ष्य को देखते हुए, अपने मन में उसके लिए आस पैदा कर सकें। हालाँकि कुछ बंदी ऐसे भी थे, जिन्होंने सहज भाव से ऐसा करने का प्रयत्न किया। यह मनुष्य की बहुत ही विचित्र आदत है कि वह भविष्य की ओर देखकर ही जी सकता है और उसके अस्तित्व के सबसे कठोर क्षणों में यही उसकी मुक्ति होती है। वैसे कई बार उसे इस काम के लिए अपने मन को ज़बरन झोंकना भी पड़ता है।

14

मेरा एक निजी अनुभव

मुझे एक निजी अनुभव याद आ रहा है। मैं दर्द के मारे लगभग रुआँसा हुआ पड़ा था (फटे जूते पहनने से पैरों में छाले हो गए थे, जिनमें भीषण दर्द हो रहा था)। मैं कैंप से कार्यस्थल तक जानेवाली लंबी कतार में लंगड़ाते हुए चल रहा था। उस समय बहुत ठंढी और तेज़ हवाएँ चल रही थीं, जो मानो भीतर तक हड्डियों को छेदती जा रही थीं। मैं अपने दयनीय जीवन की छोटी–मोटी परेशानियों के बारे में सोच रहा था, आज रात खाने को क्या मिलेगा... अगर फालतू राशन में सॉसेज का टुकड़ा मिला तो क्या मुझे इसके बदले में डबलरोटी का एक टुकड़ा ले लेना चाहिए... क्या मुझे पंद्रह दिन पहले, बोनस में मिली अपनी आखिरी सिगरेट के बदले में एक कटोरा सूप ले लेना चाहिए... मुझे अपने जूते के फीतों के स्थान पर बाँधनेवाले तार का टुकड़ा कहाँ से मिल सकता था... क्या मैं सही समय पर अपने दल से मिल सकूँगा, जिसके साथ रोज़ काम करता हूँ या फिर मुझे किसी बेरहम फोरमैन के तले काम करना होगा... मैं कापो के साथ अच्छे संबंध कैसे बना सकता हूँ, जो मुझे इस रोज़ की जानलेवा कदमताल से बचाकर, कैंप में ही कहीं काम दिलवा सके...।

मैं हर रोज़, हर समय अपने दिमाग में चल रही इन छोटी–छोटी बातों से तंग आ गया था। मैंने अपने दिमाग को दूसरी ओर लगाने की कोशिश की। अचानक, मैंने खुद को रोशन, गरम और अच्छे से मंच पर पाया, जो एक भाषण कक्ष में बना हुआ था। मेरे सामने सुंदर गद्दियोंवाली आरामदायक कुर्सियों पर सम्माननीय लोग बैठे हुए थे। मैं यातना शिविर के मनोविज्ञान पर भाषण दे रहा था। उस समय जो कुछ भी मेरे लिए यातनादायक था, उसे देखने का नज़रिया अचानक ही बदल

गया और मैं उसे विज्ञान की दृष्टि से लोगों को समझाने लगा। इस तरह मैं कम से कम, उन क्षणों के कष्ट और पीड़ा से उबरने का उपाय तो पा ही लेता था और उन्हें इस तरह देखने लगता था, मानो वे बीते कल की बातें हों। उस समय मैं खुद को और अपनी परेशानियों को मनोवैज्ञानिक अध्ययन का विषय बना देता। स्पिनोज़ा ने अपने एथिक्स में कहा है, **'जो भी भाव हमारे लिए कष्ट का कारण बन रहा हो, अगर हम उसके प्रति एक स्पष्ट और सटीक भाव विकसित कर लें तो उसका कष्ट उसी समय समाप्त हो जाता है।'**

भविष्य के प्रति अविश्वास

जो बंदी अपने भविष्य के प्रति विश्वास खो देता – उसका भविष्य अभिशापित हो जाता। अपने भविष्य के प्रति विश्वास खोने के बाद, वह अपना आध्यात्मिक प्रभाव भी खो देता; वह खुद को नीचे गिराते हुए, मानसिक व भौतिक क्षय के हवाले कर देता। ऐसा अचानक किसी संकट के रूप में होता, जिसके लक्षण अनुभवी कैंप निवासियों के लक्षणों के समान ही होते। हम सभी इन क्षणों से डरते थे – यह भय केवल अपने लिए नहीं था क्योंकि फिर वह निराधार होता। हम तो अपने मित्रों के लिए भी भयभीत रहते। अकसर यह सब वहाँ से आरंभ होता, जब कोई बंदी सुबह उठकर कपड़े बदलने, नहाने या परेड ग्राऊंड में जाने से इनकार कर देता। उस समय कोई भी बल प्रदर्शन, कोई भी मार-पीट या धमकी अपना असर न दिखाती। वह वहीं पड़ा रहता और हिलने तक से मना कर देता। अगर यह संकट किसी रोग के कारण होता तो वह रोगियों की झोंपड़ी में जाने या किसी भी तरह का उपचार तक लेने से मना कर देता। वह अपने जीवन की आस पूरी तरह से छोड़ देता और अपने ही मल-मूत्र में लिपटा पड़ा रहता, मानो अब उसे किसी भी चीज़ की कोई परवाह न रही हो।

एक बार मुझे जीवन के प्रति निराशा और भविष्य के प्रति विश्वास के अभाव का एक नाटकीय प्रदर्शन देखने को मिला था। एक दिन मेरे

वरिष्ठ सीनियर ब्लॉक वार्डन ने मुझे अपने भरोसे में लेते हुए बताया : 'डॉक्टर! मैं तुम्हें कुछ बताना चाहूँगा। मैंने कल एक बहुत ही विचित्र सपना देखा। एक आवाज़ ने मुझे कहा कि 'मैं कुछ भी माँग सकता हूँ। बस मुझे केवल उसी चीज़ का नाम लेना था, जिसके बारे में मैं जानना चाहता था और मेरे सभी प्रश्नों के उत्तर सामने आ जाते। तुम्हें क्या लगता है, मैंने उस समय क्या जानना चाहा होगा?' मैंने उस समय जानना चाहा कि मेरे लिए युद्ध का अंत कब होगा। जानते हो कि मैं पूछना क्या चाहता था? डॉक्टर, मेरा मतलब यह था कि हमारे कैंप के सभी लोग कब आज़ाद होंगे और हमारे कष्टों का अंत कब होगा?'

'तुम्हें यह सपना कब आया था?' मैंने पूछा।

'फरवरी 1945 में।' उसने जवाब दिया। उस समय मार्च का महीना आरंभ हो रहा था।

'तुम्हारे सपने में आ रही आवाज़ ने क्या उत्तर दिया?'

वह धीरे से मेरे कान में फुसफुसाया, '30 मार्च।'

जब उसने मुझे अपने सपने के बारे में बताया, तब तक वह अपने सपने के बारे में पूरी तरह से आश्वस्त था और उसे पूरा यकीन था कि उसकी अंतरात्मा की आवाज़ झूठी नहीं हो सकती। धीरे-धीरे वह दिन नज़दीक आ रहा था लेकिन युद्ध के मोर्चे से आनेवाले समाचार सुनकर ऐसा नहीं लग रहा था कि हम उस दिन तक आज़ाद हो सकेंगे। 29 मार्च को अचानक उस व्यक्ति को तेज़ बुखार हो गया। 30 मार्च को उसने अपनी सारी पीड़ाओं के अंत का भविष्य देखा था। उस दिन वह बेसुध हो गया और 31 मार्च को वह इस संसार से जा चुका था। जबकि लोगों के लिए उसकी मृत्यु का कारण टाइफस का रोग था।

जो लोग यह जानते हैं कि किसी मनुष्य की मानसिक अवस्था, उसके साहस व आशा या फिर उनकी कमी के बीच तथा शरीर की रोग प्रतिरोधक क्षमता के बीच क्या संबंध होता है, वे इसके भयंकर प्रभावों

को देख सकते हैं। मेरे दोस्त की मौत इसलिए हुई क्योंकि उसने अपने लिए जिस आज़ादी की अपेक्षा की थी, वह उसे नहीं मिली और वह बुरी तरह से टूट गया। इस तरह शरीर की रोग प्रतिरोधक क्षमता घटी और वह रोग की चपेट में आ गया। भविष्य पर उसका भरोसा और जीने की आस खत्म होते ही उसका शरीर रोग से ग्रस्त हो गया और अगर इस तरह देखा जाए तो उसके मन से उठी आवाज़ ने गलत तो नहीं कहा था।

कैंप में मृत्यु दर

इस एक मामले से जुड़े निरीक्षण और नतीजे, उन बातों से मिलते थे, जिनके बारे में मुझे कैंप के डॉक्टर से पता चला। क्रिसमस 1944 तथा नववर्ष 1945 के दौरान, कैंप में मृत्यु दर, पिछले सारे महीनों की तुलना में बहुत अधिक रही। उनके अनुसार, इसे वहाँ काम करने की कठिन स्थितियों से नहीं जोड़ा जा सकता और न ही इसे भोजन की आपूर्ति में कमी, मौसम की खराबी या किसी नई महामारी से जोड़ा जाना चाहिए। कारण केवल यह था कि अधिकतर बंदियों के मन में यह आस थी कि शायद वे आनेवाले क्रिसमस तक जेल से छूटकर अपने घर जा पाएँगे। जब समय पास आता गया और इस बारे में कोई खबर न मिली तो उनका साहस टूटने लगा और मायूसी छा गई। इस तरह उनकी रोग प्रतिरोधक क्षमता पर गहरा असर पड़ा और उनमें से अनेक कैदियों ने दम तोड़ दिया।

जैसे कि हमने पहले भी कहा, कैंप में किसी भी आदमी की अंदरूनी ताकत को बरकरार रखने के लिए सबसे ज़्यादा यह आवश्यक था कि उसे भविष्य के लिए कोई लक्ष्य दिखाया जाए। नीत्शे के शब्दों में, **'जिस व्यक्ति के पास जीवन जीने का कोई कारण रहा हो, उसके लिए वह सब सहन करना सरल हो जाता है, जो करना ज़रूरी हो।'** बंदियों से जुड़े हर तरह के मनोवैज्ञानिक शोध व साइकोहाइजीनिक प्रयासों के लिए यह सूत्र वाक्य बहुत ही कारगर हो सकता है। जब भी कोई ऐसा अवसर आता

तो उन्हें उनके जीवन के लिए एक उद्देश्य या 'क्यों' देना पड़ता ताकि वे अपने भीतर से अपने अस्तित्व के भयंकर 'कैसे' का सामना कर सकें। जिस आदमी के जीवन में कोई उद्देश्य, लक्ष्य या अर्थ न रहा हो, उसे किसी तरह से जीने के लिए लुभाना आवश्यक होता है, ताकि उसे लगे कि अभी जीने का कोई सार बाकी है। अन्यथा उसके लिए जीवन में कुछ भी शेष न रहता। ऐसा आदमी अकसर अपने एक ही वाक्य से सारे प्रयत्नों को निरुत्साहित करते हुए कहता, 'अब मुझे इस जीवन से कुछ भी पाने की अपेक्षा नहीं रही।' ऐसे व्यक्ति को भला आप उसकी बात का क्या जवाब दे सकते हैं?

जीवन का अर्थ

दरअसल इस समय जीवन के लिए हमारे रवैये में एक बुनियादी बदलाव की ज़रूरत थी। हमें स्वयं ही सीखना था। इसके अतिरिक्त उन मायूस व निराश बंदियों को भी सिखाना था कि इससे कोई अंतर नहीं पड़ता कि हम जीवन से क्या अपेक्षा रखते हैं बल्कि देखना तो यह चाहिए कि जीवन हमसे क्या अपेक्षा रखता है। हमें जीवन से उसके अर्थ के बारे में पूछना बंद कर देना चाहिए और स्वयं को ऐसे व्यक्ति के रूप में देखना चाहिए, जिससे जीवन प्रतिदिन-प्रतिघंटे नए-नए सवाल पूछा करता है। हमारे जवाब न केवल ध्यान और बातचीत में बल्कि उचित आचरण व कर्म में भी शामिल होने चाहिए। अंततः **जीवन का असली अर्थ यही है कि हम इसकी समस्याओं का उचित हल ढूँढ़ने का दायित्व उठाएँ और उन सभी कामों को पूरा करें, जो जीवन ने प्रत्येक व्यक्ति के लिए तय कर रखे हैं।**

ये काम और अर्थ, हर व्यक्ति के लिए, हर बार अलग-अलग हो सकते हैं। इस प्रकार सामान्य तौर पर जीवन के अर्थ की परिभाषा देना असंभव है। हम अपने कथनों में कभी जीवन के अर्थ को परिभाषित नहीं कर सकते। **जीवन का अर्थ अज्ञात व संदिग्ध नहीं हो सकता। इसे बहुत ही वास्तविक व ठोस होना चाहिए, वैसे ही, जैसे जीवन के सभी कार्य वास्तविक व ठोस हैं।** मनुष्य का भाग्य यही रचते हैं। यह हर इंसान के लिए अनूठा

और अलग होता है। किसी भी मनुष्य तथा उसके भाग्य की तुलना, दूसरे मनुष्य या उसके भाग्य से नहीं की जा सकती। कोई भी परिस्थिति स्वयं को दोहराती नहीं है। प्रत्येक परिस्थिति अपने लिए एक अलग प्रतिक्रिया चाहती है। कई बार इंसान जिस परिस्थिति में होता है, हो सकता है कि कर्म के माध्यम से अपना भाग्य रचने के लिए उसे उसी परिस्थिति की आवश्यकता हो। कभी-कभी उसके लिए यह भी बहुत लाभदायक हो सकता है कि वह किसी अवसर का लाभ लेते हुए मनन करे और इस प्रकार सामने आए अवसर को पहचाने। साथ ही कई बार उसके लिए यह भी ज़रूरी होता है कि वह अपना भाग्य स्वीकार कर ले और अपनी सलीब को ढोने के लिए तैयार हो जाए। **हर परिस्थिति अपने अनूठेपन के कारण ही सबसे अलग होती है और उस परिस्थिति द्वारा सामने रखी गई समस्या का केवल एक ही उचित हल होता है।**

15

भाग्य में लिखी पीड़ा

जब एक मनुष्य देखता है कि यह पीड़ा उसके भाग्य में ही लिखी है, तो उसे अपनी पीड़ा को ही एक कार्य के रूप में स्वीकार करना होगा; यही उसका एकमात्र व अनूठा कार्य होगा। उसे इस तथ्य को मान्यता देनी होगी कि इस पीड़ा व कष्ट के बीच भी वह अनूठा है और इस ब्रह्माण्ड में अकेला है। वह जिस तरह अपने भार को वहन करता है, उस तरीके पर ही उसका अनूठा भार निर्भर करता है।

बंदियों के रूप में, हमारे लिए ऐसी सोच हकीकत से बहुत दूर न थी। केवल यही वे विचार थे, जो हमारे लिए सहायक हो सकते थे। जब मायूसी व निराशा के बीच से जीवित बचकर आने की कोई संभावना नहीं थी; इन्होंने तब भी हमें जीवित रखा। हम बहुत पहले ही वह चरण पार कर चुके थे, जहाँ हम स्वयं से अपने जीवन का अर्थ पूछते थे, यह एक ऐसी जिज्ञासा थी, जिसका मानना था कि जीवन का अर्थ यही है कि आप किसी सार्थक गतिविधि के माध्यम से सक्रिय सृजन करते हुए कुछ हासिल करें व एक उद्देश्य के साथ आगे बढ़ें। हमारे लिए, जीवन का अर्थ जीवन व मृत्यु और पीड़ा व मरण के विस्तृत चक्रों से जुड़ा था।

जब एक बार हमारे सामने पीड़ा का अर्थ पूरी तरह स्पष्ट हो गया तो हमने कैंप के अत्याचारों को अनदेखा करते हुए उन्हें घटाने या बढ़ानेवाले झूठे भ्रम पालने तथा झूठे आशावाद को पालने से इनकार कर दिया। तब तक पीड़ा हमारे लिए एक ऐसा कार्य बन गई थी, जिससे हम किसी भी स्थिति में अपना मुँह नहीं मोड़ना चाहते थे। हमने उपलब्धियों के लिए इसमें छिपे अवसरों को पहचान लिया था। ऐसे अवसर जिन्हें देखकर ही कवि रिल्के को लिखना पड़ा होगा, 'अभी और कितनी पीड़ा से गुज़रना है!' वे पीड़ा की बात इस तरह करते हैं मानो कोई अपने बचे हुए काम

के बारे में पूछ रहा हो। हमें भी बहुत सी पीड़ा व संकट से रूबरू होना था। इसलिए हमारे लिए यह बहुत ज़रूरी था कि हम पीड़ा को पूरी तरह से महसूस करें, अपनी कमज़ोरी व आँसुओं से भरे क्षणों को कम से कम करने की कोशिश करें। लेकिन हमें अपने आँसुओं से शर्मिंदा होने की कोई ज़रूरत नहीं थी क्योंकि आँसू इस बात के साक्षी थे कि एक व्यक्ति के भीतर पीड़ा को सहन करने का असीम साहस है। इस बात का एहसास सिर्फ कुछ लोगों को ही हो सका। कुछ लोग बहुत लज्जा के साथ इसे स्वीकारते थे कि वे भी कभी न कभी रोकर अपने मन का बोझ हलका करते रहे थे। जैसे मेरे एक साथी से मैंने पूछा कि उसने अपने एडीमा रोग से छुटकारा कैसे पाया तो उसने मेरे सामने स्वीकार किया, मैंने रो-रोकर उसे अपने शरीर से बाहर निकाल फेंका।

अकसर कैंप में व्यक्तिगत या सामूहिक तौर पर साइकोथेरेपी या साइको हाइजीनिक उपचार किए जाते। व्यक्तिगत प्रयास कुछ ऐसे ही थे, मानो किसी के प्राणों की रक्षा का प्रयास किया जा रहा हो। ऐसे प्रयास इसलिए किए जाते थे ताकि बंदियों को आत्महत्या की प्रवृत्ति से बचाया जा सके। कैंप के एक कड़े नियम के मुताबिक, आत्महत्या करनेवाले को बचाने का कोई प्रयत्न नहीं होना चाहिए। मिसाल के लिए अगर कोई आत्महत्या की कोशिश करते हुए पकड़ा जाता तो उसे मार दिया जाता। इसलिए यह बहुत ज़रूरी था कि लोगों के मन में आत्महत्या का विचार ही न आए।

मुझे आज भी संभावित आत्महत्या के दो मामले याद हैं, जो देखने में काफी हद तक मिलते-जुलते थे। दोनों ने ही आत्महत्या करने की मंशा ज़ाहिर की थी। दोनों एक ही तर्क देते थे कि उन्हें अब अपने जीवन से कोई उम्मीद या अपेक्षा नहीं रही। दोनों ही मामलों में, उन्हें यह एहसास दिलाना ज़रूरी था कि जीवन अब भी उनसे कोई आस ज़रूर रखता था; भविष्य में कुछ ऐसा था, जो उनसे अपेक्षा रख रहा था। दरअसल, हमने पाया कि उनमें से एक के लिए जीने का कारण उसका बच्चा हो सकता है, जिससे उसे बहुत स्नेह था और जो विदेश में उसके लिए प्रतीक्षा कर

रहा था। दूसरे के लिए यह सहारा कोई व्यक्ति नहीं बल्कि एक वस्तु थी। यह व्यक्ति एक वैज्ञानिक था, जिसने पुस्तकों की एक श्रृंखला तैयार की थी, जो अभी तक पूरी नहीं हो पाई थी। उसका यह कार्य कोई दूसरा नहीं कर सकता था, वैसे ही जैसे उस बच्चे के पिता के रूप में, स्नेही पिता की भूमिका कोई और नहीं कर सकता था।

अस्तित्व की ज़िम्मेदारी

यह अनूठापन और निराली बात हर इंसान को दूसरे से अलग करती और उसके अस्तित्व को एक पहचान, एक मतलब देती है। जैसे किसी के लिए अपने रचनात्मक कार्य को पूरा करना... तो किसी के लिए अपने परिवार का स्नेह... प्रतीक्षा कर रहा था। **जब किसी मनुष्य को एहसास होता कि उसका स्थान कोई दूसरा नहीं ले सकता तो इस तरह वह अपने अस्तित्व के लिए एक ज़िम्मेदारी का अनुभव करता, ऐसी ज़िम्मेदारी जो अपनी पूरी भव्यता के साथ निरंतर बनी रहती।**

जो व्यक्ति अपने अधूरे छोड़े गए काम या स्नेह से प्रतीक्षा कर रहे बच्चे के प्रति अपनी ज़िम्मेदारी स्वीकार कर लेगा, वह कभी अपने जीवन के साथ खिलवाड़ नहीं करेगा। वह जानता है कि अब उसके अस्तित्व के पास एक 'क्यों' है इसलिए अब वह किसी भी तरह के 'कैसे' को हँसकर सहन कर लेगा।

कैंप में सामूहिक मनोचिकित्सा के अवसर बहुत सीमित थे। उचित मिसाल ही शब्दों के मुकाबले कहीं प्रभावी हो सकती थी। वहाँ एक सीनियर वार्डन था, जो अपने न्यायप्रिय व हौसला देनेवाले बरताव के कारण बाकी अधिकारियों से बिलकुल अलग था। उसके पास अपने न्याय क्षेत्र में आनेवाले बंदियों पर कहीं अधिक नैतिक प्रभाव डालने के हज़ारों मौके होते थे। लेकिन कभी-कभी शब्द भी अपना असर दिखाते थे। जब किन्हीं बाहरी परिस्थितियों के कारण मानसिक ग्रहण क्षमता बहुत गहन होती तो शब्द अपना प्रभाव दिखाते। मुझे आज भी एक घटना याद है, जब मुझे पूरी झोंपड़ी के बंदियों की मनोचिकित्सा का अवसर मिला।

उनकी मानसिक ग्रहण क्षमता एक निश्चित बाहरी परिस्थिति के कारण बढ़ी हुई थी।

शब्दों का प्रभाव

वह एक बुरा दिन था। परेड के दौरान ऐलान किया गया था कि बहुत सी गतिविधियों को तोड़-फोड़ व अनुचित आचरण माना जाएगा और इसके कारण उसी समय फाँसी की सज़ा भी दी जा सकती थी। इसमें हमारे पुराने कंबलों से छोटी पट्टियाँ काटना (अपने टखनों में बाँधे गए कपड़ों को मज़बूती देने के लिए) और बहुत ही मामूली किस्म की चोरियाँ आदि भी शामिल थे! कुछ ही दिन पहले, भूख से अधमरा एक बंदी आलुओं के स्टोर में घुस गया और कुछ पाउंड आलू चुरा लिए। चोरी का पता चल गया और कुछ बंदियों ने चोर को पहचान भी लिया। जब कैंप के अधिकारियों को इस बारे में पता चला तो उन्होंने आदेश दिया कि चोर को उनके सामने पेश किया जाए, वरना सारे कैंप को एक दिन खाली पेट रहने की सज़ा भुगतनी होगी। स्वाभाविक है कि २५०० बंदियों ने सारा दिन खाली पेट रहने का विकल्प ही चुना।

उपवासवाले दिन, शाम को हम सभी अपने कच्चे घरों में पड़े थे, बेशक सबका मूड बुरी तरह से उखड़ा हुआ था। बहुत कम बातचीत हो रही थी और एक-एक शब्द को सुनकर जैसे खीझ हो रही थी। तभी इस मामले को और बदतर बनाने के लिए ही जैसे बत्ती गुल हो गई। सब कुढ़कर रह गए। उसी समय वार्डन ने बुद्धिमानी दिखाई और कुछ ऐसी बातें कहीं, जो उस समय हम सबके दिमाग में चल रही थीं। उन्होंने उन सभी साथियों के बारे में बात की, जो पिछले कुछ दिनों में रोग या आत्महत्या के कारण मारे गए। लेकिन इसके साथ ही उन्होंने यह भी स्पष्ट किया कि उनकी मौत की असली वजह क्या हो सकती थी : उनके जीवन से आशा की किरण ओझल हो चुकी थी। उन्होंने कहा कि ऐसे संभावित शिकारों को इस अति तक पहुँचने से बचाने के लिए कोई न कोई उपाय अवश्य होना चाहिए। इस तरह वार्डन ने मेरी ओर संकेत किया कि मैं बंदियों को अपनी ओर से कोई परामर्श दूँ।

भगवान जानता है, मैं उस दिन किसी भी तरह की मनोवैज्ञानिक व्याख्या या उपदेश देने की स्थिति में कतई नहीं था – मैं उस समय अपने साथियों की आत्मा को कोई चिकित्सीय उपचार नहीं दे सकता था लेकिन मुझे यह प्रयत्न करना ही पड़ा। मुझे बहुत सर्दी और भूख लग रही थी। खीझ और थकान से हालत पस्त थी लेकिन मुझे किसी न किसी तरह कोशिश करते हुए, इस अनूठे अवसर का लाभ उठाना था। स्थितियाँ कुछ ऐसी बन गई थीं कि उस समय प्रोत्साहन देना बहुत आवश्यक हो गया था।

तो सबसे पहले मैंने कुछ छोटे-मोटे सहज क्षणों से अपनी बात आरंभ की। मैंने कहा कि यूरोप में, दूसरे विश्व युद्ध की छठी शीत ऋतु के बावजूद हमारी हालत इतनी बदतर नहीं थी, जितना हमने सोच रखा था। मैंने उनसे कहा कि 'हम सबको अपने आपसे यह सवाल पूछना चाहिए कि आज तक हमारे जीवन में ऐसे कौन से क्षण आए हैं, ऐसी कौन सी हानि हुई है, जिसकी भरपाई नहीं हो सकती।' मैंने अनुमान लगाया कि उन लोगों में से केवल कुछ ही बंदी ऐसे रहे होंगे, जो ऐसी एक-दो हानियों के लिए हामी भर सकते थे। जो कोई भी जीवित था और जिसके पास आशा बनाए रखने का कोई कारण था, उसके लिए स्वास्थ्य, परिवार, प्रसन्नता, व्यावसायिक योग्यता, सौभाग्य, समाज में पद आदि ऐसी चीज़ें थीं, जिन्हें दोबारा पाया जा सकता था। जो भी हो, हमारे शरीर की हड्डियाँ अब तक साबुत थीं। हम अभी तक जिन भी हालातों से गुज़रे, वे आनेवाले हालात में हमारे लिए बहुमूल्य हो सकते थे। मैंने नीत्शे के शब्द उधार लेते हुए कहा, 'वह, जो मुझे मार नहीं सकता, और भी मज़बूत बना देता है।'

फिर मैंने भविष्य के बारे में बात की। मैंने कहा कि 'आंशिक तौर पर भविष्य को आशा रहित ही दिखना चाहिए।' मैंने यह माना कि हममें से हर कोई यह अनुमान लगा सकता है कि उसके बचे रहने के अवसर कितने कम हैं। मैंने उनसे कहा कि 'हालाँकि अभी कैंप में टाइफस की महामारी के कोई लक्षण नहीं हैं।' मेरा अपना अनुमान था कि मेरे लिए

बचे रहने की उम्मीद पाँच फीसदी है। लेकिन मैंने उनसे यह भी कहा कि इसके बावजूद मैं अपनी आशा का त्याग करने या मायूस होने की कोई मंशा नहीं रखता। क्योंकि कोई नहीं जानता कि उसका आनेवाला कल कैसा होगा। आनेवाला कल तो दूर, इंसान को तो अपने आनेवाले पल या घंटे तक का पता नहीं होता। हम आनेवाले कुछ ही दिनों के भीतर किसी सनसनीखेज़ सैन्य गतिविधि की अपेक्षा तक नहीं कर सकते। हम कैंप का अनुभव रखनेवालों से बेहतर कौन जान सकता है कि कई बार, चुपके से किसी व्यक्ति के लिए निजी तौर पर कुछ अनूठे अवसर सामने आ जाते हैं। मिसाल के तौर पर, हो सकता है किसी को बहुत अच्छी कार्यकारी स्थितियों के साथ चलनेवाले दल का साथ मिल जाए क्योंकि इसी तरह की संभावना के साथ बंदी का भाग्य जुड़ा होता था।

लेकिन मैंने आनेवाले कल और उस पर पड़े रहस्य के परदे की ही बात नहीं की। मैंने अतीत की चर्चा भी की; उसके सारे आनंद दोहराए और बताया कि किस तरह वर्तमान के अंधकार में भी उनकी रोशनी प्रकाशमान है। मैंने खुद को उपदेशक की भूमिका से भरसक बचाते हुए, एक और कवि की पंक्तियाँ पेश कीं, **'आपने जो भी अनुभव पा लिया है, संसार की कोई भी ताकत उसे आप से छीन नहीं सकती।'** न केवल अनुभव बल्कि हमने जो भी किया, हमारे उच्च विचार और हमारी पीड़ा, जो सब कुछ बीतने के बाद भी अभी अतीत नहीं बना; यह हमारे अस्तित्व का एक हिस्सा बन गया है। इसे पाना भी एक अस्तित्व को पाने की तरह ही तो है।

फिर मैंने उन सभी अवसरों की बात की, जो जीवन को अर्थ देते हैं। मैंने अपने साथियों से कहा (जो बेजान से पड़े थे लेकिन कभी-कभार उनकी कोई आह सुनाई दी जाती), किसी भी हालात में इंसानी जीवन अपना अर्थ नहीं खोता और जीवन के इस अनंत अर्थ में पीड़ा, मरणासन्न अवस्था, अभाव व मृत्यु भी शामिल है। मैंने झोंपड़ी में अंधकार के बीच बैठे हालात की गंभीरता पर विचार कर रहे सारे बंदियों से कहा कि उन्हें अपनी आशा का दामन थामे रहना चाहिए और साहस बनाए रखना

चाहिए ताकि हमारे संघर्ष की निराशा कहीं उसे उसकी मर्यादा व अर्थ से परे न कर दे। मैंने कहा कि 'अपने कठिन समय में कोई न कोई हमारी ओर अवश्य देखता है – वह कोई मित्र, पत्नी, कोई जीवित या मृत या ईश्वर भी हो सकता है और वह कभी नहीं चाहेगा कि हम उसे निराश करें। वह आशा रखता है कि हम पूरे गर्व के साथ घटनाओं का सामना करें, न कि दुःखी होकर, यह जानते हुए कि हमें कैसे मरना चाहते हैं।

अंत में, मैंने हमारे बलिदान की बात कही, जो हर मामले में अर्थपूर्ण था। भले ही वह बलिदान ऐसा रहा हो कि वह भौतिक सफलता चाहनेवाली बाहरी दुनिया को निरर्थक जान पड़े लेकिन यह वास्तव में अर्थपूर्ण था। मैंने स्पष्ट शब्दों में कहा कि हममें से जो भी लोग किसी धर्म में आस्था रखते हैं, वे इसे अच्छी तरह समझ सकते हैं। मैंने उन्हें एक साथी के बारे में बताया, जिसने कैंप में आने के बाद स्वर्ग से एक समझौता किया था कि उसका कष्ट और पीड़ा, उस व्यक्ति को दर्दनाक मृत्यु से बचाए, जिसे वह सबसे अधिक स्नेह रखता है। इस तरह उस आदमी के लिए कष्ट और पीड़ा भी जैसे सार्थक हो गए थे; उसका बलिदान बहुत ही गहरा महत्त्व रखता था। वह यूँ ही अपनी जान नहीं देना चाहता था। दरअसल हममें से कोई भी यूँ ही नहीं मरना चाहता।

मेरे इन शब्दों का उद्देश्य यही था कि हम अपने जीवन का संपूर्ण अर्थ पा सकें। यह अर्थ हमें उसी कुटिया में, उसी समय और उन्हीं मायूसी से भरे हालात के बीच हासिल करना था। मैंने देखा कि मेरा प्रयास व्यर्थ नहीं गया। जैसे ही बत्ती आई तो कई मित्र लँगड़ाते हुए, मेरी ओर बढ़े और आँसूभरी आँखों के साथ शुक्रिया कहने लगे। लेकिन यहाँ मुझे स्वीकार करना होगा कि मुझे भी अपने साथियों से इस तरह पीड़ा का सामना करने के लिए आंतरिक साहस बहुत ही कम मिल पाता था और इस तरह मैंने उनका कष्ट हरने के बहुत से अवसर गँवा दिए होंगे।

16

निर्दयी पहरेदार

अब हम किसी बंदी की मानसिक प्रतिक्रिया के तीसरे चरण की ओर आते हैं यानी किसी बंदी के आज़ाद होने के बाद की सोच। लेकिन इससे पहले, हमें एक प्रश्न पर विचार करना होगा। मनोचिकित्सकों से यह प्रश्न अकसर पूछा जाता है, खास तौर पर जब वह स्वयं ऐसे मामलों की निजी जानकारी रखता हो : आप कैंप के पहरेदारों की मानसिकता के बारे में क्या बता सकते हैं? ऐसा कैसे हो सकता है कि कोई हाड़-माँस का आदमी बंदियों से इतनी बुरी तरह पेश आए? जब कोई इन सभी बातों को सुन लेता और यह मान लेता कि यह सब घटा होगा तो वह निश्चित रूप से पूछता है कि ऐसा मनोवैज्ञानिक तौर पर कैसे संभव है। इस प्रश्न का उत्तर बहुत विस्तार से देने के बजाय, कुछ खास बिंदुओं पर चर्चा करना बेहतर होगा :

सबसे पहली बात तो यह है कि उन पहरेदारों के बीच कुछ परपीड़क (सैडिस्ट) भी शामिल थे। वे किसी मानसिक रोगी की हद तक परपीड़क थे, जिन्हें दूसरों को कष्ट देने में आनंद आता था।

दूसरा बिंदु है, जब भी गंभीर रूप से उदासीन पहरेदारों की टोली की ज़रूरत होती तो निश्चित रूप से इन्हें ही चुना जाता।

अगर हमें अपने कार्यस्थल में, लकड़ी के टुकड़ों व टहनियों की मदद से जलाए गए चूल्हे के आगे हाथ तापने के लिए कम से कम दो मिनट भी मिल जाते तो हमारी प्रसन्नता की सीमा न रहती (यह सुविधा कड़कड़ाती सर्दी में दो घंटे काम करने के बाद मिलती)। लेकिन कुछ ऐसे फोरमैन भी होते थे, जिन्हें हमसे ये छोटी सी खुशी छीनकर बहुत आनंद आता था। जब वे हमें वहाँ खड़े होने से रोक लेते और अपने पैरों से चूल्हे की सुलगती आग को बर्फ में मटियामेट कर देते तो उनके चेहरे पर

छाई खुशी देखते ही बनती थी। जब भी किसी एस.एस. अधिकारी* को किसी व्यक्ति विशेष से चिढ़ हो जाती तो वे उस बेचारे बंदी को अपने दल के किसी परपीड़क व्यक्ति के पास काम करने के लिए भेज देते थे।

तीसरा बिंदु यह है कि कोई पहरेदार जितने सालों से उस बेरहमी से भरे माहौल के बीच रहा होता था, उसका बरताव उसी अनुसार बदलता चला जाता। नैतिक व मानसिक रूप से कठोर ये पहरेदार दूसरों को कष्ट देने के बेरहम तरीके अपनाने से स्वयं भले ही इनकार कर दें लेकिन वे दूसरों को कभी ऐसा करने से मना नहीं करते थे।

चौथा बिंदु यह कहा जा सकता है कि पहरेदारों के बीच भी कुछ ऐसे लोग शामिल थे, जो हमसे सहानुभूति रखते थे। मैं यहाँ उस कैंप के कमांडर का ज़िक्र करना चाहूँगा, जिस कैंप से मुझे आज़ादी दी गई थी। आज़ादी मिलने के बाद पता चला कि एक कैंप डॉक्टर ने पहले कभी खुद बंदी होने के बावजूद, अपनी जेब से पैसे दिए थे ताकि बंदियों के लिए, पास के शहर से दवाएँ खरीदी जा सकें। लेकिन सीनियर कैंप वार्डन किसी भी एस.एस. अधिकारी की तुलना में कहीं अधिक कठोर था। वह दूसरे बंदियों को अवसर पाते ही पीटने लगता, जबकि मेरे ध्यान में, कैंप के कमांडर ने कभी किसी कैदी पर हाथ नहीं उठाया था।

इस अधिकारी के बारे में एक बहुत ही रोचक प्रसंग याद आ रहा है। युद्ध के अंत में, जब अमेरिकी दलों ने बंदियों को हमारे कैंपों से रिहा किया तो तीन युवा हंगेरियन यहूदियों ने कमांडर को बवैरिया के घने जंगलों में कहीं छिपा दिया। फिर वे उस सेना नायक के पास गए, जो इस कमांडर को पकड़ने के लिए बेताब था और उन्होंने कहा कि वे केवल एक ही शर्त पर अपने कमांडर के छिपने का स्थान बता सकते हैं : अमेरिकी सेना नायक को यह वचन देना होगा कि उस आदमी को कोई नुकसान नहीं पहुँचाया जाएगा। आखिर कुछ समय बाद उसने उन्हें यह वचन दे दिया कि उस कमांडर को सुरक्षित रखा जाएगा। इस तरह उस

*एस.एस. अधिकारी – नाज़ी पार्टी का एक विशिष्ट सैन्य दल, जो हिटलर के अंगरक्षक और एक विशेष पुलिस बल के रूप में कार्य करता था।

कमांडर की न केवल रक्षा की गई बल्कि उसे उन्होंने अपने यहाँ काम भी सौंपा। उसे पास के गाँवों से रिहा हो रहे बंदियों के लिए कपड़ों का प्रबंध व वितरण करने का काम दिया गया क्योंकि रिहाई के बाद भी बंदी ऑश्विज़ कैंप के उन मृतक बंदियों के कपड़े पहनकर काम चला रहे थे, जो उनकी तरह किस्मतवाले नहीं थे और जिन्हें रेलवे स्टेशन से सीधा गैस चैंबर में मौत को गले लगाना पड़ा था।

यह तो साफ है कि केवल यह पता चलने का कोई लाभ नहीं था कि कोई कैंप में केवल पहरेदार था या बंदी था। हालाँकि दयालु इंसान तो किसी भी समूह में मिल सकता है। दरअसल दया का अंश उनके बीच भी पाया जा सकता है, जिनके मन में दया होने की कोई संभावना न हो। सभी दलों के बीच की सीमारेखाएँ आपस में उलझ जाती हैं और हमें केवल यह कहकर मामले का सरलीकरण नहीं कर देना चाहिए कि कुछ लोग शैतान थे, जबकि कुछ देवदूत। निश्चित तौर पर, किसी पहरेदार या फोरमैन के लिए यह बहुत बड़ी उपलब्धि थी कि कैंप के असर से अछूता रहकर, वह बंदियों के प्रति दया भाव रखता और वहीं दूसरी ओर कुछ ऐसे बंदी भी थे, जो पहरेदार बनने का अवसर पाने पर अपने ही साथियों के साथ इतनी बेरहमी से पेश आते कि क्या कहा जाए। बेशक, ऐसे लोगों में चरित्र का अभाव बंदियों को बहुत दुःख देता था, जबकि वे पहरेदारों से थोड़ी सी भी सहानुभूति मिलते ही द्रवित हो उठते। मुझे याद है, किस तरह एक फोरमैन ने मुझे सबसे छिपाकर, अपना डबलरोटी का टुकड़ा दिया था, जो उसने निश्चित तौर पर अपने सुबह के राशन में से बचाया होगा। उस समय डबलरोटी के टुकड़े को देखकर मेरी आँखें भर आई थीं। क्योंकि उस आदमी ने डबलरोटी के उस टुकड़े के ज़रिए मेरे प्रति जो मानवीय भाव ज़ाहिर किया था, वह किसी उपहार से कम नहीं था।

इन सभी बातों से हम सीख सकते हैं कि इस संसार में मनुष्य की दो प्रजातियाँ हैं, एक प्रजाति अच्छे लोगों की है और दूसरी बुरे लोगों की। ये अच्छे व बुरे लोग हर जगह पाए जाते हैं; ये समाज के हर वर्ग

में अपनी पैठ रखते हैं। किसी भी दल में सिर्फ अच्छे या सिर्फ बुरे लोग शामिल नहीं होते। इसीलिए कोई भी समूह पूरी तरह से विशुद्ध नहीं होता और इसीलिए उन बेरहम और दुष्ट पहरेदारों के झुंड के बीच कभी-कभार कुछ अच्छे लोग भी मिल जाया करते थे।

यातना कैंप का जीवन मनुष्य की आत्मा को चीरते हुए उसे गहराई तक नग्न कर देता। यह भी एक आश्चर्यजनक तथ्य है कि उन गहराइयों के भीतर भी हम फिर से उन्हीं मानवीय विशेषताओं को पाते हैं, जिनकी प्रकृति अच्छे व बुरे का मिश्रण होती थीं। यातना कैंप में रहने के दौरान अकसर अच्छाई व बुराई के बीच अंतर करनेवाली रेखा बहुत धुंधली पड़ जाती और कई बार यह तय करना मुश्किल हो जाता कि सामनेवाला व्यक्ति किस श्रेणी में आता है।

आज़ादी के बाद के अनुभव

अब हम यातना शिविर की मानसिकता के अंतिम अध्याय की बात करते हैं। इसमें हम उन कैदियों की मानसिकता की बात करेंगे, जिन्हें मुक्त कर दिया गया था। आज़ादी के अनुभवों की व्याख्या करते समय, हमें अपनी कहानी के उस सिरे पर जाना होगा, जहाँ सुबह के समय, गहरे तनाव के बीच, बाहर एक सफेद झंडा लहराता दिखाई दिया था। अंदरूनी रहस्य की इस अवस्था के बाद संपूर्ण विश्राम की अवस्था आ गई। लेकिन यह सोचना सर्वथा अनुचित होगा कि हम मारे खुशी के पगला गए। तो आखिर इसके बाद हुआ क्या?

हम सब कैदी थके कदमों से खुद को कैंप के दरवाज़े तक घसीटकर ले गए। हमने कातर निगाहों से यहाँ-वहाँ ताका और फिर सवालिया नज़रों से एक-दूसरे को देखने लगे। इसके बाद हम कुछ कदम और कैंप की ओर बढ़े। इस समय हमें न तो कोई आदेश दिए गए और न ही हमें किसी के मुक्के या वार से बचने की आवश्यकता पड़ी। अरे नहीं, इस बार तो पहरेदार हमें सिगरेट पिला रहे थे! हम तो पहले उन्हें पहचान ही नहीं सके; वे झट से अपने सादे कपड़ों में आ गए थे। हम कैंप से बाहर

जानेवाली सड़क पर धीरे-धीरे चलने लगे। जल्द ही हम इतने थक गए कि लगा हमारी टाँगें टूटने की नौबत आ गई है लेकिन फिर हम किसी तरह लँगड़ाते हुए चलते रहे; दरअसल हम पहली बार एक आज़ाद मनुष्य की आँखों से कैंप के आसपास की जगह और वहाँ के माहौल को देखना चाहते थे। हमने अपने आप 'आज़ादी' शब्द कई बार कहा लेकिन फिर भी हम इसके अर्थ को ग्रहण नहीं कर पाए। हमने पिछले सालों के दौरान इसे इतनी बार अपने मुँह से निकाला था, इतनी बार इसका सपना देखा था कि इसने अपना अर्थ ही खो दिया था। इसकी वास्तविकता हमारी चेतना का स्पर्श नहीं कर पाती थी। हम इस बात को हज़म नहीं कर पा रहे थे कि अब यह आज़ादी हमारी थी।

हम फूलों से भरे एक हरे-भरे मैदान में आए। हम वहाँ अपनी उपस्थिति को महसूस कर रहे थे लेकिन उस स्थान के बारे में, मन में कोई भावनाएँ नहीं जागीं। जब हमने रंग-बिरंगे पंखों का पूँछवाला मुर्गा देखा तो खुशी की एक चिंगारी सी पैदा हुई। पर यह चिंगारी ही बनी रही; हम अब भी इस दुनिया से अपना नाता नहीं जोड़ पा रहे थे।

शाम के समय, जब हम सभी झोंपडी में मिले तो एक ने दूसरे से धीरे से पूछा, 'एक बात बताना, क्या आज तुम्हें खुशी का एहसास हुआ?'

दूसरे ने ज़रा शर्मिंदगी के साथ जवाब दिया क्योंकि वह नहीं जानता था कि बाकी लोग भी उसी की तरह ही महसूस कर रहे थे, 'सच कहूँ, तो बिलकुल नहीं। मुझे तो आज कोई खुशी नहीं हुई। हम सही मायनों में खुशी महसूस करने की क्षमता खो बैठे थे और हमें इसे नए सिरे से, धीरे-धीरे विकसित करना पड़ा।'

मनोवैज्ञानिक तौर पर, आज़ाद कैदियों के साथ जो घट रहा था, उसे 'व्यक्तित्व का विलोप' (डिपर्सनलाइज़ेशन) कहा जा सकता था। सब कुछ नकली लग रहा था, मानो सपने में ही घट रहा हो। हम यकीन नहीं कर पा रहे थे कि यह सच हो सकता था। हम पिछले सालों में अपने सपनों से ही तो कितना छले जाते रहे थे। हम सपना देखते थे कि आज़ादी

का दिन आ गया है, हमें आज़ाद कर दिया गया है, हम अपने घर आ गए हैं, अपने मित्रों से मिल रहे हैं, पत्नी को गले से लगा रहे हैं, मेज पर बैठकर उन्हें अपनी आपबीती सुना रहे हैं – उन्हें बता रहे हैं कि हम कैसे अपनी आज़ादी के ख्वाब देखा करते थे। और फिर एक तीखी सीटी का सुर कानों को सुनाई देता और आज़ादी के सारे सपने वहीं चकनाचूर हो जाते। और अब वह सपना पूरा हो गया था। परंतु क्या हम सही मायनों में उस पर विश्वास कर सके?

मन की तुलना में शरीर पर नियंत्रण कुछ कम था। पहले ही क्षण में शरीर ने उस नई आज़ादी का पूरा आनंद लिया। शरीर ने अंधाधुँध ढंग से खाना शुरू कर दिया। कई दिनों तक खाने का सिलसिला घंटों चलता रहा, यहाँ तक कि आधी रात तक खाना-पीना ही चलता रहता। यह देखकर हैरानी होती थी कि भला एक इंसान इतना कैसे खा सकता है? जब कैदियों में से एक को, उसके किसी पड़ोसी किसान की ओर से खाने का न्यौता मिलता तो वह पहले तो जी भरकर खाता, कॉफी पीता और फिर लगातार बोलता चला जाता। वह कई घंटों तक, अपने अंदर छिपी एक-एक बात को सबके समाने ज़ाहिर करता रहता। सालों से उसके दिमाग पर जो दबाव बना हुआ था, वह इस तरह बात करने से कम हो जाता। उसे बोलता सुनकर आसानी से यह अंदाज़ा लगाया जा सकता था कि उस समय उसके लिए बोलना कितना ज़रूरी है, मानो उसकी बोलने की इच्छा ऐसी हो जाती, जिस पर किसी तरह काबू नहीं पाया जा सकता।

मैं ऐसे लोगों को जानता हूँ जो कुछ समय के लिए भारी दबाव में रहे हैं (मिसाल के लिए, गेस्टापो यानी नाज़ी पार्टी की खुफिया पुलिस द्वारा की गई जवाबी जाँच पड़ताल के दौरान), वे भी कुछ ऐसी ही प्रतिक्रियाएँ देते। कई दिनों के बाद, न केवल उनकी ज़ुबान पर लगा ताला खुलता बल्कि वे अंदर से भी खुलने लगते और उन बेड़ियों से बाहर आने लगते, जिनमें उन्हें न जाने कब से जकड़कर रखा हुआ था।

ईश्वर का आभार

आज़ादी मिलने के कुछ दिनों बाद, मैं एक दिन फूलों से भरे मैदानों को पार करके कई मील तक पैदल चलते हुए, कैंप के निकट बने शहरी बाज़ार तक गया। आकाश में लार्क पक्षी उड़ान भर रहे थे और मैं उनके खुशी से भरे सुरों को सुन सकता था। मीलों दूर तक कुछ भी दिखाई नहीं दे रहा था, वहाँ विस्तृत धरती, आकाश व पक्षियों की चहचहाहट व विस्तार के सिवा कुछ न था। मैंने रुककर आसपास देखा, फिर आकाश की ओर देखते हुए, अपने घुटनों के बल बैठ गया। उस क्षण में, मैं अपने व अपनी दुनिया के बारे में बहुत कम जानता था – मेरे दिमाग में केवल एक ही वाक्य गूँजता – बस एक ही बात : मैंने अपनी छोटी सी कैद से ईश्वर को पुकारा और उसने मुझे आज़ादी के इस विस्तार स्वरूप में उत्तर दिया।

मैं वहाँ कितनी देर तक घुटनों के बल बैठा, कितनी बार इसी वाक्य को लगातार दोहराता रहा, यह अब मुझे याद नहीं। लेकिन मुझे यह पता है कि उस दिन, उस एक घंटे के भीतर, मेरे नए जन्म का आरंभ हो गया था। एक के बाद एक चरण पूरा करते हुए, मैं फिर से एक बार मनुष्य बन गया।

हम जिस तरह कैंप के अंतिम दिनों में मानसिक तनाव से गुज़रे (युद्ध के तनाव से मानसिक शांति तक), वह भी बाधाओं से भरा हुआ था। यह सोचना भी भूल होगी कि किसी ऐसे व्यक्ति को आध्यात्मिक देखरेख की ज़रूरत नहीं रहती, जिसे आज़ाद कर दिया गया हो। हमें यह सोचना होगा कि जो आदमी इतने समय तक गहरे तनाव के बीच रहा हो, वह निश्चित रूप से अपनी आज़ादी के बाद थोड़े संकट में आ सकता है। खास तौर पर तब, जब उसे अचानक ही रिहाई मिल गई हो। जिस आदमी को अचानक मानसिक दबाव से आज़ादी मिले, उसके नैतिक व आध्यात्मिक स्वास्थ्य को हानि हो सकती है।

17

निर्दयता का व्यवहार

इस मनोवैज्ञानिक चरण के दौरान, मनुष्य देख सकता है कि जो लोग असभ्य थे, वे खुद को कैंप के जीवन के आसपास फैली निर्दयता के माहौल से परे नहीं रख सके। अब, आज़ाद होने के बाद उन्हें लगा कि वे अपनी आज़ादी का मनमाने व निरंकुश तरीके से इस्तेमाल कर सकते थे। उनके लिए केवल यही तथ्य बदला था कि अब वे शोषित नहीं थे, अब वे उन लोगों की सूची में आ गए थे, जो दूसरों का शोषण करते हैं। वे अब बलप्रयोग और अन्याय का शिकार नहीं थे बल्कि दूसरों पर इसका प्रयोग करने के लिए आज़ाद थे। वे अपने ही भयंकर अनुभवों के आधार पर अपने ऐसे आचरण की सफाई देने की कोशिश करते। अकसर गैरमामूली बातों में भी यह साफ-साफ नज़र आ जाता था।

मेरा एक मित्र मेरे साथ कैंप की ओर जा रहा था कि अचानक राह में एक हरा-भरा खेत आ गया। मैंने उससे परे होकर निकलना चाहा, पर वह मुझे बाँह से थामकर, घसीटता हुआ खेत के भीतर से ले गया। इस तरह कई सारे पौधे रौंदे गए। जब मैंने उसे ऐसा करने से रोकना चाहा, तो वह गुस्से से देखते हुए चिल्लाया, 'बेकार की बातें मत करो! क्या हमसे पहले ही बहुत नहीं छीन लिया गया है? मेरी बीबी और बच्चे को गैस चैंबर में डालकर मार डाला गया - कहो तो अपनी बाकी तकलीफें भी दोहरा दूँ - और एक तुम हो जो मुझे रोक रहे हो कि मैं जई के उन पौधों को कुचल कर आगे न जाऊँ?'

ऐसे लोगों को केवल धीरे-धीरे ही इस सत्य की ओर लाया जा सकता था कि किसी को भी कुछ अनुचित करने का अधिकार नहीं है, भले ही उसके साथ कितना ही बुरा क्यों न हुआ हो। हमें प्रयत्न करना पड़ा कि उन्हें इस सच्चाई के निकट ला सकें, अन्यथा उन चंद जई के

पौधों की बजाए ज़्यादा नुकसान भी भुगतना पड़ सकता था। मैं आज भी उस कैदी को देख सकता हूँ, जिसने अपनी क़मीज़ की बाजुएँ चढ़ाकर, अपना दायाँ हाथ मेरी नाक के नीचे रखकर चीखते हुए कहा था, 'अगर मैं अपनी घर वापसीवाले दिन इस हाथ को रक्त से न भिगो दूँ तो यह हाथ कटकर वहीं गिर जाए।' मैं ज़ोर देकर कहना चाहूँगा कि जिस व्यक्ति ने यह बात कही, वह कोई दुष्ट व्यक्ति नहीं था। वह कैंप जीवन और उसके बाद भी एक बहुत अच्छा साथी रहा।

मानसिक दबाव के अचानक समाप्त होने के कारण पैदा होनेवाली मानसिक विकृति के अलावा, दो ऐसे बुनियादी अनुभव और भी थे, जो किसी आज़ाद कैदी के चरित्र को हानि पहुँचाने का कारण बनते। जब वह अपनी पुरानी दुनिया में वापिस लौटता तो उसे अक्सर मोह-भंग व मायूसी का सामना करना पड़ता।

मोह भंग व मायूसी

जब वह अपने घर आता तो उसे कई कारणों से कड़वाहट सहन करनी पड़ती। कई बार ऐसा होता कि उसे अपने शहर, अपने घर लौटने पर कोई अच्छी प्रतिक्रिया न मिलती। दरवाज़ा खटखटाने पर कोई कंधे झटकते हुए, अजीब से सुर में बात करता और तकरीबन उसे यही सुनने को मिलता, 'हम तो इस बारे में कुछ नहीं जानते।' या 'हमने भी कुछ कम नहीं सहा।' फिर वह अपने-आप से पूछता कि क्या वे उससे ज़रा बेहतर तरीके से बात नहीं कर सकते थे?

मोह-भंग का अनुभव थोड़ा अलग था। यहाँ उसके अपने लोग (जिनका दिखावा और असंवेदनशीलता इतने निराशाजनक थे कि मन में आता था कि वह किसी बिल में जा छिपे और न तो किसी इंसान को देखे, न ही उसकी आवाज़ सुने।) नहीं बल्कि भाग्य अपनी क्रूरता दिखाता था। जो इंसान सालों से यह सोचता आया था कि वह अपने कष्ट की सभी संभावित सीमाओं को पार कर चुका है, अब उसे पता चलता कि उसके कष्ट की कोई सीमा नहीं थी और वह अब भी कष्ट सह सकता

था, इस बार उसकी गहनता और भी अधिक होती।

जब हम कैंप में किसी आदमी को मानसिक साहस देने की बात करते, तो हम कहते कि हमें उसे भविष्य के लिए कोई राह दिखानी होगी। उसे याद दिलाना होगा कि जीवन अब भी उसकी प्रतीक्षा में था, उसे याद दिलाना होगा कि घर पर कोई उसकी प्रतीक्षा कर रहा है। लेकिन आज़ाद होने के बाद? कुछ ऐसे लोग भी थे, जिन्होंने पाया कि उनकी प्रतीक्षा करने के लिए कोई नहीं था।

ज़रा उस आदमी के दुःख की कल्पना करें, जिसे आज़ाद होने के बाद पता चला हो कि जिस व्यक्ति की यादें यातना कैंप में उसके जीने का सहारा बनी थी, वह अब इस दुनिया में नहीं रहा!

ज़रा उसके दुःख की कल्पना करें, जिसने अपने सपने पूरे होने के दिन देखा हो कि उसके सामने जो भी आया, वह सब तो उसके सपने से कहीं अलग है। शायद वह एक ट्रॉली में बैठकर, अपने घर पहुँचा होगा, जिसे वह सालों तक सिर्फ़ और सिर्फ़ अपने दिमाग की कल्पना में देखता आ रहा था और उसने उसी तरह घंटी बजाई होगी, जैसे कि उसने हज़ारों बार अपने सपने में बजाई थी। लेकिन तब उसने पाया कि जिस आदमी को वह दरवाज़ा खोलना चाहिए था, वह वहाँ था ही नहीं और न ही वहाँ कभी होगा।

हम सब कैंप में एक-दूसरे से कहते थे कि हमने जो भी कष्ट सहा, कोई भी सांसारिक खुशी उसकी क्षतिपूर्ति नहीं कर सकती। हम खुशी पाने की आशा नहीं कर रहे थे क्योंकि यह हमारी पीड़ा को अपना अर्थ व साहस नहीं दे रही थी, हमारे बलिदानों व पल-पल की मृत्यु को अर्थ नहीं दे रही थी। लेकिन फिर भी हम नाखुशी के लिए तैयार नहीं थे। यह मोह-भंग कैदियों के लिए एक ऐसा अनुभव था, जिससे पार देखना बहुत कठिन था। एक मनोचिकित्सिक के लिए इस दिशा में कुछ मदद करना भी मुश्किल था, लेकिन इसके कारण वह निराश नहीं होता बल्कि इस तरह उसे और भी तेजी से काम करने की प्रेरणा ही मिलती है।

कैंप के अनुभवों का बुरे सपने में बदल जाना

सभी आज़ाद कैदियों के लिए, एक दिन ऐसा भी आता है, जब वे कैंप जीवन के पिछले अनुभवों को याद करते हुए यह विश्वास नहीं कर पाते कि उन्होंने वह सब कुछ खुद सहन किया था। जिस तरह अंततः आज़ादी का दिन निकट आया और उन्हें सब कुछ एक सुंदर सपने की तरह लगने लगा, उसी तरह एक ऐसा दिन भी आया, जब उन्हें कैंप के वे सभी अनुभव किसी बुरे सपने से अधिक नहीं लगते थे।

किसी भी घर लौटनेवाले व्यक्ति के लिए सबसे बड़ा अनुभव था, उसके मन में इस अद्‌भुत भावना का जन्म कि उसने जो भी पीड़ा सही है, अब उसके बाद उसे ईश्वर के सिवा किसी से भी भयभीत होने की आवश्यकता नहीं है।

भाग २

लोगोथैरेपी : संक्षिप्त सार

18

मेरी संक्षिप्त आत्मकथात्मक शैली में लिखी कहानी के पाठक अकसर मुझसे मेरे चिकित्सीय सिद्धांत की विस्तृत जानकारी माँगते आए हैं। यही देखते हुए मैंने 'फ्रॉम डेथ कैंप टू एक्सिज़टेंश्यलिज़्म' के मूल संस्करण में लोगोथैरेपी विषय पर एक संक्षिप्त अध्याय लिखा था। लेकिन वह पर्याप्त नहीं था और मुझसे बार-बार आग्रह किया गया कि मैं उसके बारे में और अधिक जानकारी दूँ। इसलिए इस वर्तमान संस्करण में, मैंने लोगोथैरेपी के पूरे विवरण को फिर से लिखा है तथा अपने अनुभव को विस्तार से प्रस्तुत करने की कोशिश भी की है।

जिस काम के बारे में संपूर्ण जानकारी देने के लिए जर्मन भाषा में लिखे गए बीस ग्रंथों की आवश्यकता हो, उसे अपने पाठकों को इतने संक्षिप्त रूप में बताना बहुत मुश्किल है। इस वजह से यह कार्य करना मेरे लिए आसान नहीं था। एक अमेरिकी डॉक्टर से मेरी मुलाकात विएना के ऑफिस में हुई थी। उसने मुझसे पूछा, 'डॉक्टर! क्या आप एक मनोविश्लेषक (साइकोएनालिस्ट) हैं?' मैंने जवाब दिया, 'नहीं, आप मुझे पूरी तरह से मनोविश्लेषक नहीं कह सकते। हाँ, आप मुझे एक साइकोथैरेपिस्ट (मनोचिकित्सक) जरूर कह सकते हैं।' इसके बाद भी उसने सवाल पूछना जारी रखाः

''आप किस सिद्धांत के अनुसार चलते हैं?''

''यह मेरी अपनी थ्योरी है; इसे *लोगोथैरेपी* कहते हैं।''

''क्या आप मुझे एक वाक्य में बता सकते हैं कि लोगोथैरेपी किसे कहते हैं? कम से कम यह तो बता दें कि एक मनोविश्लेषक व मनोचिकित्सक में क्या अंतर होता है?''

''हाँ'', मैंने कहा, ''पर इससे पहले मुझे आप एक वाक्य में यह

बताएँ कि आपके अनुसार मनोविश्लेषण का अर्थ क्या है?''

उसने बताया, ''मनोविश्लेषण के दौरान रोगी को एक बिस्तर पर लेटा होना चाहिए। उस समय वह आपको ऐसी बातें बताता है, जिन्हें बताना कई बार कठिन होता है।''

उसके जबाव को सुधारने के लिए मैंने तुरंत उसे बताया, ''लोगोथैरेपी में मरीज़ भले ही सीधा खड़ा रहे लेकिन उसे ऐसी बातें सुननी पड़ सकती हैं, जिन पर शायद वह सहमत न हो पाए।''

बेशक, यह वाक्य यूँ ही सरासरी तौर पर कहा गया था। इसे आप लोगोथैरेपी का सार नहीं कह सकते। अगर मनोविश्लेषण से इसकी तुलना करें तो लोगोथैरेपी का पूर्व-प्रभाव (अतीत पर होनेवाला प्रभाव) कम होता है। साथ ही यह थैरेपी अपेक्षा से कम आत्मविश्लेषी भी होती है। **लोगोथैरेपी भविष्य पर यानी जीवन के उस अर्थ पर केंद्रित रहती है, जिसे मरीज़ द्वारा आनेवाले समय में पूरा किया जाना है।** यदि स्पष्ट शब्दों में कहें तो 'लोगोथैरेपी' अर्थ पर आधारित साइकोथैरेपी है। इसके साथ ही लोगोथैरेपी बार-बार दोहराए जानेवाले सभी ईर्ष्यापूर्ण पैटर्नों (चक्रीय ढाँचों) व फीडबैक तंत्रों को सुनियोजित कर देती है, जो तंत्रिका रोग (न्यूरोसिस) बढ़ने का मुख्य कारण है। इस तरह तंत्रिका रोग से ग्रस्त रोगी के आत्मकेंद्रित (सेल्फ-सेंटरर्ड) व्यक्तित्त्व को बढ़ाने और प्रबल करने के बजाय, उसे तोड़ने का काम किया जाता है।

सच कहूँ तो यह वाक्य लोगोथैरेपी को बहुत साधारण तरीके से पेश कर रहा है। लोगोथैरेपी के दौरान रोगी अपने जीवन के अर्थ की ओर फिर से केंद्रित होता है। जीवन के अर्थ में योगदान देने की रोगी की योग्यता ही काफी हद तक उसे उसके तंत्रिका रोग से छुटकारा पाने में मदद करती है।

अब समझें कि मैंने अपनी थ्योरी को 'लोगोथैरेपी' यह नाम क्यों दिया? 'लोगो' एक ग्रीक शब्द है, जिसका मतलब है 'अर्थ'। लोगोथैरेपी को कुछ लेखकों ने 'विन्नेसे के मनोविज्ञान की तीसरी पद्धती' का नाम भी

दिया है। यह पद्धती इंसानी के अस्तित्व के उद्देश्य और उसके जीवन के मकसद की तलाश पर भी आधारित है। **लोगोथैरेपी के अनुसार, अपने जीवन का अर्थ ढूँढ़ने का प्रयास ही मनुष्य की मूल प्रेरणा है।** यही कारण है कि मैंने सुख की तलाश के नियम के विपरीत, अर्थ के तलाश की बात की है (इसे हम सुख पाने की इच्छा भी कह सकते हैं)। *फ्रूडियन* का मनोविश्लेषण भी इसी पर केंद्रित है। यह शक्ति पाने की इच्छा के भी विपरीत है, जिस पर *एडलेरियन* का नियम आधारित है। *एडलेरियन* के नियम में 'स्वयं को विशेष मानने के बोध' को केंद्र बनाया गया है।

अर्थ ढूँढ़ने की इच्छा

जीवन में अर्थ पाने का यह प्रयत्न ही मनुष्य की पहली प्रेरणा बनता है। लेकिन इसे हम उसकी सहज प्रवृत्ति नहीं कह सकते। यह अर्थ इतना अनूठा व निराला होता है कि मनुष्य को उसे स्वयं ही ढूँढ़ना चाहिए; केवल तभी वह उसे उतना महत्व देगा, जितना अर्थ पाने की उसकी इच्छा के लिए आवश्यक है। कुछ लेखकों के अनुसार मनुष्य के जीवन का अर्थ सिर्फ उसके बचाव तंत्र, उसकी प्रतिक्रियाओं के निर्माण और उसके उदात्तीकरण तक ही सीमित होता है। लेकिन जहाँ तक मेरी बात है, मैं केवल अपने बचाव के लिए जीवित नहीं रहना चाहूँगा और न ही मैं केवल अपनी प्रतिक्रियाओं के लिए अपने प्राण देना चाहूँगा। **एक मनुष्य अपने आदर्शों व मूल्यों के लिए ही जीवित रह सकता है या फिर वह उनके लिए अपने प्राणों का त्याग कर सकता है।**

फ्रांस में कुछ साल पहले, जनता की आम राय जानने के लिए मतदान किया गया। नतीजों से पता चला कि 89 प्रतिशत लोगों को लगता है कि मनुष्य को जीने के लिए 'कुछ न कुछ' चाहिए। इसके अलावा, करीबन ६१ प्रतिशत लोगों ने माना कि उनके जीवन में ऐसा कोई व्यक्ति या ऐसा कुछ और प्रेरणास्थान था, जिसके लिए वे अपने प्राणों का त्याग भी कर सकते थे। मैंने विएना के अस्पताल विभाग में अपने रोगियों व कर्मचारियों के बीच भी यही मतदान कराया और यहाँ भी लगभग वैसा ही नतीजा सामने आया, जैसा कि फ्रांस के मतदान में

आया था। अंतर केवल दो प्रतिशत का ही रहा।

'जॉन्स हॉपकिंस' विश्वविद्यालय के समाजविज्ञानियों द्वारा 48 कॉलेजों के 7498 छात्रों पर एक और सर्वेक्षण किया गया। उसकी आरंभिक रिपोर्ट *नैशनल इंस्टीट्यूट ऑफ मेंटल हेल्थ* द्वारा प्रायोजित दो वर्षीय अध्ययन का एक हिस्सा है। उनसे पूछा गया कि ''फिलहाल वे अपने जीवन में किस चीज़ को सबसे अधिक महत्वपूर्ण मानते हैं?'' जवाब में 16 प्रतिशत छात्रों ने ''बहुत पैसे कमाना'' कहा, जबकि 78 प्रतिशत का कहना था कि उनका सबसे बड़ा लक्ष्य है, ''अपने जीवन का कोई अर्थ या उद्देश्य तलाश करना।''

बेशक कुछ मामले ऐसे जरूर हो सकते हैं, जिनमें मूल्यों के प्रति किसी मनुष्य की चिंता, उसके छिपे हुए मानसिक संघर्ष का एक दिखावा भर हो; लेकिन यदि ऐसा है तो वे नियम के बजाय नियम के अपवाद का प्रतिनिधित्व करते हैं। ऐसे मामलों में हमें नकली मूल्यों का सामना करना पड़ता है और उनका मुखौटा उतारना होता है। हालाँकि जैसे ही मनुष्य को अपने असली रूप का दर्शन हो जाए, तो हमें ऐसा करना बंद कर देना चाहिए यानी उसे अपने जीवन के सच व अर्थ का पता चल जाना चाहिए। मनुष्य के भीतर मौजूद मानवता की भावना का बाहर आना बहुत आवश्यक है।

अस्तित्व संबंधी निराशा

जीवन का अर्थ ढूँढ़ने की मनुष्य की इच्छा निराशा भी आ सकती है। इस मामले में लोगोथैरेपी 'अस्तित्व संबंधी निराशा' की बात करती है। 'अस्तित्व संबंधी' शब्द को तीन रूपों बताया जा सकता है, 1. अस्तित्व यानी मनुष्य का अस्तित्व 2. अस्तित्व का अर्थ और 3. निजी व्यक्तित्व में एक ठोस अर्थ पाने का प्रयत्न यानी अर्थ पाने की इच्छा।

अस्तित्व संबंधी निराशा, न्यूरोसिस (तंत्रिका रोग) के रूप में भी सामने आ सकती है। ऐसे न्यूरोसिस को लोगोथैरेपी में, साइकोजीनिक न्यूरोसिस के स्थान पर *न्योजीनिक न्यूरोसिस* (Noögenic neuroses)

का नाम दिया गया है। न्योजीनिक न्यूरोसिस का मूल, मनोविज्ञान या साइकोलॉजी में नहीं बल्कि न्योलॉजिकल (ग्रीक शब्द न्योस अर्थात मन) में होता है, जिसे मनुष्य के अस्तित्व का आयाम भी कह सकते हैं। यह भी लोगोथैरेपी उपचार का एक शब्द है, जिसमें किसी भी ऐसी चीज को शामिल किया जा सकता है, जो मनुष्य के आयामों से जुड़ी हो।

न्योजीनिक न्यूरोसिस

न्योजीनिक न्यूरोसिस भावनात्मक बहाव व सहज बोध के संघर्ष से नहीं होता बल्कि अस्तित्व संबंधी समस्याओं के कारण होता है। ऐसी समस्याओं के दौरान, जीवन में अर्थ की तलाश से जुड़ी निराशा बड़ी भूमिका निभाती है।

यह तो स्पष्ट है कि न्योजीनिक न्यूरोसिस के मामलों में साइकोथैरेपी को न तो उचित कहा जा सकता है और न ही पर्याप्त। हाँ, **लोगोथैरेपी एक ऐसी थैरेपी जरूर है, जो मनुष्य के विशेष आयामों को टटोलने का साहस रखती है।** अब मैं आपको एक घटना बताता हूँ :

मेरे विएना कार्यालय में- एक महत्वपूर्ण पद पर स्थित अमेरिकी राजनितिज्ञ आया था। वह मेरे पास अपने मनोविश्लेषण उपचार को जारी रखना चाहता था। वह पिछले पाँच सालों से न्यूयॉर्क के एक विश्लेषक से यह उपचार ले रहा था। मैंने पहला अवसर पाते ही उससे पूछा कि 'तुम्हें ऐसा क्यों लगता है या पहली बार तुम्हें ऐसा क्यों लगा था कि तुम्हारे विचारों का विश्लेषण किया जाना चाहिए?' उसके जवाब से मुझे पता चला कि वह अपने करियर से संतुष्ट नहीं था और अमेरिका की विदेशनीति के प्रति भी वह सहज महसूस नहीं कर रहा था। हालाँकि उसका विश्लेषक उसे कई बार यह बात समझा चुका था कि उसे अपने पिता के साथ समझौता कर लेना चाहिए; क्योंकि यू.एस. की सरकार व उसके उच्च अधिकारी उसके लिए "पिता समान" ही थे। उसे अपनी नौकरी से घृणा भी इसीलिए थी क्योंकि वह अनजाने में ही अपने पिता के प्रति भी घृणा का भाव रखता था।

पिछले पाँच सालों के अंदर उसे विश्लेषक के विश्लेषण को मानने पर इतना मजबूर कर दिया गया था कि वह वास्तविकता को देख ही नहीं पा रहा था। कुछ ही मुलाकातों से यह स्पष्ट हो गया कि उसके काम के कारण उसके जीवन में अर्थ की तलाश निराशाजनक थी। वह कोई अलग किस्म का काम करना चाहता था। हालाँकि उसके पास अपना काम छोड़ने का कोई कारण नहीं था, लेकिन आखिरकार उसने ऐसा ही किया और इसके नतीजे भी बहुत संतुष्टिदायक रहे। हाल ही में उसने बताया कि वह पिछले पाँच सालों से एक नया व्यवसाय कर रहा है और उसका जीवन अच्छा बीत रहा है। मुझे नहीं लगता कि जब वह मुझसे मिला तो वह किसी तंत्रिका रोग से ग्रस्त था। तभी मुझे लगा कि उसे किसी भी साइकोथैरेपी, लोगोथैरेपी आदि की ज़रूरत नहीं थी क्योंकि असल में उसे कोई रोग था ही नहीं।

हर संघर्ष न्यूरोटिक (तंत्रिका रोग संबंधी) नहीं होता। जीवन में थोड़ा मानसिक संघर्ष होना सामान्य बात है। ऐसे ही एक अन्य मामले में यह बात सामने आई कि **जीवन में कोई पीड़ा होने का अर्थ हमेशा यह नहीं होता कि जीवन दयनीय अवस्था से गुज़र रहा है। अगर वह पीड़ा खास तौर पर अस्तित्व संबंधी निराशा से जन्मी हो, तो वह न्यूरोसिस का लक्षण होने के बजाय, किसी मनुष्य के लिए एक उपलब्धि भी हो सकती है।** मैं स्पष्ट कर देना चाहता हूँ कि अगर कोई अपने अस्तित्व के अर्थ की तलाश करता है, उस पर संदेह करता है या उससे जुड़ा कोई भी अन्य मामला हो तो उसे किसी रोग से नहीं जोड़ा जाना चाहिए। अस्तित्व संबंधी निराशा किसी भी तरह का शारीरिक या मानसिक रोग नहीं है। अगर किसी को अपना जीवन निरर्थक लगता है, तो उसे निराशा अवश्य हो सकती है, लेकिन यह सिर्फ अस्तित्व संबंधी निराशा है और उसे आप मानसिक रोग नहीं कह सकते। हो सकता है कि कई डॉक्टर अपने रोगी की अस्तित्व संबंधी निराशा को शामक (ट्रैंक्युलाइज़िंग) दवाओं से दबाने का प्रयास करे। उस समय डॉक्टर का यह कर्तव्य बनता है कि वह रोगी को दवा देने के बजाय, जीवन के विकास के रास्ते पर आनेवाली अस्तित्व संबंधी निराशा से उबरने में उसकी मदद करे।

ऐसे मामलों में लोगोथैरेपी जीवन का अर्थ तलाशने में रोगी की मदद करती है। यह एक विश्लेषण आधारित प्रक्रिया है, जो रोगी के अस्तित्व में छिपे अर्थ को पहचानने में उसकी मदद करती है। इस लिहाज़ से लोगोथैरेपी आपको मनोविश्लेषण के समान लग सकती है। हालाँकि जब लोगोथैरेपी सक्रीय होती है, तो यह व्यक्ति के अवचेतन मन में बसे प्रवृत्ति संबंधी तथ्यों तक ही सीमित नहीं रहती बल्कि अस्तित्व संबंधी वास्तविकताओं पर भी ध्यान देती है। जैसे उसके जीवन की इच्छा के साथ-साथ उसके अस्तित्व का संभावित अर्थ भी पूरा होना चाहिए। ऐसा कोई भी विश्लेषण, अपनी उपचार प्रक्रिया में नूलॉजिकल आयाम से बचते हुए रोगी को यह यकीन दिलाने की कोशिश करता है कि वह अपने अस्तित्व की गहराइयों में क्या इच्छा रखता है। लोगोथैरेपी को इसलिए भी मनोविश्लेषण से अलग माना जा सकता है क्योंकि यह मनुष्य को एक ऐसे जीव के रूप में देखती है, जो इस संसार में अपनी कामनाओं या वासनाओं की पूर्ति से संतुष्ट होने के लिए नहीं आया है और न ही अपने अहं की पुष्टि करने या समाज व पर्यावरण के अनुसार अनुकूलन करने आया है बल्कि किसी अर्थ को पूरा करने के लिए संसार में आया है।

19

न्यो-डायनैमिक्स : मानसिक दिशा में बदलाव

अर्थ की तलाश करते हुए, इंसान के भीतर आंतरिक तालमेल के बजाय आंतरिक तनाव भी उभर सकता है। हालाँकि, मानसिक स्वास्थ्य के लिए ऐसा तनाव होना भी महत्त्वपूर्ण है। मैं मानता हूँ कि **जो चीज बद से बदतर हालात में भी इंसान को जीवन का अर्थ जानने में मदद करती है, वह उसके लिए संसार की सबसे महत्वपूर्ण चीज है।** *नीत्ज़शे (Nietzshe)* के ये शब्द कितने विवेकपूर्ण हैं कि ''**जिस मनुष्य के पास जीने के लिए एक ''क्यों' है, वह लगभग हर 'कैसे' को सहन कर सकता है।**'' मैं इन शब्दों में छिपे उस उद्देश्य को देख सकता हूँ, जो किसी भी तरह की मनोचिकित्सा के लिए सच है। नाज़ी यातना शिविरों में यह बात साफ तौर पर देखी जा सकती थी। वहाँ रहनेवालों में से जो लोग यह जानते थे कि कोई उनकी प्रतीक्षा कर रहा है, उनके लिए स्वयं को जीवित रख पाना अधिक आसान रहा। यातना शिविरों के बारे में लिखनेवाले अन्य लेखक भी इसी नतीजे पर पहुँचे हैं। इसके अलावा जापान, उत्तरी कोरिया तथा उत्तरी वियतनाम के युद्ध-बंदियों पर किए गए मनोवैज्ञानिक शोधों से भी यही नतीजे सामने आए हैं।

जहाँ तक मेरा सवाल है, जब मुझे ऑश्विज़ के यातना शिविर में ले जाया गया, तो मेरी एक ऐसी पाण्डुलिपि ज़प्त कर ली गई, जो प्रकाशन के लिए लगभग तैयार थी।[1] निश्चित ही इस पांडुलिपि को फिर से तैयार करने की मेरी गहरी इच्छा ने ही मुझे उन शिविरों की यातना और कष्टों

---

[1]यह मेरी पहली पुस्तक का पहला संस्करण था, जिसका अंग्रेज़ी अनुवाद 1955 में द डॉक्टर एंड द सोल : एन इंट्रोडक्शन टू लोगोथैरेपी शीर्षक से न्यूयॉर्क के अल्फ्रेड ए. नॉफ ने किया था।

को सहने की ताकत दी। मिसाल के लिए, एक बार बवैरिया कैंप में टाइफस बुखार ने मुझे बुरी तरह जकड़ लिया था। तब मैंने कागज़ की बहुत सी कतरनों पर अपने लिए पाण्डुलिपि के नोट्स तैयार किए ताकि अगर मैं वहाँ से जीवित रिहा हो सकूँ तो अपनी किताब को नए सिरे से तैयार कर सकूँ और उसे प्रकाशित करवा सकूँ। मुझे पूरा यकीन है कि अंधकार से भरे बवैरियन कैंप की उन बैरकों में, खोई हुई पाण्डुलिपि को नए सिरे से तैयार करने की इच्छा ने ही मुझे बचाकर रखा। वरना मैं पक्के तौर पर दिल के दौरे का शिकार होकर संसार से विदा ले सकता था।

यह स्पष्ट देखा गया है कि मानसिक सेहत काफी हद तक तनाव की तीव्रता पर निर्भर करती है। व्यक्ति ने जो पा लिया है और उसे अभी जो चाहिए, उनके बीच का संघर्ष या जो अभी वह है और उसे जो होना चाहिए, उसके बीच का अंतर। ऐसा तनाव मनुष्य के भीतर सहज भाव से पाया जाता है और इसीलिए यह उसकी मानसिक सेहत के लिए बहुत मायने रखता है। **हमें किसी भी आदमी को, उसके जीवन के संभावित अर्थ की तलाश करने की चुनौती देने में, संकोच नहीं करना चाहिए। केवल ऐसा करके ही हम उसे उसके आलस से बाहर निकालकर, जीवन के अर्थ की ओर भेज सकते हैं।** मुझे यह धारणा ही बड़ी भ्राँतिपूर्ण लगती है कि किसी भी मनुष्य को सबसे पहले एक तनावरहित अवस्था की आवश्यकता होती है, जिसे जीव विज्ञान की भाषा में 'होमियोस्टेसिस' कहते हैं। दरअसल मनुष्य को तनावरहित अवस्था नहीं बल्कि किसी विशेष लक्ष्य को पाने के लिए संघर्ष की अवस्था चाहिए, एक ऐसा काम, जिसे उसने अपने लिए स्वेच्छा से चुना हो। उसे किसी भी कीमत पर केवल अपने तनाव से छुटकारा नहीं पाना है, बल्कि अपने लिए जीवन के उस अर्थ की तलाश भी करनी है, जो उसका इंतज़ार कर रहा है। उसे अपने लिए होमियोस्टेसिस की अवस्था नहीं, बल्कि न्यो-डायनैमिक्स की आवश्यकता है यानी तनाव के ध्रुवीय क्षेत्र में, अस्तित्व से जुड़े डायनैमिक्स, जहाँ एक ध्रुव, पूरा किए जाने वाले अर्थ का प्रतिनिधित्व करता है और दूसरा ध्रुव उस मनुष्य से जुड़ा होता है, जिसे उसे पूरा करना है।

मनुष्य को यह नहीं सोचना चाहिए कि यह बात केवल सामान्य परिस्थितियों में ही लागू होती है; मानसिक रोगियों के लिए भी यह उतना ही जायज़ है। **अगर एक वास्तुशिल्पी किसी पुराने नींव के पत्थर को मज़बूती देना चाहता है, तो वह उस पर भार बढ़ा देता है, ताकि जो हिस्से जोड़े गए हैं, वे और भी पास आ जाएँ। इसी तरह अगर चिकित्सक अपने किसी रोगी की मानसिक सेहत में बदलाव चाहता है, तो उसे व्यक्ति की मानसिक दिशा बदलते हुए, जीवन के अर्थ की ओर प्रेरित करने व तनाव पैदा करने में संकोच नहीं करना चाहिए।**

मैं आपको बता चुका हूँ कि जीवन में अर्थ के साथ दिशा देने से रोगियों को कितना लाभ हो सकता है। इसके साथ ही मैं आपको उस भावना के बारे में भी बताना चाहूँगा, जिसके बारे में अधिकतर रोगी यह शिकायत करते पाए जाते हैं कि वे इस समय अपने जीवन की अर्थहीनता से ग्रस्त हैं। वे अपने लिए एक सार्थक जीवन का भाव नहीं रखते। वे अपने ही अंदर के खालीपन के शिकार होते हैं; उनके भीतर का सूनापन, एक शून्य। वे स्वयं को उस स्थिति में पाते हैं, जिसे मैंने 'अस्तित्व संबंधी खालीपन' का नाम दिया है।

अस्तित्व संबंधी खालीपन

बीसवीं सदी में अस्तित्व संबंधी खालीपन का प्रभाव बहुत बढ़ गया है। हम इसे आसानी से समझ सकते हैं। यह मनुष्य को हुई दोहरी हानि के कारण है, जो उसे सही मायनों में इंसान बनने के बाद उठानी पड़ी है। अपने इतिहास के आरंभ में मनुष्य ने अपनी ऐसी पशु समान अंतःप्रेरणा को खो दिया, जिसमें पशु का व्यवहार पिरोया गया है और जिसके कारण पशु स्वयं को सुरक्षित महसूस करता था। यह अंतःप्रेरणा खो देने के कारण, मनुष्य के लिए, वह सुरक्षा किसी स्वर्ग के द्वार की तरह, हमेशा के लिए बंद हो गई। अब मनुष्य को अपने लिए चुनाव करने पड़ते हैं। इसके अलावा दूसरी हानि मनुष्य को हालिया विकास के कारण हुई है। जिसके कारण मनुष्य को बहुत कुछ सहन करना पड़ा है। दरअसल उसके व्यवहार को दिशा देनेवाली परंपराएँ तेज़ी से समाप्त हो

रही हैं। अब उसकी अंतःप्रेरणा उसे यह नहीं बताती कि उसे क्या करना होगा और न ही कोई परंपरा यह बताती कि उसे क्या करना चाहिए। कई बार तो वह खुद यह तक नहीं जान पाता कि वास्तव में उसे क्या करना चाहिए। इसलिए वह कुछ ऐसा करने लगता है जो बाकी लोग कर रहे होते हैं या फिर वह कुछ ऐसा करने की चाहता रखता है, जो बाकी लोग उसे करते हुए देखना चाहते हैं।

हाल ही में हुए सर्वेक्षण से पता चला कि मेरे यूरोपियन छात्रों में से 25 प्रतिशत के भीतर अस्तित्व संबंधी खालीपन है। जबकि मेरे अमेरिकी छात्रों में यह प्रतिशत 60 तक पहुँच गया।

यह अस्तित्व संबंधी खालीपन आज-कल ऊब (बोरियत) के रूप में सामने आ रहा है। अब हम शॉपेनहावर की इस बात को समझ सकते हैं, 'ऐसा कहा जाता है कि मनुष्य जाति अनंत रूप से दुःख व नीरसता की दो अतियों के बीच झूलते रहने के लिए शापित है।' दरअसल अब नीरसता इसका एक बड़ा कारण बनती जा रही है और निश्चित ही मनोचिकित्सकों के सामने एक बड़ी समस्या बनकर उभरी है। ये समस्याएँ दिन-ब-दिन बढ़ती ही जाएँगी क्योंकि एक औसत कर्मचारी के जीवन में काम के बाद खाली समय की संख्या बढ़ रही है। उसके बहुत से काम मशीनों से पूरे होने के कारण उसके पास काफी समय बच जाता है। कितने अफसोस की बात है कि अधिकतर लोग यह नहीं जानते कि उन्हें यह जो अतिरिक्त समय मिलता है, उसमें उन्हें क्या करना चाहिए।

मिसाल के लिए, हम 'संडे न्यूरोसिस' की बात करते हैं। यह एक तरह की उदासीनता है, जो उन लोगों पर अपना असर दिखाती है, जो अपनी भागदौड़भरी ज़िंदगी से कुछ पल खाली पाते ही, अपने भीतर के सूनेपन और खालीपन से घिर जाते हैं। इसी अस्तित्व संबंधी खालीपन या अधूरेपन के कारण ही आत्महत्या के भी बहुत से मामले सामने आते रहते हैं। जब तक हम निराशाजनक, आक्रमक और हानिकारक लतों के पीछे छिपी अस्तित्व संबंधी खालीपन को नहीं पहचानेंगे, तब तक इनसे ग्रस्त लोगों को भी सही मायनों में नहीं समझ पाएँगे। पेन्शन भोगियों व

बुज़ुर्गों के मामले में भी यही बात लागू होती है।

इसके अलावा, अस्तित्व संबंधी खालीपन कई तरह के मुखौटों व नकाबों के साथ भी सामने आता है। कई बार अर्थ पाने की निराश इच्छा, अपनी पूर्ति के लिए शक्ति हासिल करने की इच्छा में भी बदल जाती है। इसमें शक्ति पाने की इच्छा का सबसे आरंभिक स्वरूप यानी धन पाने की इच्छा भी शामिल है। कुछ मामलों में अर्थ पाने की निराश इच्छा, स्वयं को सुख पाने की इच्छा के रूप में प्रकट करने लगती है। यही कारण है कि लोग अस्तित्व संबंधी खालीपन की पूर्ति काम-वासना संबंधी गतिविधियों से करना चाहते हैं। ऐसे मामलों में देखा जाता है कि अस्तित्व संबंधी खालीपन के दौरान काम-वासना भी बढ़ जाती है।

मनोरोगियों के मामलों में तो कई दूसरी तरह की घटनाएँ भी सामने आती हैं। इससे जुड़े कई दुश्चक्र भी हैं, जिनके बारे में मैं आगे बात करूँगा। हालाँकि हम स्पष्ट देख सकते हैं कि अस्तित्व से जुड़ा यह खालीपन बढ़ता ही जाता है। अगर हम ऐसे रोगियों की मनोचिकित्सा करते हुए उन्हें लोगोथैरेपी नहीं देंगे, तो उनकी अवस्था में सुधार लाने में कामयाब नहीं हो सकते। अगर किसी रोगी के अस्तित्व से जुड़े शून्य को भर दिया जाए, तो आगे उसकी अवस्था को सँभाला जा सकता है। यहाँ यह बात साफ है कि केवल न्योजीनिक ही नहीं बल्कि अन्य मामलों में भी हमें लोगोथैरेपी की मदद लेनी चाहिए। कई बार तो यह न्यूरोसिस (तंत्रिका रोगों) में भी कारगर हो सकती है। यहाँ इस संदर्भ में मगडा बी. अरनॉल्ड के इस वक्तव्य को उचित ठहराया जा सकता है कि 'भले ही कोई भी थैरेपी हो, उसमें थोड़ी-बहुत लोगोथैरेपी होनी चाहिए, चाहे वह कितनी भी अमान्य क्यों न हो।'[2]

अब हमें इस बात पर विचार करना होगा कि अगर रोगी हमसे पूछता है कि उसके जीवन का अर्थ क्या है तो हम उसे क्या उत्तर देंगे।

---

[2]मैग्डा बी. अरनॉल्ड व जॉन ए गैसन, द ह्यूमन पर्सन, रोनाल्ड प्रेस न्यूयॉर्क, 1954, पृष्ठ 618

जीवन का अर्थ

मुझे संदेह है कि इस बारे में कोई भी डॉक्टर एक सटीक उत्तर दे सकेगा। **दरअसल हर मनुष्य के लिए उसके जीवन का अर्थ अलग–अलग होता है, जो हर दिन या घंटे के हिसाब से भी अलग–अलग हो सकता है।** यहाँ संपूर्ण जीवन के अर्थ से ज़्यादा यह बात मायने रखती है कि किसी एक क्षण विशेष में मनुष्य के जीवन का क्या अर्थ हो सकता है। अगर आप इस प्रश्न का कोई सामान्य सा उत्तर चाहते हैं, तो यह कुछ ऐसा ही होगा, मानो आप किसी शतरंज के खिलाड़ी से पूछें कि 'दुनिया में शतरंज की सबसे बेहतर चाल या दाँव कौन सा है?' किसी भी खेल में उसके मौजूदा हालात या सामने वाले खिलाड़ी के व्यक्तित्व को उपेक्षित करते हुए, कोई भी चाल अच्छी–बुरी या सबसे बेहतर नहीं हो सकती। मनुष्य के अस्तित्व पर भी यही बात लागू होती है। हमें जीवन के लिए समझ से परे वाले अर्थ की तलाश नहीं करनी चाहिए। **हर व्यक्ति के पास जीवन में कोई विशेष कार्य या मिशन होता है, जिसे वह पूरा करना चाहता है। उसे न तो बदला जा सकता है और न ही कोई दूसरा कार्य उसका स्थान ले सकता है।** इस तरह हर इंसान का काम उसके लिए अनूठा है और उसके पास उसे पूरा करने का अनूठा अवसर भी होता है।

जीवन की प्रत्येक परिस्थिति मनुष्य के सामने कोई न कोई चुनौती खड़ी करती है और उसे किसी न किसी समस्या का हल निकालना होता है। दरअसल जीवन के अर्थ के बारे में किया गया प्रश्न इससे विपरीत भी हो सकता है। अंततः मनुष्य को यह नहीं पूछना चाहिए कि उसके जीवन का लक्ष्य व अर्थ क्या है। बल्कि उसे समझना चाहिए कि जीवन का अर्थ जानने का काम उसका स्वयं का है। कुल मिलाकर, **ज़िंदगी हर मनुष्य से सवाल करती है और वह ज़िंदगी को इस सवाल का जवाब तभी दे सकता है, जब वह अपने जीवन के लिए जवाबदेह हो। एक ऐसा जीवन, जिसकी वह ज़िम्मेदारी ले सकता हो।** इस तरह यह कहना सही होगा कि लोगोथैरेपी ज़िम्मेदारी की भावना में ही, मनुष्य के अस्तित्व का सार देखती है।

20

अस्तित्व का सार

लोगोथैरेपी में विशेष रूप से इस जवाबदेही पर बल दिया जाता है। इसके अनुसार, आपको अपना जीवन ऐसे जीना है, मानो आपको दोबारा जीने का अवसर मिला हो...। मानो आप पहली बार गलत ढंग से खेल चुके हैं और अब आपको नए सिरे से खेलने का मौका दिया गया है। मेरा तो यही मानना है कि यह सोच इंसान को उसके जीवन की ज़िम्मेदारी लेने के लिए प्रेरित कर सकती है। साथ ही उसे यह कल्पना करने की आज़ादी भी दे सकती है कि उसका वर्तमान ही अतीत है और इस अतीत को अब भी बदला या सुधारा जा सकता है। बारीकियों पर गौर करने और सीमाओं को पहचानने में यह सोच सहयोगी होती है और आखिरकर वह यह तय कर पाता है कि वह अपने साथ तथा अपने जीवन के साथ क्या कर सकता है।

लोगोथैरेपी रोगी को उसके जीवन के प्रति जिम्मेदार बनाने की पूरी कोशिश करती है; इस तरह उस रोगी को यह समझने की पूरी आज़ादी दी जानी चाहिए कि वह स्वयं को किसके प्रति कितना व किस हद तक जिम्मेदार मानता है। यही वजह है कि लोगोथैरेपी देनेवाला चिकित्सक कभी भी दूसरे मनोचिकित्सकों की तरह अपने रोगी पर जीवन मूल्यों की अपनी समझ थोपने का लोभ नहीं रखता। क्योंकि लोगोथैरेपी देनेवाला चिकित्सक कभी भी रोगी को यह इजाज़त नहीं देगा कि वह खुद को परखने का दायित्व अपने चिकित्सक पर सौंप दे।

यही कारण है कि रोगी को स्वयं ही यह तय करना होता है कि वह अपने जीवन के प्रति जवाबदेह होते हुए किसके प्रति ज़िम्मेदार होना चाहेगा– समाज के या अपनी अंतरात्मा के? कुछ लोग ऐसे होते हैं, जो हाथ में दिए गए काम के आधार पर अपने जीवन की व्याख्या नहीं

करते। क्योंकि वे विश्लेषण करके यह भी देखना चाहते हैं कि उन्हें वह कार्य किसके द्वारा सौंपा जा रहा है।

लोगोथैरेपी को आप किसी उपदेश या शिक्षा की श्रेणी में नहीं रख सकते। यह तर्क-वितर्क के साथ-साथ नैतिक उपदेश से भी परे है। यदि कुल मिलाकर आप इसका सार जानना चाहें तो लोगोथैरेपिस्ट की भूमिका की तुलना किसी पेंटर के बजाय नेत्ररोग विशेषज्ञ से कर सकते हैं। एक पेंटर हमें दुनिया की वह तस्वीर दिखाना चाहता है; जैसी उसे खुद दिखाई देती है, जबकि नेत्ररोग विशेषज्ञ हमें संसार को उसी रूप में दिखाना चाहता है, जैसा कि वह वास्तव में है। लोगोथैरेपिस्ट किसी रोगी के देखने की सीमा का विस्तार करता है ताकि उसके सामने जो भी संभावित अर्थ है, वह अपनी पूरी संभावना के साथ उसके सामने आ जाए और उसे साफ-साफ दिखाई देने लगे।

मनुष्य एक जिम्मेदार प्राणी है और उसे अपने जीवन के संभावित अर्थ को पूरा करना ही चाहिए। इस घोषणा के साथ ही, मैं इस बात पर भी बल देना चाहूँगा कि मनुष्य को अपने भीतर या अपने मन के बजाय, संसार में ही जीवन के सच्चे अर्थ की तलाश करनी चाहिए। मैंने इस लक्षण को 'मानव अस्तित्व की स्व-उत्कृष्टता' (द सेल्फ ट्रान्सेंडेन्स ऑफ ह्यूमन एग्सिस्टेंस) का नाम दिया है। यह इस तथ्य की ओर इशारा करती है कि मनुष्य सदा खुद के बजाय किसी दूसरे व्यक्ति या दिशा की ओर केंद्रित होता है - चाहे उसे कोई लक्ष्य पूरा करना हो या किसी दूसरे व्यक्ति का सामना करना हो। मनुष्य स्वयं को कोई ध्येय देकर या किसी दूसरे मनुष्य से प्रेम करके स्वयं से जितना परे जाता है, वह उतना ही अधिक मानवीय बनता जाता है और स्वयं को जानने लगता है। हम जिसे स्वयं को जानना कहते हैं, दरअसल वह कोई ऐसा लक्ष्य नहीं है, जिसे हासिल किया जा सके क्योंकि उसे पाने का जितना अधिक प्रयास किया जाएगा, वह मनुष्य से उतना ही दूर होता जाएगा। दूसरे शब्दों में, स्वयं को जानना सिर्फ स्व-उत्कृष्टता की प्रक्रिया से पड़नेवाला एक प्रभाव है।

इस तरह हम देख सकते हैं कि **जीवन का अर्थ निरंतर बदलता ही**

रहता है, लेकिन कभी समाप्त नहीं होता। लोगोथैरेपी के अनुसार, हम जीवन के अर्थ की तलाश तीन प्रकार से कर सकते हैं :-

1. कोई सृजन या सेवा का कार्य करते हुए; 2. कोई अनुभव लेते हुए या किसी का सामना करते हुए; 3. अटल दुःख के समय, हम जो प्रतिक्रिया देते हैं।

पहला तरीका यानी कार्य की उपलब्धि का तरीका, यह पूरी तरह से स्पष्ट है। दूसरे और तीसरे तरीकों पर हमें विस्तार से चर्चा करनी होगी।

जीवन में अर्थ पाने का दूसरा तरीका, किसी अनुभव से जुड़ा है जैसे अच्छाई, सच्चाई या सुंदरता। जैसे कुदरत और संस्कृति का अनुभव या फिर किसी दूसरे इंसान को उसके पूरे अनूठेपन के साथ अनुभव करना यानी उससे प्रेम करना।

प्रेम का अर्थ

प्रेम ही एकमात्र ऐसा माध्यम है, जो हमें किसी दूसरे इंसान के भीतरी व्यक्तित्व तक ले जाता है। जब तक आप सामनेवाले व्यक्ति से प्रेम नहीं करते, तब तक उसके दिल की गहराइयों के पार नहीं उतर सकते। इंसान अपने प्रेम के बल पर ही अपने प्रियतम की खूबियों व गुणों को जान पाता है और इतना ही नहीं, वह उसमें छिपी उन संभावनाओं को भी जान लेता है, जो अभी तक प्रकट नहीं हो सकी हैं। **मनुष्य अपने प्रियतम को यह यकीन दिला सकता है कि वह क्या है और उसे क्या होना चाहिए। इस तरह वह उसकी संभावनाओं को साकार करने में अपनी ओर से अहम भूमिका निभाता है।**

लोगोथैरेपी में, प्रेम को केवल काम-वासना संबंधी प्रवृत्तियों व आवेगों का निर्माता ही नहीं माना जाता।[3] प्रेम भी सेक्स की तरह ही एक प्रमुख कारक है। सामान्य रूप से, सेक्स को प्रेम प्रकट करने का एक साधन माना जाता है। यदि सेक्स प्रेम व्यक्त करने का साधन बने, तो ही इसे जायज़ ठहराया जाता है व पवित्र भी मान लिया जाता है। प्रेम

---

[3]एक ऐसा तथ्य, जो आरंभिक तथ्य के नतीजे के तौर पर सामने आता है।

को केवल सेक्स के प्रभाव के तौर पर नहीं लेना चाहिए। सेक्स तो उसे व्यक्त करने का एक ऐसा माध्यम है, जो दो लोगों के अनंत मिलन का अनुभव बनता है, जिसे हम प्रेम कहते हैं। जीवन में अर्थ पाने का तीसरा तरीका दुःख व कष्ट से होकर गुज़रता है।

पीड़ा का अर्थ

भले ही हम जीवन में कितनी भी असहाय स्थिति का सामना क्यों न कर रहे हों या किसी ऐसी नियति को झेल रहे हों, जिसे बदलना नामुमकिन लग रहा हो, लेकिन हमें यह नहीं भूलना चाहिए कि ऐसे समय में भी हम जीवन का अर्थ ढूँढ़ सकते हैं। बल्कि ऐसे समय में तो अद्‌भुत मानवीय संभावना व प्रतिभा का साक्षी बनना और अधिक मायने रखता है। यह मानवीय संभावना व प्रतिभा ही एक निजी शोक में किए गए नाटक को, जीत में... किसी के कष्ट या विपदा को, उपलब्धि में बदल देती है। जब हम किसी हालात को बदलने की स्थिति में नहीं होते, उसी समय हमें अपने आपको बदलने की चुनौती मिलती है। कैन्सर जैसा कोई असाध्य रोग, जिसका उपचार नहीं हो सकता, इसी चुनौती का एक उदाहरण है।

मैं यहाँ एक स्पष्ट उदाहरण देना चाहूँगा – एक बार एक अधेड़ चिकित्सक ने अपनी उदासी से निजात पाने के लिए मुझसे सलाह माँगी। वह दो साल पहले अपनी पत्नी के निधन से पैदा हुए वियोग को सह नहीं पा रहा था। वह अपनी पत्नी को बहुत चाहता था। अब ऐसे में मैं उसकी क्या सहायता कर सकता था? मुझे उसे किन शब्दों में दिलासा देना चाहिए? खैर, मैंने उसे दिलासा देने के बजाय सीधा सवाल पूछा, 'डॉक्टर, अगर आपकी पत्नी के स्थान पर आपका निधन हो गया होता और आपकी पत्नी को आपके बिना जीवित रहना पड़ता, तो?' उन्होंने कहा, 'ओह! उसके लिए तो यह सब सहन करना और भी कठिन होता। वह यह सब कैसे सहती!' तब मैंने कहा, 'देखा, डॉक्टर! उसे इस कष्ट से आपने ही बचाया है। आज आप उसे याद करते हुए शोक मना रहे हैं और स्वयं कष्ट पा रहे हैं, पर अगर आपका निधन हुआ होता तो यह

सारी पीड़ा उसे भोगनी पड़ती।' उन्होंने एक भी शब्द नहीं कहा, मुझसे हाथ मिलाया और शांत भाव से ऑफिस से निकल गए। **जब पीड़ा को, उसके होने के मायने मिल जाते हैं, तो वह पीड़ा नहीं रह जाती। जैसे कुछ लोगों के लिए उस पीड़ा का अर्थ बलिदान भी हो सकता है।**

सच तो यह है कि सही मायनों में उन्हें कोई उपचार दिया ही नहीं गया क्योंकि उन्हें कोई रोग था ही नहीं। दूसरी बात यह है कि मैं उनके भाग्य को नहीं बदल सकता था। मैं उनकी पत्नी को इस धरती पर वापस नहीं ला सकता था, लेकिन उस एक क्षण में, मैं उस भाग्य के प्रति उनके नज़रिए को बदलने में कामयाब रहा, जिसे हम किसी भी कीमत पर बदल नहीं सकते थे। कम से कम उस क्षण के बाद उन्हें अपनी पीड़ा में एक अर्थ दिखाई देने लगा। यह लोगोथैरेपी के प्रमुख नियमों में से एक है कि **मनुष्य की प्रधान चिंता यह नहीं कि वह सुख प्राप्त करे या स्वयं को पीड़ा से दूर रखे। वह तो दरअसल अपने जीवन के लिए एक अर्थ पाना चाहता है।** यही कारण है कि मनुष्य पीड़ा व कष्ट झेलने को तैयार हो जाता है, बशर्ते वह पीड़ा उसके जीवन को कोई अर्थ दे रही हो।

लेकिन यहाँ मैं यह बात भी स्पष्ट कर देना चाहता हूँ कि **जीवन का अर्थ पाने के लिए यह कतई आवश्यक नहीं कि आपके जीवन में दु:ख व कष्ट होना ही चाहिए।** मेरी बात का अर्थ सिर्फ यह है कि पीड़ा व कष्ट के दौरान भी आप जीवन का अर्थ पा सकते हैं। निश्चित रूप से वह पीड़ा ऐसी होनी चाहिए, जिससे आप किसी भी तरह अपना बचाव न कर सकते हों, उससे अछूते न रह सकते हों। अगर दुःख को दूर किया जा सकता हो, तो उस समय हमारे लिए उसका अर्थ यही हो सकता है कि हम उसके कारण को दूर करने का प्रयास करें, फिर चाहे वह मानसिक कारण हो, शारीरिक हो या फिर राजनीतिक। अगर आप बिना किसी कारण के ही कष्ट सह रहे हैं, तो आप कोई नायक नहीं, बल्कि अपने ही कष्ट से खुशी पानेवालों में से एक हैं।

जॉर्जिया विश्वविद्यालय की मनोचिकित्सक प्रोफेसर एडिथ वीसकॉफ जोलसन ने अपनी मृत्यु से पहले लोगोथैरेपी पर लिखे गए एक

आलेख में कहा, 'हमारा वर्तमान मानसिक आरोग्य (मेंटल-हाईजीन) दर्शन इस बात पर बल देता है कि लोगों को खुश रहना चाहिए। नाखुशी यह संकेत देती है कि उनके जीवन में कहीं अव्यवस्था है। यह इस तथ्य के लिए जवाबदेह है कि नाखुश होने की मायूसी के कारण ही ऐसी नाखुशी इतनी बढ़ जाती है कि उसे दूर नहीं किया जा सकता।'[4] एक दूसरे पत्र में उन्होंने यह उम्मीद जताई कि 'लोगोथैरेपी यू.एस. की वर्तमान संस्कृति में पनप रही उन प्रवृत्तियों पर रोक लगा सकती है, जो कोई असाध्य कष्ट सहनेवाले व्यक्ति को उसकी पीड़ा पर गर्व करने का अवसर नहीं देती और उसे प्रोत्साहित करने के स्थान पर इतना निरुत्साहित कर दिया जाता है कि वह न केवल नाखुश व उदास हो जाता है, बल्कि उसे अपने उदास होने पर शर्मिंदगी भी होने लगती है।[5]

कई बार ऐसे हालात बन जाते हैं, जिनके कारण इंसान को अपना काम करने या जीवन का आनंद प्राप्त करने के अवसर नहीं मिल पाते। लेकिन इस बात से कभी इनकार नहीं किया जा सकता कि अनपेक्षित पीड़ा को सहन करना ही होता है। **पूरी बहादुरी के साथ अपनी पीड़ा को सहन करने की चुनौती लेते ही, आपके जीवन को अंतिम क्षण तक के लिए अपना एक अर्थ मिल जाता है।** यह अर्थ सही मायनों में मनुष्य के अंतिम क्षण तक बना रहता है। दूसरे शब्दों में, जीवन का अर्थ किसी भी शर्त से परे है, क्योंकि इसमें उस पीड़ा की संभावना भी शामिल है, जिसके बारे में हमने कभी सोचा तक नहीं होता।

अब मैं आपको अपने यातना शिविर के एक गहन अनुभव के बारे में बताता हूँ। उस कैंप में अट्ठाईस लोगों में से सिर्फ एक व्यक्ति के जीवित रहने की संभावना थी। इस संभावना को आँकड़ों के माध्यम से भी जाँचा जा सकता है। मैं अपनी पहली पुस्तक की जिस पाण्डुलिपि को ऑश्विज़ तक अपने कोट में सँभालकर ले गया था, उसके वापिस

---

[4]'सम कमेन्ट्स ऑन ए विनेसे स्कूल ऑफ साइकाईट्री,' द जर्नल ऑफ एबनॉर्मल एंड सोश्यल साइकोलॉजी, 51 (1955), पृष्ठ 701-3

[5]'लोगोथैरेपी एंड एग्ज़िसटेन्शियल एनालिसिस' एक्टा साइकोथैराप्यूटिका, 193-204

मिलने की संभावना तो कतई नहीं थी। यह पुस्तक मेरी मानसिक संतान थी और मुझे उससे बिछड़ने का वियोग झेलना था। अब मुझे ऐसा लगता है कि उस कैंप में कोई भी वस्तु या व्यक्ति मुझे जिंदा नहीं बचा सकती थी, फिर भले ही वह मेरी भौतिक संतान हो या मानसिक! इसलिए मैं स्वयं इस प्रश्न में उलझा हुआ हूँ कि क्या सचमुच उन हालात में मेरे जीवन में कोई अर्थ नहीं बचा था?

मुझे अभी तक इस बात का एहसास नहीं हुआ था कि जिस प्रश्न का उत्तर पाने के लिए मैं दीवानों की तरह जूझ रहा था, वह मेरे लिए पहले से ही मौजूद था और बहुत जल्द मेरे सामने प्रस्तुत होने वाला था। उस समय मुझे अपने सारे कपड़े उतारने थे और उसके बदले में एक ऐसे कैंप निवासी के घिसे-पिटे पुराने कपड़े पहनने थे, जिसे ऑश्विज़ रेल्वे स्टेशन से, सीधा मौत को गले लगाने के लिए गैस चैंबर में भेज दिया गया था। मेरी कई पन्नों वाली पाण्डुलिपि छीन ली गई। इसके बदले में, मुझे उस पुराने कोट की जेब से किसी प्रार्थना की पुस्तक का एक फटा हुआ पन्ना मिला, जिस पर हिब्रू भाषा में लिखा था 'Shema Yisrael', यह सबसे महत्वपूर्ण यहूदी प्रार्थना थी। आखिर मुझे इस संयोग का वर्णन कैसे करना चाहिए! एक तरह से वहाँ मुझे यह चुनौती दी जा रही थी कि मुझे अपने विचारों को केवल पन्ने पर लिखने के बजाय, उनके साथ ही जीना होगा।

मुझे याद है कि कुछ ही समय बाद ऐसा लगने लगा जैसे मैं ज़्यादा दिनों तक जीवित नहीं रह सकूँगा। ऐसे कठिन हालात में, मेरी चिंता, मेरे बाकी साथियों की चिंता से कहीं अलग थी। उनका सवाल था, 'क्या हम इस कैंप से जीवित वापस लौटेंगे?' क्योंकि अगर ऐसा न होता तो वह सारी पीड़ा अपने मायने ही खो देती। मेरे मन में बार-बार सवाल आता था, 'क्या यह सारी पीड़ा, हमारे आसपास दिखती इस मृत्यु का कोई मकसद है? यदि नहीं, तो अंततः हमारे बचने का कोई अर्थ ही नहीं है। एक ऐसा जीवन, जिसका अर्थ ऐसे दोराहे पर खड़ा हो, जहाँ कोई बचे या नहीं, लेकिन कुल मिलाकर वह जीने के लायक तो नहीं होता।'

21

मेटा-क्लीनिकल समस्याएँ

आजकल मनोचिकित्सकों के पास ऐसे रोगियों की संख्या बढ़ती जा रही है, जो किसी मानसिक रोग के बजाय अपनी मानवीय समस्याओं के समाधान पाने हेतू उनके पास आ रहे हैं। उनमें से कुछ लोग ऐसे भी हैं, जो आज भले ही मनोचिकित्सक से भेंट कर रहे हैं, लेकिन इसके पहले वे किसी पादरी, पुजारी या रब्बी की मदद लेते रहे होंगे। अब वे किसी ऐसे व्यक्ति के हाथों स्वयं को सौंपने के बजाय डॉक्टर के पास आना पसंद करते हैं और उससे सवाल करते हैं, 'मेरे जीवन का अर्थ क्या है?'

एक लोगोड्रामा

मैं आपको एक उदाहरण देना चाहूँगा : एक बार, मेरे अस्पताल विभाग में आत्महत्या का प्रयत्न करनेवाली एक महिला को भर्ती किया गया। उसके ग्यारह साल के बेटे की मौत हो गई थी। डॉक्टर कट कोकोरेक ने उसे एक उपचार दल में शामिल होने का न्यौता दिया और अचानक ही मैं उस कक्ष में जा पहुँचा, जहाँ डॉक्टर कट एक साइकोड्रामा संचालित कर रहे थे। वह अपनी कहानी सुना रही थी, जब उसके बेटे की मौत हुई, तो वह अपने दूसरे बेटे के साथ अकेली रह गई, जो अपाहिज था। उस बेचारे लड़के को हमेशा पहियाकुर्सी की मदद लेनी पड़ती थी। हालाँकि माँ ने अपनी किस्मत के खिलाफ विरोध करना शुरू कर दिया, लेकिन जब उसने अपने अपाहिज बेटे सहित आत्महत्या करनी चाही तो उस बेटे ने उसे ऐसा करने से रोक दिया और दोनों की जान बचा ली; उस बेटे को जीवन से प्यार था। उसके लिए जीवन अब भी सार्थक था। लेकिन उसकी माँ को जीवन में कोई अर्थ क्यों नहीं दिख रहा था? उस औरत को अपने जीवन का अर्थ कैसे समझ आया और

हम किस तरह उसे इस विषय में सचेत करने में कामयाब हो सके?

मैंने भी इस समूह में हिस्सा लिया और उसमें शामिल दूसरी औरतों से सवाल किए। जब मैंने उनमें से एक औरत से उसकी आयु पूछी तो उसने बताया कि वह तीस साल की थी। मैंने कहा, 'नहीं, तुम तीस साल की नहीं, बल्कि अस्सी साल की हो और अपनी अंतिम साँसें ले रही हो। और अब तुम मुड़कर अपने जीवन पर एक नज़र डालो, एक ऐसा जीवन जिसमें कोई संतान नहीं थी, लेकिन आर्थिक सफलता व सामाजिक प्रतिष्ठा भरपूर थी।' फिर मैंने उससे पूछा, 'ऐसी स्थिति में आप क्या करेंगी और इस बारे में अपने आप से क्या कहेंगी?' उस सत्र के दौरान एक टेप में उसकी बात रिकॉर्ड की गई थी। मैं चाहूँगा कि आप उसी के शब्दों में जानें कि उसने क्या जवाब दिया।

'अरे! मैंने एक पैसेवाले आदमी से शादी की। मेरा जीवन धन-संपदा से भरपूर रहा है और मैंने इसे भरपूर जीया है। मैंने पुरुषों को लुभाया, उनके साथ जी भरकर शरारतें कीं। अब मैं अस्सी साल की हूँ; मेरी अपनी कोई संतान नहीं है। एक बूढ़ी औरत के रूप में, जब मैं पीछे मुड़कर देखती हूँ तो यही लगता है कि वह सब किसलिए था; दरअसल मैं यही कहना चाहती हूँ कि मेरा पूरा जीवन नाकामयाब रहा!'

इसके बाद मैंने उस अपाहिज लड़के की माँ को बुलाया और कहा कि वह भी उन्हीं हालात में अपनी कल्पना करे। उसका बयान भी टेप में दर्ज हुआ कि 'मैं अपने लिए संतान चाहती थी और ईश्वर ने मेरी यह इच्छा पूरी की। मेरा एक बेटा मारा गया और अगर मैंने अपने दूसरे अपाहिज बेटे की देखरेख का जिम्मा न लिया होता तो शायद उसे भी किसी संस्था में भेज दिया गया होता। भले ही वह अपाहिज है, पर वह मेरी संतान है। मैंने उसके लिए जीवन को भरपूर बनाने का हर संभव प्रयास किया है; मैंने अपने बेटे को एक नेक इंसान बनाने की कोशिश की है।' यह कहते ही उसकी आँखें छलछला उठीं और उसने रोते-रोते अपनी बात पूरी करते हुए कहा, 'जहाँ तक मेरा सवाल है, मैं पूरी शांति के साथ अपने बीते हुए जीवन को देख सकती हूँ, क्योंकि मैं कह सकती

हूँ कि मेरा जीवन सार्थक रहा और मैंने अपने जीवन का अर्थ निभाने की भरपूर कोशिश की है; मैंने अपनी ओर से कोई कमी नहीं रखी। मैंने अपने बेटे के लिए सब कुछ बेहतरीन ही किया है। मेरा पूरा जीवन कामयाब रहा है।'

आप देख सकते हैं कि एक मरणासन्न महिला के रूप में अपने जीवन की कल्पना करते ही मानो उसने अपने जीवन का खोया हुआ अर्थ पा लिया, एक ऐसा अर्थ जिसमें उसके जीवन की सारी पीड़ा भी शामिल थी। उसी समय यह भी पूरी तरह से स्पष्ट हो गया कि भले ही उसके बेटे ने केवल ग्यारह साल का ही जीवन जीया था, लेकिन वह भी प्रेम और आनंद से इतना भरपूर हो सकता था, जो किसी अस्सी साल की अवधि वाले जीवन से कहीं अधिक सार्थक व अर्थवान होता।

इसके बाद, मैंने एक और प्रश्न पूछा और इस बार मैं पूरे दल को संबोधित कर रहा था। मैंने पूछा कि ''जिस बंदर को पोलियोमाइलाइटिस (चलने-फिरने की क्षमता समाप्त करने वाला संक्रामक रोग) सिरम विकसित करने के लिए बार-बार सुई का दर्द सहन करना पड़ रहा हो, क्या वह कभी उस पीड़ा में छिपे अर्थ को पहचान सकेगा?'' सारे दल ने एक स्वर में कहा कि ''**बंदर को यह नहीं पता है कि वह चल सकेगा; वह अपनी सीमित बुद्धि के कारण मनुष्यों की सोच तक नहीं पहुँच सकता। केवल मनुष्य ही है, जो अपनी पीड़ा या कष्ट में छिपे अर्थ को भी जान सकता है।**'' फिर मैंने एक और प्रश्न के माध्यम से बात को आगे बढ़ाया, ''मनुष्य के बारे में क्या कहेंगे? क्या आपको पूरा यकीन है कि मनुष्यों का संसार ब्रह्माण्ड के उद्‌भव का अंतिम बिंदु है? क्या यह नहीं माना जा सकता कि अभी और भी ऐसे आयाम हैं। यानी मनुष्य के संसार से परे, एक ऐसा संसार, जिसमें अंततः मनुष्य की पीड़ा के अर्थ से जुड़े प्रश्न का उत्तर मिल जाए?''

उत्तम अर्थ

यह अंतिम अर्थ, अनिवार्य रूप से मनुष्य की सीमित बौद्धिक क्षमता से परे है। हम लोगोथैरेपी में एक उत्तम अर्थ के बारे में बात करते

हैं। दरअसल मनुष्य नहीं चाहता कि उसे किसी दार्शनिक की ओर से उपदेश सुनने को मिले ताकि वह उसके जीवन की अर्थहीनता को वह जारी रख सके। उसे तो कोई ऐसा चाहिए, जो उसे उसके जीवन के अर्थ की ओर ले जा सके और उस ओर जाने का साहस दे सके। *लोगोज़ (logos)* शब्द, तर्क से कहीं गहरा है।

जो चिकित्सक उत्तम अर्थ से भी परे जाता है, उसे देर–सवेर अपने रोगियों के आगे लज्जित होना ही होगा, जैसा कि मेरे साथ हुआ, जब मेरी छह वर्षीय बेटी ने मुझसे एक सवाल पूछ लिया, 'हम गुड लॉर्ड (दयालु प्रभु) क्यों बोलते हैं?' मैंने उत्तर दिया, 'कुछ सप्ताह पहले तुम्हें खसरा हो गया था, तब उन्होंने ही तो तुम्हें ठीक किया था।' नन्ही बच्ची मेरे उत्तर से संतुष्ट नहीं हुई और बोली, 'पर डैडी, प्लीज़ आपको यह नहीं भूलना चाहिए कि उन्होंने ही तो मुझे रोगी बनाया था।'

हालाँकि, जब कोई रोगी किसी धार्मिक धारणा से जुड़ा होता है, तो आप इस पर आपत्ति नहीं कर सकते कि वह अपने धार्मिक विश्वास तथा आध्यात्मिक साधनों के बल पर उपचारात्मक लाभ पाएगा। ऐसा करने के लिए, कई बार मनोचिकित्सक को, रोगी की जगह स्वयं को रखकर देखना होता है। मिसाल के तौर पर, मैंने भी एक बार ऐसा ही किया था। मेरे पास पूर्वी यूरोप से एक रब्बी आया और उसने अपनी कहानी सुनाई। उसने ऑश्विज़ के यातना शिविर में अपनी पत्नी व छह बच्चों को खो दिया था। उन सबको गैस चैंबर के हवाले कर दिया गया था और अब उसे पता चला कि उसकी दूसरी पत्नी को भी बाँझ थी। मैंने पाया कि **संतान उत्पत्ति ही जीवन का एकमात्र अर्थ नहीं, अन्यथा यह पूरा जीवन ही निरर्थक होता और जो अपने आप में निरर्थक हो, उसे आप केवल उसकी निरंतरता के कारण अर्थवान तो नहीं कह सकते।** हालाँकि, रब्बी अपनी पीड़ा को एक कट्टर यहूदी के रूप में देख रहा था, जिसके पास एक पुत्र तक नहीं था, जो उसके अंतिम समय में उसके लिए कदिश[6] कह सके।

---

[6]मृतक के लिए की जानेवाली प्रार्थना

पर मैं भी इतनी जल्दी हताश होनेवालों में से नहीं था। मैंने उससे पूछा कि क्या वह अपने मरने के बाद, बच्चों से स्वर्ग में मिलने की इच्छा नहीं रखता? हालाँकि यह सुनते ही उसके आँसू बहने लगे और अब उसके दु:ख का असली कारण मेरे सामने आ गया : उसने कहा कि उसके बच्चे तो मासूम शहीद[7] थे, जिन्हें निश्चित ही स्वर्ग में जगह मिलेगी। लेकिन वह अपने विषय में निश्चित तौर पर कुछ नहीं कह सकता था, क्योंकि वह स्वयं को एक बूढ़ा पापी मानता था। उसे संदेह था कि उसे स्वर्ग में जगह मिलेगी या नहीं। मैंने भी हिम्मत नहीं हारी और आगे कहा, 'रब्बी! तुम्हें ऐसा नहीं सोचना चाहिए। दरअसल बच्चों के जाने के बाद तुम्हारे जीवित रहने का यही अर्थ था कि तुम पीड़ा से भरे इन वर्षों के दौरान पवित्र हो जाओ और अपने पापों से मुक्ति पा लो। हालाँकि आखिर में तुम अपने बच्चों की तरह निर्दोषों की गिनती में तो नहीं आ पाओगे, लेकिन इतना तो माना ही जा सकता है कि संभवत: तुम्हें स्वर्ग में उनके आसपास ही कहीं जगह मिल जाए। क्या धर्मग्रंथ में यह नहीं लिखा कि ईश्वर ही तुम्हारे सभी आँसुओं का संरक्षक है?[8] इसलिए हो सकता है कि तुम्हारी यह पीड़ा भी व्यर्थ न जाए।' मेरी बात सुनकर उसे कई सालों के बाद, पहली बार एक नया नज़रिया मिला और अपनी पीड़ा व कष्ट से राहत महसूस हुई। अब उसे अपने जीवन के लिए एक नई सोच मिल गई थी और एक नया द्वार उसके सामने था, जो मैं उसके लिए खोलने में कामयाब रहा।

जीवन की नश्वरता

जो चीज़ें जीवन से उसका अर्थ छीन लेती हैं, उनमें न केवल पीड़ा, बल्कि मृत्यु भी शामिल है। मैं तो यह कहते हुए कभी नहीं हिचकिचाता कि केवल वर्तमान के क्षणिक पहलुओं में ही सारी संभावनाएँ होती हैं।

---

[7]ईश्वर के नाम से किया जानेवाला पवित्रीकरण

[8]आपके पास मेरी पीड़ा का हिसाब है; मेरे आँसुओं को अपने पास जमा कर लें। क्या वे आपके पास दर्ज नहीं हैं। (पी.एस. 56, 8)

ज्यों ही वे मूर्त रूप में सामने आते हैं, तो वास्तविकता का चोला पहन लेते हैं; उन्हें सुरक्षित करके अतीत की ओर भेज दिया जाता है, जहाँ जाकर वे नश्वरता से मुक्त हो जाते हैं।

इस प्रकार हमारे अस्तित्व की नश्वरता इसे अर्थहीन नहीं बनाती, लेकिन यह हमें ज़िम्मेदार अवश्य बनाती है। ताकि हम अनिवार्य रूप से अपनी सभी अस्थायी संभावनाओं को साकार कर सकें। मनुष्य निरंतर यह चुनाव करता रहता है कि उसकी वर्तमान संभावनाओं में से कौन अवास्तविक हैं और किन्हें वह साकार रूप दिया जा सकता है? मेरा कौन सा चुनाव, हमेशा के लिए, समय की रेत पर गहरे व कभी न मिटनेवाले पदचिन्ह के रूप में अंकित किया गया होगा? किसी भी क्षण में, चाहे वह अच्छा हो या बुरा, मनुष्य को यह निर्णय अवश्य लेना चाहिए कि उसके अस्तित्व को किस बात के लिए याद किया जाएगा?

प्राय: मनुष्य अपनी नश्वरता को ही ध्यान में रखता है और अतीत के उस खज़ाने को नज़रअंदाज़ कर देता है, जिसमें उसने जाने कितने कर्मों, पीड़ाओं व खुशियों को दफन कर रखा है। कुछ भी ऐसा नहीं है, जिसे मिटाया जा सके और कुछ भी ऐसा नहीं है, जिसे पूरा किया जा सके। मैं तो यही कहना चाहूँगा कि सिर्फ़ इंसान का होना ही अस्तित्व का सबसे निश्चित प्रकार है।

लोगोथैरेपी, मनुष्य के अस्तित्व की अनिवार्य नश्वरता को ध्यान में तो रखती है, लेकिन यह निराशावादी नहीं, बल्कि सक्रियतावादी है। इस बात को समझाने के लिए मैं आपको एक उदाहरण देता हूँ : **निराशावादी आदमी अपनी दीवार पर लगे उस कैलेंडर को भय और उदासी के साथ देखता है, जो दिन-ब-दिन पन्ने फाड़े जाने के कारण पतला होता जा रहा है और उम्र बीतने का प्रतीक है।** वहीं दूसरी ओर, **जीवन की समस्याओं पर सक्रिय रूप से धावा बोलनेवाला व्यक्ति, अपनी दीवार पर लगे कैंलेडर के पुराने पन्ने फाड़ता है। लेकिन वह उनके पीछे अपने अनुभव से जुड़े कुछ नोट्स लिखकर उन्हें कहीं सँभालकर रख देता है।** वह उन सभी नोट्स को बड़े ही आनंद व गर्व से देख सकता है और उन दिनों को बहुत ही लगाव से याद कर

सकता है, जिन्हें वह भरपूर जी चुका है। क्या उसके लिए यह बात मायने रखेगी कि अब वह बूढ़ा होता जा रहा है? क्या उसे युवाओं को देखकर जलन महसूस होगी या वह उन्हें देखकर अपनी बीती हुई युवावस्था के लिए सिर पीटेगा? दरअसल उसके पास ऐसा कोई कारण नहीं कि उसे दूसरों की युवावस्था देखकर ईर्ष्या हो। उसे यह सोचकर जलन नहीं होगी कि किसी युवा के पास भविष्य की असीम संभावनाएँ हैं। वह कहेगा, 'धन्यवाद! मेरे पास संभावनाएँ नहीं बल्कि अतीत से जुड़ी वास्तविकताएँ हैं। मेरे पास उन कार्यों की विरासत है, जिन्हें मैं जीवनभर करता रहा। इसके साथ ही मैंने प्रेम के साथ-साथ अपनी पीड़ा को भी पूरी बहादुरी से जीता है।' इंसान की इन पीड़ाओं पर मुझे गर्व है। हालाँकि ये सब ऐसी चीज़ें हैं, जो किसी के लिए ईर्ष्या का विषय नहीं हो सकतीं।

22

लोगोथैरेपी एक तकनीक के रूप में

किसी वास्तविक भय, जैसे मौत से जुड़े भय को आप साइकोडाइनैमिक (मानसिक सक्रियता के) विश्लेषण से दूर नहीं कर सकते। वहीं दूसरी ओर, एगोराफोबिया (खुले व सार्वजनिक स्थानों के प्रति भय) जैसा कोई न्यूरॉटिक (तंत्रिका रोग संबंधी) भय को केवल दार्शनिक की बातों से ठीक नहीं किया जा सकता। हालाँकि, लोगोथैरेपी में ऐसे मामलों के उपचार के लिए विशेष तकनीक विकसित की गई है। जब भी यह तकनीक प्रयोग में लाई जाती है, तो हम पूरी बात को समझने के लिए एक ऐसी अवस्था को आरंभ बिंदु के रूप में लेते हैं, जो प्राय: मानसिक रोगी में पाई जाती है। इसे 'प्रारंभिक अशांति/भय (एंटीसिपेटरी एंग्जाइटी)' कहते हैं। इसमें वही भय उत्पन्न किया जाता है, जिससे रोगी भयभीत होता है। मिसाल के लिए, एक शर्मीले व्यक्ति को एक बड़े से कक्ष में कई सारे लोगों का सामना करने को कहा जाए तो वह और अधिक संकोच व शर्म का अनुभव करेगा। इस संदर्भ में 'इच्छा ही विचार की जनक है,' इस कहावत को संशोधित करके कहा जा सकता है कि 'भय ही हर प्रसंग की जननी है।'

यह विडंबना ही है कि इंसान का डर उसके सामने उस चीज़ को लाकर खड़ा का देता है, जिससे वह भयभीत होता है। ठीक इसी तरह जो काम मजबूरी में किए जाते हैं, वे हमारे मज़बूत इरादों में रुकावट बनते हैं। प्राय: ऐसा सेक्सुअल न्यूरोसिस (यौन विक्षिप्तता) में पाया जाता है। प्रदर्शन करने की यह इच्छा यहाँ 'हाइपर-इंटेन्शन' (इच्छाओं की अति) कही जा सकती है। कोई पुरुष अपनी कामुक क्षमता का जितना अधिक प्रदर्शन करना चाहता है या कोई स्त्री चरम सुख का अनुभव पाने की जितनी योग्यता दर्शाना चाहती है, वे उतना ही कम कामयाब हो पाते हैं। सुख प्राप्ति की इच्छा को हमेशा एक बाय-प्रोडक्ट (उप-उत्पाद) ही रहना चाहिए। जितना इसे लक्ष्य बनाया जाता है, उतना वह आपके जीवन को खराब व नष्ट कर देता है।

लोगोथैरपी में हम 'इच्छाओं की अति' के साथ-साथ ध्यान पाने की अति या 'हाइपर-रिफ्लेक्शन' की भी चर्चा करते हैं, जो किसी रोग का कारण भी बन सकता है। आप एक डॉक्टरी रिपोर्ट से मेरी बात को विस्तार से समझ सकते हैं : एक नवयुवती मेरे पास शिकायत लेकर आई कि उसे संभोग से विरक्ति होने लगी है। उसकी केस हिस्ट्री से पता चला कि उसके पिता ने बचपन में उसका यौन शोषण किया था, हालाँकि यह साफ देखा जा सकता था कि संभोग से उसकी विरक्ति का कारण यौन शोषण का वह अनुभव नहीं था। उसके मामले की गहराई में जाने पर पता चला कि वह नियमित रूप से ऐसे मनोविश्लेषक आ-लेख पढ़ती रहती थी, जिनमें बताया गया था कि उसका यह दुःखदायी अनुभव आनेवाले समय में किन-किन रूपों में प्रकट हो सकता था। इसी आरंभिक अशांति के कारण वह बार-बार अपने नारीत्व को उग्र बना लेना चाहती थी और शारीरिक संबंध बनाने के दौरान अपने साथी के बजाय, खुद पर ही अधिक केंद्रित रहती थी।

यही कारण था कि वह संभोग के दौरान चरम सुख तक नहीं पहुँच पाती थी क्योंकि उसने अपनी चरम सीमा को ही अपना लक्ष्य बना लिया था और इसी इच्छा के चलते, अपने साथी के प्रति उसके समर्पण में अनजाने में ही कमी आ जाती। कुछ समय तक लोगोथैरेपी उपचार लेने के बाद, इस मरीज़ की चरम सुख पाने की उत्कट इच्छा से जुड़े अनुभव को 'डिरिफ्लेक्टिड' (एक और लोगोथैरेपी उपचार) किया गया। फिर उसका ध्यान उसके साथी की ओर केंद्रित किया गया। जिसके बाद उसके लिए शारीरिक संबंधों का पूरा आनंद पाना आसान हो गया।[9]

---

[9] यौन नपुंसकता के उपचार के लिए एक विशेष लोगोथैरेपी तकनीक विकसित की गई है, जो विक्टर ई. फ्रैंकल के हाइपर-इंटेन्शन व हाइपर-रिफ्लेक्शन के सिद्धांत पर आधारित है। 'द प्लेज़र प्रिन्सिपल एंड सेक्सुअल न्यूरोसिस', द इंटरनेशनल जर्नल ऑफ सेक्सोलॉजी, वाल्यूम 5, नंबर 3 (1952) पृष्ठ 128-30। बेशक लोगोथैरेपी के सिद्धांतों की इस संक्षिप्त प्रस्तुति में इस विषय को विस्तार से नहीं बताया जा सकता।

लोगोथैरेपी अपनी तकनीक पैराडॉक्सिकल इंटेन्शन (विरोधाभासी इच्छा) को दोहरे तथ्यों पर आधारित मानती है। इसमें मरीज़ के भय को बाहर लाया जाता है। मरीज़ के हाइपर-इंटेन्शन के चलते उसके लिए अपने मनचाहा कार्य करना असंभव हो जाता है। मैंने 1939 में जर्मन में 'पैराडॉक्सिकल इंटेन्शन' की व्याख्या की थी।[10] इस पहल के दौरान रोगी जिस डर का शिकार होता है, उसे एक पल के लिए उसी का विचार करने को कहा जाता है, जिससे उसे भय होता है।

मुझे एक केस याद आ रहा है। एक युवा चिकित्सक अधिक पसीना आने से परेशान था। उसने मुझसे सलाह ली। उसकी समस्या यह थी कि जब भी वह पसीने के बारे में सोचता तो अपने प्रारंभिक भय (एंटीसिपेटरी एंग्जाइटी) के कारण वह फौरन पसीने में नहा जाता था। इस चक्र को तोड़ने के लिए, मैंने उसे सलाह दी कि उसे किसी भी प्रदर्शन के दौरान, खुद से यह कहना होगा कि आज उसे अपने दर्शकों को दिखाना है कि उसे कितना पसीना आ सकता है। उसने एक सप्ताह बाद आकर रिपोर्ट दी कि जब भी वह किसी से मिलते वक्त प्रारंभिक भय महसूस करता तो वह स्वयं से कहता, 'अभी तो केवल एक चौथाई क्वार्ट पसीना ही आया है, मुझे कम से कम दस क्वार्ट पसीना बहाना चाहिए!' नतीजा यह रहा कि चार साल तक इस डर से पीड़ित रहने के बाद, वह पहले सत्र के बाद ही, मात्र एक सप्ताह की अवधि में ही इससे मुक्त होने में सफल रहा।

पाठक यहाँ ध्यान दें कि हमें केवल अपने रोगी के नज़रिए में बदलाव लाना होता है, उसके भय को एक विरोधाभासी इच्छा से बदलना होता है। इस उपचार में उसके मन का भय और उद्वेग शांत हो जाता है।

इस प्रक्रिया के दौरान मनुष्य को अपने अलगाव की योग्यता का

---

[10]विक्टर इ. फ्रैंकिल, "Zur medikamentösen Unterstützung der Psychotherapie bei Neurosen". Schweizer Archiv für Neurologie und Psychiatrie, Vol. 43, pp 26-31

प्रयोग करना होता है, जो उसके भीतर हास्यबोध के साथ छिपी होती है। जब कभी 'विरोधाभासी इच्छा' की तकनीक रोगी पर लागू की जाती है तो उस समय खुद को अपने आप से अलग करने की उसकी बुनियादी योग्यता सामने आती है। इससे रोगी खुद को अपने ही पागलपन से विरक्त होकर देख पाता है। गॉर्डन डब्ल्यू ऑलपोर्ट की पुस्तक 'द इंडीविजुअल एंड हिज़ रिलीज़न' में ऐसा ही कुछ विवरण मिलता है, **'जो मानसिक रोगी खुद पर हँसना सीख लेता है, हो सकता है कि वह स्वयं को संभाल पाने या फिर पूरी तरह स्वस्थ होने की राह पर हो।'**[11]

विरोधाभासी इच्छा

विरोधाभासी इच्छा इसी कथन की पुष्टि करती है। कुछ अन्य मामलों की मदद से इसे और भी स्पष्ट किया जा सकता है। एक रोगी अनेक डॉक्टरों व अस्पतालों में गया लेकिन उसका इलाज कहीं नहीं हो सका। इसके बाद उसे मेरे विभाग में भेजा गया। वह बहुत निराश था और उसे डर था कि कहीं वह आत्महत्या ही न कर बैठे। दरअसल वह कुछ सालों से राइटर्स क्रैंप (लिखने के तनाव) से पीड़ित था और अब हालात ऐसे बन रहे थे कि हाथ से लिख न पाने के कारण उसकी नौकरी तक जा सकती थी। वह एक बुककीपर था। इस हालात से निबटने के लिए जल्द ही कोई उपाय करना आवश्यक था। आरंभिक उपचार में डॉ. इवा कोज़डेरा ने उसे सलाह दी कि अब तक वह जो भी करता आया हो, उसे उसका उल्टा करना होगा, जैसे अगर वह बहुत अच्छा और साफ लिखने की कोशिश कर रहा हो तो अब उसे बहुत खराब लिखावट में लिखना चाहिए। उसे सलाह दी गई कि वह अपने आप से कहे, 'अब मैं लोगों को दिखा दूँगा कि मैं कितनी खराब लिखावट में लिख सकता हूँ।' और जब उसने खराब लिखावट में लिखना चाहा, वह ऐसा नहीं कर सका। उसने अगले दिन आकर कहा, 'मैंने चाहा कि खराब लिखावट में लिखूँ, पर मैं ऐसा नहीं कर पाया।' अगले अड़तालीस घंटों के दौरान वह अपने राईटर्स क्रैंप से आज़ाद हो गया। उपचार के बाद रोग-निरीक्षण अवधि

[11]न्यूयॉर्क, द मैकमिलन कंपनी, 1956, पृष्ठ 92

के दौरान भी वह इससे मुक्त ही रहा। अब वह खुश है और पूरी क्षमता के साथ अपना काम कर सकता है।

ऐसा ही एक और मामला सामने आया, जो लिखने के बजाय बोलने से संबंधित था। विएना पॉलीक्लीनिक अस्पताल के लैरिंजोलॉजिकल विभाग के एक सहकर्मी के साथ मैंने इस मामले को देखा था। हमारे डॉक्टरी अभ्यास के लंबे अनुभव के दौरान सामने आया यह हकलाहट का सबसे गंभीर मामला था। जहाँ तक रोगी को याद था, वह अपने पूरे जीवन में कभी इस हकलाहट को दूर नहीं कर पाया। लेकिन उसे एक ऐसा क्षण याद था, जब वह चाहकर भी हकला नहीं सका था। दरअसल जब वह बारह साल का था तो बिना टिकट लिए एक गाड़ी में चढ़ गया था। जब वह कंडक्टर के हाथों पकड़ा गया तो उसने सोचा कि वह कंडक्टर को हकलाकर दिखाएगा ताकि कंडक्टर को उस पर तरस आएगा और वह उसे छोड़ देगा। उसने यह दिखाने की कोशिश की कि वह एक हकलानेवाला बेचारा लड़का है। लेकिन उसी क्षण जब उसने हकलाना चाहा, तो वह ऐसा नहीं कर सका। उसने अनजाने में ही विरोधाभासी इच्छा का प्रयोग किया था, जबकि यह उपचार के लिहाज़ से भी नहीं किया गया था।

हालाँकि आपको इस प्रदर्शन से यह अनुमान नहीं लगा लेना चाहिए कि मोनोसिम्पटोमैटिक यानी एक जैसे दिखनेवाले लक्षणों में ही विरोधाभासी इच्छा का प्रयोग किया जा सकता है। लोगोथैरेपी के उपचार की इस तकनीक के बल पर, विएना पॉलीक्लीनिक अस्पताल में मेरा स्टाफ, गंभीर किस्म के और काफ़ी पुराने 'ऑब्सेसिव कंप्लसिव न्यूरोसिस' रोगियों के रोग में भी सुधार लाने में सफल रहा है। मैं यहाँ एक पैंसठ वर्षीय महिला का उदाहरण देना चाहूँगा, जो पिछले साठ वर्षों से 'वॉशिंग कंप्लशन' (हद से ज्यादा साफ-सफाई रखने के मानसिक रोग) का शिकार थी। डॉक्टर इवा कोज़डेरा ने विरोधाभासी इच्छा का प्रयोग करते हुए उसका उपचार आरंभ किया और दो माह के भीतर ही वह महिला एक सामान्य जीवन जीने लगी। उसने स्वयं माना,

'अस्पताल में भर्ती होने से पहले मेरा जीवन नर्क से भी बदतर हो गया था।' वह बैक्टीरिया के डर से घर का कोई भी काम नहीं कर पाती थी और साफ-सफाई के लिए दीवानगी की हद तक जाने के कारण, वह स्वयं से डर गई थी। इसलिए वह सारा दिन अपने बिस्तर से नहीं उठती थी। हालाँकि यह तो नहीं कहा जा सकता कि वह अपने लक्षणों से पूरी तरह से मुक्त हो गई क्योंकि उसके दिमाग में ऐसी कोई भी सनक आ सकती है, पर अब वह इतना तो संभल ही गई है कि अपनी बीमारी पर खुद हँस सकती है। कुल मिलाकर उसे विरोधाभासी इच्छा का प्रयोग करना आ गया है।

अगर रोगी नींद न आने की बीमारी से पीड़ित हो तो भी विरोधाभासी इच्छा का प्रयोग किया जा सकता है। जब नींद न आने का भय सताता है तो रोगी सोने के 'हाइपर-इंटेन्शन (इच्छा की अति)' से पीड़ित हो जाता है।[12] और यही वजह है कि वह सो नहीं पाता। मैं इस भय से उबरने के लिए अपने रोगियों को अकसर यह सलाह देता हूँ कि वे जितना हो सके, रात को जागने की कोशिश करें। क्योंकि उनकी सोने की इच्छा व कोशिश ही उन्हें सोने नहीं देते। दूसरे शब्दों में सोने का हाइपर इंटेन्शन ही नींद आने में बाधा बन जाता है। उन्हें एंटीसिपेटरी एंग्जाइटी के स्थान पर विरोधाभासी इच्छा की मदद लेनी चाहिए कि उन्हें नींद न आए, ऐसा करने पर जल्दी ही उन्हें नींद आ जाएगी।

पैराडॉक्सिकल इंटेशन या विरोधाभासी इच्छा कोई रामबाण इलाज नहीं है, लेकिन इसे ऑब्सेसिव कंप्लसिव और फोबिक यानी डर संबंधी मामलों में उपयोगी पाया गया है। खास तौर पर उन मामलों में तो यह और भी उपयोगी है, जहाँ एंटीसिपेटरी एंग्जाइटी यानी आरंभिक उद्वेग रहता है। इसके अलावा, यह एक अल्पकालिक उपचार पद्धति है। यह सुनकर ऐसा निष्कर्ष नहीं निकाल लेना चाहिए कि यह केवल अस्थायी

---

[12] अधिकतर मामलों में जब रोगी नींद न आने की परेशानी झेल रहा होता है तो उसे इस तथ्य की जानकारी नहीं होती कि उसका शरीर उसे स्वयं नींद की निम्नतम मात्रा देता है, जिसकी उसे आवश्यकता होती है।

[१३] अमेरिकन जर्नल ऑफ साइकोथैरेपी, 10 (1956), पृष्ठ 134

उपचार पद्धति है। स्वर्गीय एमिल ए. गुथेल के शब्दों में, 'फ्रायड के सिद्धांतों की आम भ्राँतियों में से एक यह भी है कि नतीजों का टिकाऊ होना, उपचार की अवधि से संबंधित है।'[13] मेरी फाइलों में, एक ऐसे रोगी की केस रिपोर्ट शामिल है, जिसके बीस साल पुरानी विरोधाभासी इच्छा का उपचार किया गया और उसके उपचार के प्रभाव स्थायी पाए गए।

सबसे उल्लेखनीय तथ्य यह है कि संबंधित मामले के रोग के कारण पर ध्यान न भी दें तो भी विरोधाभासी इच्छा को प्रभावी पाया गया है। इससे एडिथ वीसकॉफ जोलसन के एक कथन को पुष्टि मिलती है, 'हालाँकि पारंपरिक मनोविज्ञान का कहना है कि रोग के कारणों के आधार पर ही उपचार संबंधी प्रयोग करने चाहिए। यह संभव है कि कुछ निश्चित कारकों के कारण बचपन में न्यूरोसिस हुआ हो और हो सकता है कि वयस्क अवस्था में बिलकुल अलग कारकों की मदद से उससे छुटकारा दिलाया जा सके।'[14]

जहाँ तक न्यूरोसिस के असली कारण का सवाल है, भले ही वह मनोवैज्ञानिक हो या शारीरिक, प्रारंभिक उद्वेग जैसा फीडबैक तंत्र एक प्रमुख रोगजनक कारण हो सकता है। किसी डर के कारण लक्षण उभरता है और लक्षण उस डर को बढ़ाता है। कुछ मामलों में भी घटनाओं की ऐसी ही श्रृंखला देखी जा सकती है, जिनमें रोगी अपने ही विचारों से संघर्ष करता रहता है।[15] इस प्रकार वह उन डरों की शक्ति को बढ़ा देता है, जो उसे सताते हैं। उसके दबाव के कारण, सामनेवाले पक्ष का दबाव

---

[14]'सम कमेन्ट्स ऑन ए विएना स्कूल ऑफ साइकाईट्री,' द जर्नल ऑफ एबनॉर्मल एंड सोशल साइकोलॉजी, 51 (1955), पृष्ठ 701-3

[15]अकसर रोगी को यह डर होता है कि उसकी सनक दरअसल किसी गंभीर मनोरोग का लक्षण है। उसे लगता है कि ऑब्सेसिव कंप्लसिव न्यूरोसिस उसे मनोविकार की ओर ले जा रहा है, जबकि यह पागलपन के लिए प्रतिरोधक क्षमता का काम करता है, न कि मरीज़ को रोग बनाता है।

भी बढ़ता जाता है। इसके साथ ही लक्षणों को और भी बल मिलता है। वहीं दूसरी ओर, ज्यों ही रोगी अपनी सनक से जूझना छोड़ देता है और विरोधाभासी इच्छा का प्रयोग करते हुए उनका समाधान करने की कोशिश करता है तो वह दुश्चक्र वहीं थम जाता है। लक्षण समाप्त होने लगते हैं और अंत में वह उस रोग से छुटकारा पा लेता है। कई सौभाग्यशाली मामले ऐसे भी होते हैं, जिनमें लक्षणों को उभारने और बढ़ावा देनेवाली 'अस्तित्व सम्बंधी खालीपन' नहीं होती, जिससे रोगी न केवल अपने न्यूरोटिक डर से छुटकारा पा लेगा बल्कि उसे पूरी तरह से सामान्य करने में भी सफल हो सकेगा।

जैसा कि हम देखते हैं, अगर रोगी प्रारंभिक भय से ग्रस्त है तो उसे विरोधाभासी इच्छा का प्रयोग करना ही होगा; हाइपर इंटेन्शन व हाइपर रिफ्लेक्शन को दूर करने के लिए डीरिफ्लेक्शन की मदद लेनी ही होगी; डीरिफ्लेक्शन तब तक संभव नहीं हो सकता, जब तक आप रोगी को उसके जीवन के किसी खास मिशन या अर्थ से नहीं जोड़ देते।[16]

यहाँ मानसिक रोगी की चिंता, सहानुभूति या तिरस्कार के साथ इस ढाँचे को नहीं तोड़ा जाता बल्कि इसका उपचार होता है 'स्वयं ही उत्कृष्टता' की ओर जाने से।

---

[16]इस धारणा को ऑलपोर्ट का समर्थन मिला है, जिन्होंने एक बार कहा था, 'जब हम अपने केंद्र को संघर्ष करके नि:स्वार्थ लक्ष्यों की ओर ले जाते हैं, तो जीवन कुल मिलाकर बेहतर हो जाता है। हालाँकि यह हो सकता है कि मनोविकार कभी पूरी तरह से समाप्त न हो।' पृष्ठ 95

23

सामूहिक पागलपन

(कलेक्टिव न्यूरोसिस)

हर युग का अपना सामूहिक पागलपन (कलेक्टिव न्यूरोसिस) होता है, जिससे निपटने के लिए एक मनोवैज्ञानिक उपचार की आवश्यकता होती है। वर्तमान युग में 'अस्तित्व संबंधी खालीपन' ही सामूहिक पागलपन के रूप में सामने आ रहा है, जिसे शून्यवाद (निहीलिज़्म) के रूप में वर्णित किया जा सकता है। शून्यवाद कहता है कि अस्तित्व का अपना कोई अर्थ नहीं है। अगर साइकोथेरेपी स्वयं को शून्यवाद दर्शन के समकालीन प्रभाव से मुक्त नहीं कर सकी, तो यह व्यापक स्तर पर समाज की कोई मदद नहीं कर सकेगी। फिर यह एक संभव उपचार के बजाय स्वयं को सामूहिक पागलपन के लक्षण के रूप में ही सामने ला पाएगी। ऐसी स्थिति में साइकोथैरेपी न केवल रोगी को एक शून्यवादी दर्शन सौपेंगी, बल्कि इंसान की सच्ची तस्वीर दिखाने के बजाय उसे एक व्यंग-चित्र के रूप में पेश करेगी।

सबसे पहली बात तो यह है कि मनुष्य की इस 'कुछ न होने' की थ्योरी में बहुत खतरा छिपा है। यह कहती है कि मनुष्य जैविक, मनोवैज्ञानिक तथा समाजशास्त्रीय दशाओं के परिणाम के सिवा कुछ और नहीं है या फिर मनुष्य अनुवांशिकता व पर्यावरण की देन है। मनुष्य की यह मान्यता इस नकारात्मक सोच को जन्म देती है कि वह बाहरी प्रभावों तथा आंतरिक परिस्थितियों का शिकार है। जो साइकोथैरेपी यह मानने से इनकार करती है कि मनुष्य स्वतंत्र है, वह इस सोच को बल देकर और घातक बना देती है।

यह तय है कि मनुष्य नश्वर है और उसकी स्वतंत्रता में बाधाएँ आती रहती हैं। बात परिस्थितिओं से आज़ादी की नहीं है, बल्कि विकट परिस्थितिओं के बावजूद खड़े होने के साहस की आज़ादी की है। जैसा कि मैंने एक बार कहा था, 'न्यूरोलॉजी तथा साइकोलॉजी का प्रोफेसर होने के नाते, मैं इस बात को लेकर सजग हूँ कि मनुष्य किस हद तक

जैविक, मनोवैज्ञानिक व समाजशास्त्रीय दशाओं के अधीन होता है, लेकिन दो विषयों का प्रोफेसर होने के अलावा मैं उन लोगों में से एक भी हूँ, जो यातना शिविरों से जीवित लौटे हैं। मैं मनुष्य की उस अद्‌भुत साहस व सहनशक्ति का साक्षी रहा हूँ, जिसके बल पर वह बद से बदतर दशा में भी विजयी बनकर उभरता है।'[17]

नकारात्मक-नियतिवाद (पैन-डिटरमिनिज़्म) की समीक्षा

मनोविश्लेषण को अकसर इसके नकारात्मक यौनवाद (पैन-सेक्शुअलिज़्म) के लिए दोषी ठहराया जाता है। हालाँकि मुझे लगता है कि यह तार्किक नहीं है। मुझे तो इसके बजाय एक और शब्द कहीं ज़्यादा भ्रांतिपूर्ण व खतरनाक लगता है, जिसे हम पैन-डिटरमिनिज़्म (नकारात्मक-नियतिवाद) कह सकते हैं। यह मनुष्य का वह नज़रिया है, जिसके द्वारा वह हालातों का सामना करने की अपनी योग्यता का अनादर करता है और उसे मानने से इनकार कर देता है।

मनुष्य पूरी तरह से किन्हीं निश्चित दायरों व शर्तों से बँधा हुआ नहीं है। वह स्वयं को इस बात से तौलता है कि क्या वह अपने सामने आए हालातों का सामना कर सका? दूसरे शब्दों में, मनुष्य अपनी नियति स्वयं ही तय करता है। **मनुष्य अपने जीवन को सिर्फ जीता नहीं है, बल्कि निरंतर तय करता रहता है कि आगे उसका जीवन, उसका अस्तित्व कैसा होगा और अगले क्षण क्या बनेगा?**

इसी सोच के आधार पर, मनुष्य के पास यह आज़ादी होती है कि वह उसी एक क्षण में अपने आपमें बदलाव ला सके। इसलिए हम केवल एक विशाल समूह के सर्वेक्षण आँकड़ों के आधार पर ही उसके भविष्य का अनुमान लगा सकते हैं; हालाँकि निजी व्यक्तित्व किसी भी तरह के अनुमान से परे होता है। किसी भी भविष्यवाणी का आधार जैविक, मनोवैज्ञानिक या समाजशास्त्रीय परिस्थितियों पर निर्भर होता है।

---

[17]'वैल्यू डाइमेन्शन्स इन टीचिंग', एक रंगीन टेलीविजन फिल्म, जिसे हॉलीवुड एनीमेटर्स, इंक. ने कैलिफोर्निया जूनियर कॉलेज असोसिएशन के लिए तैयार किया था।

जबकि मनुष्य के अस्तित्व की सबसे अहम बात यही है कि क्या वह अपने हालातों से और स्वयं की सीमाओं से ऊपर उठने की योग्यता रखता है? ज़रूरत पड़ने पर मनुष्य संसार में बेहतरी के लिए बदलाव लाने की योग्यता रखता है और वह चाहे तो इस बेहतरी के लिए अपने भीतर भी बदलाव ला सकता है।

मैं यहाँ आपको डॉक्टर जे. की मिसाल देना चाहूँगा। मेरे पूरे जीवन में केवल वे ही एक ऐसे व्यक्ति थे, जिनसे भेंट होने के बाद मैं उन्हें 'मैपहिस्टोफीलियन प्राणी,' यानी एक 'शैतानी शख्स' कहने का साहस कर सकता हूँ। उस समय उन्हें विएना के सबसे बड़े मनोरोग अस्पताल 'स्टेनहाफ का जनसंहारक' कहा जाता था। जब नाज़ियों ने उनका 'इच्छामृत्यु कार्यक्रम' आरंभ किया, तो उन्होंने इस काम की बागडोर अपने हाथ में ले ली और इतनी कट्टरता से इस काम को अंजाम दिया कि एक भी मनोरोगी गैस चैंबर तक जाने से बच नहीं सका। जब मैं युद्ध के बाद, विएना वापस आया तो मैंने पूछा कि ''डॉक्टर जे. का क्या हुआ?'' मुझे बताया गया कि ''रूसियों ने उन्हें स्टेनहाफ के एकांत में बनी कोठरी में बंदी बना लिया था लेकिन अगले ही दिन कोठरी का दरवाज़ा खुला पाया गया और उसके बाद डॉक्टर जे. को किसी ने नहीं देखा।''

बाद में, मुझे पूरा विश्वास हो गया कि वे भी अपने साथियों की मदद से दक्षिण अमेरिका चले गए होंगे। हाल ही में, मैं एक भूतपूर्व ऑस्ट्रियन राजदूत का सलाहकार बना, जिन्हें कई सालों तक बंदी बनाकर रखा गया था। वे सबसे पहले साइबेरिया में और फिर मास्को की प्रसिद्ध लुबियांका जेल में बंदी रहे। जब मैं उनकी तंत्रिका-रोग संबंधी जाँच (न्यूरोलॉजिकल चेकअप) कर रहा था तो उन्होंने अचानक मुझसे पूछा कि 'क्या मैं डाक्टर जे. को जानता था?' मेरे हामी भरने पर वे बोले, 'लुबियांका में मेरी उनसे दोस्ती हो गई थी। वहाँ उनकी मौत चालीस साल की आयु में मूत्राशय के कैन्सर से हुई। वे मेरे सबसे विश्वसनीय मित्र बने रहे। वे बहुत ही उच्च नैतिक मूल्यों के साथ जीए और वहाँ सबको दिलासा देते रहते थे। जेल में बिताए कई सालों के दौरान वे मेरे सबसे अच्छे और पक्के मित्रों में से एक थे।'

यह डॉक्टर जे. की कहानी है, स्टेनहाफ का जनसंहारक! हम किसी मनुष्य के व्यवहार की भविष्यवाणी करने या उसके भविष्य का अनुमान लगाने का साहस कर भी कैसे सकते हैं? हाँ, हम एक मशीन की गतिविधियों का पूर्वानुमान लगा सकते हैं। अगर हम इससे भी आगे जाना चाहें तो मनुष्य के ज़हन (मन) का भी अनुमान लगा सकते हैं, लेकिन एक मनुष्य अपने ज़हन या अपने मन के दायरे से कहीं विस्तृत होता है।

हालाँकि आज़ादी को ही सब कुछ नहीं माना जा सकता। आज़ादी की कहानी में केवल आधा सच शामिल है। आज़ादी सारी कहानी का नकारात्मक पक्ष है, जिसका सकारात्मक पहलू है, 'ज़िम्मेदारी की भावना'। दरअसल, जब आज़ादी को जिम्मेदारी के साथ नहीं निभाया जाता, तो उसके अनियंत्रित होने की संभावना बढ़ जाती है। इसीलिए मैं सिफारिश करता हूँ कि जिस प्रकार पूर्वी तट पर स्टेच्यू ऑफ लिबर्टी बनाई गई है, उसी प्रकार पश्चिमी तट पर उसके पूरक के तौर पर स्टेच्यू ऑफ रिस्पॉन्सिबिलिटी (ज़िम्मेदारी की मूरत) भी बनाई जानी चाहिए।

मनोरोग संबंधी सूत्रवाक्य

हम यह नहीं मान सकते कि मनुष्य को आज़ादी की सोच से पूरी तरह दूर किया जा सकता है। यहाँ तक कि मनोरोगियों व पागलों के मामले में भी कहीं न कहीं आज़ादी का अंश पाया जाता है। भले ही वह कितनी भी सीमित ही क्यों न हो। दरअसल, रोगी के व्यक्तित्व के आंतरिक अंश को तो पागलपन छू तक नहीं पाता।

भले ही कोई मनोरोगी इलाज न हो पाने की दशा में अपनी उपयोगिता क्यों न खो दे, लेकिन उसके भीतर एक मनुष्य होने की गरिमा व मर्यादा हमेशा बरकरार रहती है। मेरा मनोरोग-सिद्धांत और विश्वास यही है। यदि मेरे पास यह न हो, तो मुझे अपने आपको मनोचिकित्सक तो नहीं समझना चाहिए। आखिर किसके लिए? केवल एक घायल मस्तिष्क रूपी बिगड़ी हुई मशीन के लिए, जिसमें सुधार नहीं किया जा सकता? अगर रोगी उससे कुछ अधिक नहीं है तो बेशक इच्छामृत्यु को तार्किक ठहराया जा सकता है।

मनोचिकित्सा का पुनर्मानवीकरण

दरअसल मनोचिकित्सक काफी लंबे अरसे से, लगभग आधी सदी तक, मनुष्य के मस्तिष्क को एक मशीन के रूप में ही देखते रहे हैं। नतीजन मानसिक रोगों के उपचार की पद्धति केवल एक तकनीक बनकर रह गई। लेकिन अब सब कुछ बदल रहा है। अब मनुष्य के मस्तिष्क को केवल एक मशीन या तंत्र भर नहीं समझा जाता। कुछ नए आयाम भी सामने आ रहे हैं और मनोचिकित्सा को मानवीय आधारों पर लागू किया जाने लगा है।

जो डॉक्टर अब भी अपनी भूमिका को एक तकनीशियन के रूप में ही स्वीकार करता है, वह यह भी स्वीकार करेगा कि वह अपने रोगियों को रोगग्रस्त मनुष्य के बजाय एक बिगड़ी हुई मशीन के रूप में ही देखता है।

एक मनुष्य को आप अन्य वस्तुओं के बीच मौजूद एक और वस्तु नहीं मान सकते; वस्तुएँ भले ही एक-दूसरे की नियति तय करती हों, लेकिन मनुष्य निश्चित रूप से अपनी नियति स्वयं ही निर्धारित करता है। वह अपने पर्यावरण व अपनी परिस्थितियों के बीच जो भी बनता है, स्वयं ही बनता है।

मिसाल के तौर पर, मनुष्यों की सजीव प्रयोगशाला। जैसे उन यातना शिविरों में, हमने ऐसे साथी भी देखे, जो सुअरों की तरह बरताव करते थे और साथ ही ऐसे साथियों को भी देखा, जिनका बरताव किसी संत से कम नहीं था। मनुष्य के भीतर दोनों ही तरह की संभावनाएँ उपस्थित हैं : उनमें से कौन सी संभावना साकार होगी, यह उसकी अवस्थाओं या परिस्थितियों पर नहीं, बल्कि उसके द्वारा लिए गए निर्णयों पर आधारित होता है।

हमारी पीढ़ी वास्तिकता को समझती है क्योंकि हमने मनुष्य को उसके वास्तविक रूप में जान लिया है। जो भी हो, मनुष्य ही वह जीव है, जिसने ऑश्विज़ के गैस चैंबरों की रचना की; हालाँकि मनुष्य ही वह प्राणी भी है, जो होंठों पर ईश्वर का नाम या *शेमा इज़राइल* के शब्द लिए, उन गैस चैंबरों में दाखिल हुआ।

उपसंहार 1984

दु:खद आशावाद (ट्रैजिक ऑप्टिमिज़्म) का मामला

24

एडिथ वीसकॉफ-जोलसन की स्मृति को समर्पित, जिन्होंने 1955 के आरंभ में, लोगोथैरेपी के विषय में महत्वपूर्ण प्रयास किए और इस क्षेत्र में अतुलनीय योगदान दिया।

ट्रैजिक ट्रायड (दु:खद तिकड़ी)

सबसे पहले तो हमें स्वयं से यह पूछना होगा कि हम दुःखद आशावाद (ट्रैजिक ऑप्टिमिज़्म) से क्या समझते हैं। संक्षेप में इसका अर्थ है कि एक व्यक्ति अपने ट्रैजिक ट्रायड (दु:खद तिकड़ी) के बावजूद आशावादी है और बना रहेगा। लोगोथैरेपी में इसे ट्रैजिक ट्रायड ही कहा जाता है। इस तिकड़ी में मनुष्य के अस्तित्व के ऐसे पहलू हो सकते हैं, जो इन तीन हालातों से घिरे हों – 1. पीड़ा, 2. अपराध-बोध 3. मृत्यु। यह अध्याय वास्तव में इस प्रश्न को उठाता है कि 'इन सबके बावजूद जीवन के प्रति सकारात्मक भाव कैसे रखा जा सकता है?' दूसरे शब्दों में कहा जाए तो 'क्या दुःखद पहलुओं के बावजूद जीवन अपना अर्थ बनाए रख सकता है? जो भी हो, यह वाक्यांश कि 'जीवन के प्रति हर हालत में सकारात्मक भाव कैसे रखें' (सेइंग यस टू लाइफ इन स्पाइट ऑफ एवरीथिंग), जो मेरी एक जर्मन पुस्तक का शीर्षक भी है, यह

मानकर चलता है कि जीवन हर दशा में अर्थपूर्ण होता है, भले ही वे दशाएँ कितनी भी कष्टकारी या पीड़ादायी क्यों न हों। इसके साथ ही हम यह भी मानकर चलते हैं कि **मनुष्य में नकारात्मक पक्षों को सकारात्मक या रचनात्मक रूप देने की पूरी क्षमता होती है।**

दूसरे शब्दों में, किसी भी परिस्थिति का सबसे बेहतर उपयोग ही सबसे अधिक मायने रखता है। यानी हालात से 'सर्वोत्तम' पाने की कोशिश। लैटिन भाषा में इसे 'ऑप्टीमम' कहते हैं – इस तरह मैं जिस ट्रैजिक ऑप्टिमिज़्म की बात कर रहा हूँ, उसके अनुसार मनुष्य को दुःखद हालात में भी बेहतरी की आशा बनाए रखनी चाहिए और उस मानवीय संभावना का आदर करना चाहिए, जो इस आशा को हमेशा पूरा करती है– 1. समस्याओं को सफलता और उपलब्धि में बदलना 2. अपराध बोध से सबक सीखकर, स्वयं को बेहतर बनाने के लिए बदलना और 3. जीवन की नश्वरता को जानते हुए, अपने कामों के प्रति ज़िम्मेदारी का एहसास रखना।

यह बात हमेशा दिमाग में रखनी चाहिए कि हम आशावाद को किसी पर थोप नहीं सकते और न ही किसी को इसे निभाने का आदेश दिया जा सकता है। किसी को भी मजबूरन इसे अपनाने के लिए विवश नहीं किया जा सकता। आशा के साथ-साथ, प्रेम और विश्वास के मामले में भी यही कहा जा सकता है। ये न तो किसी से छीने जा सकते हैं, न ही इन्हें किसी को ज़बरन सौंपा जा सकता है।

यूरोपियन लोगों के लिए यह अमेरिकी सभ्यता का एक लक्षण है, जहाँ व्यक्ति को बार-बार खुश रहने का हुकुम दिया जाता है। **खुशी के पीछे भागने से वह हासिल नहीं होगी, यह स्वतः ही आपके जीवन में आती है।** व्यक्ति के पास खुश होने का कोई कारण होना चाहिए। जब एक बार कारण सामने आ जाता है, तो व्यक्ति अपने आप ही खुश हो जाता है। जैसा कि हम देखते हैं, **मनुष्य अपने लिए खुशी की नहीं, बल्कि खुश रहने के कारण की तलाश में रहता है। इसे पाने के लिए वह किसी भी हालात में छिपे अर्थ को पहचानकर उसे साकार कर सकता है।**

कारण की यह आवश्यकता दूसरे मानवीय गुण 'हास्य' में भी

दिखाई देती है। अगर आप चाहते हैं कि कोई हँसे तो आपको इसके लिए उसे एक कारण देना होगा; जैसे आपको उसे कोई चुटकुला सुनाना होगा। आप चाहकर भी उसे नकली हँसी के लिए उकसा नहीं सकते, उसे हँसने के लिए विवश नहीं कर सकते। अगर ऐसा हुआ भी तो जिस तरह लोग कैमरे के आगे खड़े होकर 'चीज़....' बोलते हुए नकली मुस्कान देते हैं, उसी तरह यह हँसी भी नकली होगी और तुरंत पकड़ में आ जाएगी। वैसे ही जैसे तसवीरों में किसी की नकली मुस्कान एक पल में पकड़ में आ जाती है।

लोगोथैरेपी में व्यवहार का यह स्वरूप 'हाइपर इंटेन्शन' या इच्छा की अति कहलाता है। इसके कारण ही सेक्स संबंधी विक्षिप्तता देखने को मिलती है। फिर चाहे वह चरम सुख पाने की अयोग्यता हो या फिर नपुंसकता।

कोई रोगी खुद को चरम सुख पाने के लिए जितना विवश करता चला जाता है, सेक्स का सुख उससे उतना ही दूर होता चला जाता है। वह उसे छलने लगता है। उस समय सुख पाने का यह नियम, उसके सुख को नष्ट करने का कारण बन जाता है।

गिव-अप-इटिस

एक बार जब मनुष्य की अर्थ की तलाश पूरी हो जाती है तो यह न केवल उसे खुशी देती है बल्कि उसे अपनी पीड़ा से पार पाने की क्षमता भी प्रदान करती है। लेकिन यदि किसी की अर्थ की तलाश पूरी न हो सके तो क्या होता है? हो सकता है कि यह स्थिति उसके लिए घातक हो जाए। उदाहरण के लिए, मुझे याद आ रहा है कि यातना शिविरों में कई बार बहुत ही भयानक हालात बन जाते थे। पहले-पहल मुझे अमेरिकी सैनिकों ने ही इस बारे में बताया था। उन्होंने इस स्थिति को 'गिव-अप-इटिस' का नाम दे रखा था। शिविरों में यह बरताव उन लोगों द्वारा किया जाता था, जो अचानक सुबह पाँच बजे उठकर, काम पर जाने के बजाय अपनी कोठरियों में ही डट जाते। वे अपने मल और मूत्र से भीगे फूस के बिस्तरों पर पसरे रहते। उस समय उन पर किसी भी तरह की धमकी या कठोर

व्यवहार का कोई असर नहीं होता। इसके बाद वे अपनी किसी जेब से छिपाई हुई सिगरेट निकालते और धूम्रपान करने लगते। उस एक पल के बाद हम जान जाते कि इसके बाद अगले अड़तालीस घंटों के भीतर हमें उन्हें तिल-तिलकर मरते देखना होगा। ऐसा उन लोगों के साथ होता था, जिनके जीवन से अर्थ की तलाश समाप्त हो जाती और उन पर तत्काल सुख पाने की भावना हावी हो जाती।

हमारे रोज़मर्रा के जीवन में भी ऐसी ही एक मिसाल बार-बार सामने आती रहती है। मैं उन युवाओं के बारे में सोचता हूँ, जो विश्वव्यापी स्तर पर खुद को एक ऐसी पीढ़ी के रूप में पेश करते हैं, जिसके पास कोई भविष्य नहीं है। वे तत्काल सुख पाने के लिए केवल सिगरेट नहीं बल्कि नशीली दवाइयों का भी सेवन करते हैं।

दरअसल, नशीली दवाएँ तो केवल एक पहलू हैं। जब हमारी अस्तित्व संबंधी माँगें पूरी नहीं होतीं तो उनसे उपजी निराशा ही हमारे औद्योगिक समाज पर हावी होती जाती है। आज केवल लोगोथैरेपिस्ट ही यह दावा नहीं कर रहे हैं कि अर्थहीनता का भाव ही पागलपन का कारण बनता जा रहा है। स्टेनफोर्ड विश्वविद्यालय के इरवि डी यालोम 'एक्ज़िसटेंशियल साइकोथैरेपी' में लिखते हैं, 'एक मनोचिकित्सक विभाग में भर्ती हुए चालीस रोगियों में से बारह रोगी (तीस प्रतिशत) अर्थ संबंधी समस्या से ग्रस्त थे (जैसा कि उनके रोग के अध्ययन व शोध से पता चला है)।'[1] हज़ारों मील दूर बसे पालो आल्टो में भी इस स्थिति में लगभग एक प्रतिशत का अंतर पाया गया। हाल ही में आए आँकड़ों से पता चला है कि विएना की 29 प्रतिशत जनसंख्या को इस बात की शिकायत है कि उन्हें अपने जीवन में कोई अर्थ नज़र नहीं आता।

बेरोज़गारी से संबंधित विक्षिप्तता

भले ही यह अति-सरलीकरण लगे, लेकिन निरर्थक जीवन के कारण के बारे में कहा जा सकता है कि लोगों के पास जीने के पर्याप्त साधन तो हो गए हैं, लेकिन उनके पास जीने का कोई मकसद नहीं बचा।

[1] बेसिक बुक्स, न्यूयॉर्क, 1980, पृष्ठ 448

लेकिन ऐसे भी कई लोग हैं, जिनके पास जीने के साधन भी नहीं हैं। मैं विशेष रूप से उन लोगों के बारे में विचार कर रहा हूँ, जो बेरोज़गार हैं। पचास साल पहले, मैंने एक खास प्रकार के अवसाद से जुड़ा अध्ययन प्रस्तुत किया था।[2] मैंने उसमें उन युवाओं के अवसाद का अध्ययन किया था, जो बेरोज़गार थे। मैंने उसे *'अनइंप्लॉयमेंट न्यूरोसिस'* (बेरोज़गारी से संबंधित विक्षिप्तता) का नाम दिया था। मैंने यह विचार प्रस्तुत किया कि यह विक्षिप्तता या पागलपन सही मायनों में दोहरी भ्रमपूर्ण पहचान के रूप में सामने आता था। जब उन्हें यह लगता था कि उनके पास कोई रोज़गार नहीं है, तो वे खुद को नाकारा मानने लगते और नाकारा होने का मतलब था निरर्थक जीवन। इस अध्ययन के बाद मैं युवा रोगियों को युवा संगठनों, प्रौढ़ शिक्षा, सार्वजनिक पुस्तकालय आदि से जुड़ने के लिए राज़ी करने में सफल रहा। दूसरे शब्दों में कहें तो ज्यों ही उन्होंने अपने खाली समय का सदुपयोग करते हुए, उसे स्वैच्छिक/वेतनहीन लेकिन सार्थक गतिविधियों में बिताना शुरू किया तो उनकी उदासीनता जाती रही। हालाँकि इस तरह उनकी आर्थिक स्थिति में कोई बदलाव नहीं आया और उनकी भूख ज्यों की त्यों ही रही। यह भी सच ही है कि केवल दूसरों की भलाई करके ही अपना जीवन नहीं जीया जा सकता। लेकिन ऐसा करने से उनके हालात में सुधार ज़रूर हुआ।

व्यक्ति की सामाजिक-आर्थिक स्थिति से उपजे 'अनइंप्लॉयमेंट न्यूरोसिस' के साथ-साथ और भी कई प्रकार के अवसाद होते हैं, जिन्हें साईकोडायनैमिक (मानसिक सक्रियता) या बायोकैमिकल (जैवरासायनिक) अवस्थाओं से जोड़ा जा सकता है, फिर चाहे मामला जो भी हो। उनके अनुसार ही उन्हें साइकोथैरेपी या फामर्कोथैरेपी लेने की सलाह दी जाती है। जहाँ तक जीवन में अर्थहीनता का प्रश्न है, हमें इस तथ्य को न तो भूलना चाहिए और न ही इसकी उपेक्षा करनी चाहिए कि यह पैथोलॉजी का विषय नहीं बल्कि न्यूरोसिस (तंत्रिका रोग या पागलपन) का लक्षण है। मैं तो कहूँगा कि यह किसी की मानवता का प्रमाण भी है।

---

[2]स्टडी, वाल्यूम ४, (१९३३), पृष्ठ ४३-४६

हालाँकि इसका शरीर की किसी भी अस्वस्थ दशा से कोई लेना-देना नहीं है, लेकिन इसके कारण पैथोलॉजी संबंधी प्रतिक्रिया सामने आ सकती है। ज़रा युवा पीढ़ी के मास-न्यूरोटिक सिंड्रोम (सामूहिक विक्षिप्तता लक्षण) पर गौर करें; इस बात के भरपूर प्रमाण मिलते हैं कि इस सिंड्रोम के तीन पहलू हैं - उदासीनता, आक्रामकता और लत। इनके कारण ही जीवन में अधूरेपन व अर्थहीनता का एहसास होता है, जिसे हमारी लोगोथैरेपी में अस्तित्व संबंधी खालीपन कहा गया है।

हालाँकि उदासीनता के हर मामले को आप जीवन की निरर्थकता से नहीं जोड़ सकते और न ही इसे आत्महत्या से जोड़ा जाना चाहिए, जिसकी संभावना उदासीनता के कारण पैदा होती है।

आत्महत्या के हर मामले को जीवन की निरर्थकता से नहीं जोड़ सकते, लेकिन यह भी तय है कि अगर हम उस व्यक्ति के जीवन को कुछ मूल्य व अर्थ दे पाते, तो संभवत: वह आत्महत्या जैसा कदम न उठाता।

25

आत्महत्या से बचाव

यदि आत्महत्या से बचाव के मामलों में जीवन के अर्थ की तलाश सहायक हो सकती है तो उन मामलों की बात भी कर सकते हैं, जहाँ आत्महत्या का खतरा होता है। मैंने एक युवा डॉक्टर के तौर पर ऑस्ट्रिया के सबसे बड़े अस्पताल में चार साल बिताए हैं। मैं उस विभाग का प्रभारी था, जहाँ गंभीर उदासीनता से पीड़ित रोगी ही रखे जाते थे। उनमें से अधिकतर ऐसे थे, जिन्हें आत्महत्या का प्रयास करने के बाद वहाँ दाखिल कराया गया था। मेरे अनुमान के मुताबिक उन चार सालों के दौरान मैंने करीबन बारह हज़ार रोगियों की जाँच की होगी। उन दिनों मुझे जो अनुभव हुए, वे आज भी आत्महत्या की प्रवृत्ति रखनेवाले किसी रोगी से मिलने पर सामने आ जाते हैं।

आत्महत्या के प्रयास के कुछ दिनों या महीनों बाद मेरे रोगी यह सोचकर बहुत खुश होते थे कि आत्महत्या करने के प्रयास में उनकी जान नहीं गई। क्योंकि अपने जीवन की उस दुःखद घटना के कुछ दिनों बाद उन्हें एहसास हो जाता था कि जिस समस्या के कारण वे अपने जीवन को समाप्त करने जा रहे थे, उनके पास उसका हल पहले से मौजूद था। उनके पास अपने प्रश्न का उत्तर था और अपने जीवन के मायने भी थे। अगर हज़ार में से एक मामले में भी इस वजह से सब कुछ सँभलने लगता है, तो मेरी यह व्याख्या जारी रहती है कि 'कौन गारंटी दे सकता है कि तुम्हारे मामले में एक दिन ऐसा नहीं आएगा? आज नहीं तो कल ऐसा दिन आ सकता है– पर तुम्हें खुद जीवित रहकर उस दिन की प्रतीक्षा करनी होगी और अब से तुम्हें खुद को जीवित रखने की जिम़्मेदारी खुद सँभालनी होगी, ताकि तुम उस दिन को अपने जीवन में आता देख सको, जब तुम्हारे पास अपने प्रश्न का उत्तर होगा।'

अब हम बात करते हैं, मास न्यूरोटिक सिंड्रोम के दूसरे लक्षण यानी आक्रामकता की। मैं आपको केरोलिन वुड शेरिफ के एक प्रयोग के बारे में बताना चाहूँगा। वे स्काउट लड़कों के दलों के बीच आपसी मनमुटाव या रंजिश पैदा करने में कामयाब रहीं और उन्होंने पाया कि जब किशोरों ने मिलकर स्वयं को किसी सामूहिक उद्देश्य के लिए समर्पित किया तो उनकी आक्रामकता वहीं समाप्त हो गई। उन सबको मिलकर एक गाड़ी को दलदल से बाहर खींचना था, जो उनके कैंप के लिए भोजन ला रही थी। जल्द ही उन्हें अपने लिए न केवल एक चुनौती मिल गई, बल्कि उनके पास एक उद्देश्य भी आ गया, जिसे उन्हें मिलकर पूरा करना था।[3]

जहाँ तक तीसरे मुद्दे यानी लत या व्यसन का सवाल है, तो इसके बारे में मुझे याद आ रहा है कि एनीमैरी वॉन फ्रॉस्टमेयर ने इस पर अपने अध्ययन प्रस्तुत किए थे। परीक्षणों व आँकड़ों से उन्होंने पाया कि नब्बे प्रतिशत शराबी अपने जीवन में अर्थ के अभाव से ग्रस्त थे। स्टेनले क्रिपनर के अध्ययन में, सौ प्रतिशत शराबियों ने यह बात स्वीकारी कि उन्हें सब कुछ बेमानी लगने लगा था।[4]

अब हम फिर से अर्थ के प्रश्न पर वापस आते हैं। मैं शुरुआत में ही यह स्पष्ट करना चाहूँगा कि एक लोगोथैरेपिस्ट केवल उसी अनदेखे अर्थ व संभावना से संबंध रखता है, जो रोगी के जीवन की परिस्थितियों में छिपे रहते हैं। यही कारण है कि मैं यहाँ किसी के जीवन के अर्थ की पूरी व्याख्या नहीं करूँगा। हालाँकि मैं इस तथ्य से भी इनकार नहीं कर सकता कि कोई भी अर्थ लंबी अवधि के लिए नहीं होता। मिसाल के तौर पर, आप एक फिल्म को ही ले लें। फिल्म में हज़ारों चित्र होते हैं और उन सबका कोई न कोई अर्थ होता है। फिर भी जब तक आखिरी दृश्य नहीं दिखाया जाता, तब तक आप फिल्म के पूरे अर्थ को नहीं समझ पाते।

---

[3]इस प्रयोग के बारे में अधिक जानकारी के लिए देखें, विक्टर ई. फ्रैंकल, 'द अनकाशंस गॉड, न्यूयॉर्क, साइमन एंड शटर, 1978, पृष्ठ 140; और विक्टर ई. फ्रैंकल, द अनहैड क्राई फॉर मीनिंग, न्यूयॉर्क, साइमन एंड शटर, 1978, पृष्ठ 36.

[4]अधिक जानकारी के लिए देखें, 'द अनकाशंस गॉड, पृष्ठ 97-100 और द अनहैड क्राई फॉर मीनिंग, पृष्ठ 26-28

इसके अलावा पूरी फिल्म को समझने के लिए उसमें दिखाए जा रहे सारे दृश्यों को भी देखना आवश्यक होता है। हर व्यक्ति की तस्वीर देखनी आवश्यक होती है। क्या जीवन में भी ऐसा ही नहीं होता? क्या जीवन का अंतिम अर्थ भी जीवन के अंत में ही स्पष्ट नहीं होता? यह इसी बात पर निर्भर करता है कि हर हालात के संभावित अर्थ को व्यक्ति ने अपने ज्ञान और धारणा के अनुसार सार्थक किया है या नहीं?

तथ्य यही है कि अगर लोगोथैरेपी के नज़रिए से देखा जाए, तो अर्थ और उसे समझना- ये बुनियादी बातें हैं। ये हवाई किल्लों में नहीं रहते। कार्ल बुलर की सोच हो या गेस्टालट का विचार या फिर मैक्स वर्थीमर का सिद्धांत, जीवन का अर्थ इन सबसे थोड़ा अलग ही है। मेरे अनुसार **जीवन का अर्थ जानने का मतलब है कि आप इस बारे में जानें कि किसी भी हालात में आपको क्या करना चाहिए। एक बार यह जान लेने के बाद आपके सामने एक अर्थ और एक उद्‌देश्य आ जाता है।**

अर्थ की तलाश कैसे हो?

एक व्यक्ति अपने लिए अर्थ की तलाश कैसे कर सकता है, इस बारे में चारलोट बुलर ने कहा है, **'हमें उन लोगों के जीवन का अध्ययन करना चाहिए, जिन्हें देखकर लगता है कि उन्होंने मानव जीवन से जुड़े प्रश्नों के उत्तर पा लिए हैं। इसके साथ ही उन लोगों के जीवन का भी अध्ययन किया जाना चाहिए, जिन्हें ये उत्तर नहीं मिले।'**[5] इस जीवनियों के अध्ययन के अलावा हम जैविक अध्ययन भी कर सकते हैं। लोगोथैरेपी आपकी अंतरात्मा को एक निर्देशक मानती है, जो आवश्यकता पड़ने पर आपको बताती है कि आपको जीवन की किसी विशेष परिस्थिति के दौरान किस दिशा में जाना चाहिए। ऐसा करने के लिए अंतरात्मा की ओर से परिस्थिति के लिए एक मापदंड मिलना चाहिए और उसी तयशुदा मापदंड और उसके मूल्यों की रोशनी में ही हालात को परखा जाना चाहिए।

हम इन मूल्यों को सचेत रूप से स्वीकार नहीं करते, लेकिन ये

---

[5] 'बेसिक थ्योरीटिकल कांसेप्ट ऑफ साइकोलॉजी' अमेरिकन साइकोलॉजिस्ट, 26 (अप्रैल 1971), पृष्ठ 378

हमारे भीतर ही हैं। ये हमारा ही एक रूप हैं और ये हमारी प्रजाति के उद्‌भव के बाद हमारे साथ-साथ ही निखरे हैं। इनकी बुनियाद हमारे जैविक अतीत में और इनकी जड़ें हमारी जैविक गहराइयों में टिकी हुई हैं। जब कोनरॉड लॉरेंज ने अपनी जैविक अवधारणा 'ए प्रायोरी' तैयार की होगी, तब निश्चित तौर पर उनके मन में यही बात रही होगी। हाल ही में हम दोनों ने मेरी मूल्यांकन प्रक्रिया के जैविक आधार पर चर्चा की। तब उन्होंने बड़े ही उत्साह से अपनी अवधारणा के बारे में बताया। अगर किसी भी दशा में, हमारे भीतर बात को समझने की क्षमता विकसित होती है, तो हम मान सकते हैं कि इसकी जड़ें अंततः हमारी जैविक विरासत की देन हैं।

लोगोथैरेपी की शिक्षा के अनुसार ऐसे तीन प्रमुख मार्ग हैं, जिनके ज़रिए मनुष्य अपने जीवन के अर्थ तक पहुँचता है। पहला, कोई काम करना या कुछ रचना। दूसरा, कोई अनुभव करना या किसी वस्तु या व्यक्ति का सामना करना। दूसरे शब्दों में, अर्थ को केवल काम में ही नहीं, बल्कि प्रेम में भी पाया जा सकता है। इसी संदर्भ में एडिथ वीसकॉफ जोलसन ने पाया कि लोगोथैरेपी की उस अवधारणा को सार्थक माना जा सकता है, जिसमें कहा गया है कि **'यह मानना अच्छा है कि अनुभव लेना भी, उपलब्धि हासिल करने के समान, एक महत्वपूर्ण बात है। क्योंकि हम सदा आंतरिक जगत के बजाय, बाहरी जगत पर अधिक ध्यान देने हैं। इससे हमारी इस क्रिया की भरपाई हो जाती है।'**[6]

जीवन में अर्थ का तीसरा मार्ग सबसे अधिक महत्त्व रखता है; अगर कोई व्यक्ति ऐसे दयनीय हालात का सामना कर रहा है, जिसे वह चाहकर भी बदल नहीं सकता, तब भी वह स्वयं से ऊपर उठ सकता है। ऐसा करने के लिए उसे स्वयं में बदलाव लाना होगा, फिर वह अपनी निजी पीड़ा को विजय में बदल सकता है। एडिथ वीसकॉफ जोलसन उम्मीद करते हैं कि लोगोथैरेपी, यू.एस. की वर्तमान संस्कृति की अस्वस्थ

---

[6]'द प्लेस ऑफ लोगोथैरेपी इन वर्ल्ड टुडे' द इंटरनेशनल फोरम फॉर लोगोथैरेपी, वाल्यूम 1(1980), पृष्ठ 3-7

प्रवृत्तियों में बदलाव ला सकती है, जहाँ पीड़ित को अपनी पीड़ा पर गर्व करने का अवसर तक नहीं दिया जाता और उसे प्रोत्साहित करने के स्थान पर इतना तिरस्कृत कर दिया जाता है कि वह न केवल दु:खी हो जाता है बल्कि उसे अपने दु:ख पर शर्मिंदगी का एहसास भी होने लगता है।

मैंने लगभग एक चौथाई सदी तक, एक जनरल अस्पताल का न्यूरोलॉजिकल विभाग चलाया है। मैं अपने उन रोगियों की ताकत का साक्षी रहा हूँ, जो अपने दु:खों को उपलब्धियों में बदलने में समर्थ रहे हैं। ऐसे व्यावहारिक अनुभव के अलावा, अनुभव आधारित प्रमाण भी मिलते हैं, जो इस संभावना को बल देते हैं कि पीड़ा में भी अर्थ पाया जा सकता है। येल यूनीवर्सिटी स्कूल ऑफ मेडिसन के शोधकर्ता, वियतनामी युद्ध बंदियों के बयानों से प्रभावित रहे हैं, जिन्होंने कहा, 'हालाँकि उनकी कैद बहुत ही तनावपूर्ण – यातना, रोग, कुपोषण व एकांत से भरी रही। वे इस तथ्य से इनकार नहीं कर सकते कि उन्हें अपने बंदी जीवन के अनुभवों से लाभ भी हुआ और वे इसे अपनी वृद्धि और विकास के अनुभव के तौर पर लेते हैं।'[7]

---

[7]डब्ल्यू एच. स्लेज, जे. ए बॉडीस्टन और ए. जे. राबे, 'सेल्फ कॉन्सेप्ट चेंजेस रिलेटेड टू वार' आर्काइव जनरल साईकाइट्री, 37 (1980), पृष्ठ 430-443

26

जैरी लांग की कहानी

'ट्रैजिक ऑप्टिमिज़्म' (दुःख में आशावाद) के पक्ष में जो सबसे शक्तिशाली तर्क दिए गए हैं, उन्हें लैटिन भाषा में *'ऑरग्यूमेंटा एड होमीनेम'* कहा जाता है। मिसाल के लिए जैरी लांग, मानवीय जोश की दिलेर मिसाल हैं। जैसा कि लोगोथैरेपी में कहा गया है।[8] टैक्सरकाना गैज़ेट के अनुसार, 'जैरी लांग तैराकी के दौरान एक दुर्घटना का शिकार हुआ और उसकी गर्दन के निचले हिस्से को लकवा मार गया। वह तीन साल तक इसी अवस्था में रहा। जब दुर्घटना हुई तो वह सत्रह वर्ष का था। आज लांग अपनी माउथ स्टिक से टाइप कर सकता है। उसने एक स्पेशल टेलीफोन के माध्यम से कम्यूनिटी कॉलेज में दो कोर्स किए हैं। इंटरकॉम की मदद से वह कक्षा की बातें सुन सकता है और उसमें हो रही चर्चाओं में भी भाग ले सकता है। इसके अलावा वह अपना समय पुस्तकें पढ़ने, टी.वी. देखने व लिखने में बिताता है। अपने पत्र में वह लिखता है, 'मुझे अपना जीवन अर्थ से भरपूर लगता है। मैंने उस दुर्भाग्यपूर्ण दिन में जो रवैया अपनाया, वही मेरे जीवन का सूत्रवाक्य बन गया। भले ही मेरी गर्दन टूट गई; लेकिन मैं नहीं टूटा। इस समय मैंने कॉलेज में साइकोलॉजी के पहले कोर्स में दाखिला लिया है। मेरा मानना है कि मेरी विकलांगता से दूसरों की मदद करने की मेरी योग्यता ही बढ़ेगी। मैं जानता हूँ कि मैंने जीवन में जो भी कष्ट पाया, उसे पाए बिना मेरा आत्मविकास असंभव था।'

---

[8]'द डेफियंट पावर ऑफ ह्यूमन स्पिरिट', यह एक पत्र का शीर्षक था, जिसे लोगोथेरेपी के थर्ड वर्ल्ड कांग्रेस, जून 1983 में लांग द्वारा प्रस्तुत किया गया था।

क्या हमें यह मान लेना चाहिए कि जीवन में एक अर्थ पाने के लिए पीड़ा का होना अनिवार्य है? नहीं, बिलकुल नहीं। मेरा कहना सिर्फ यह है कि पीड़ा के अभाव में भी जीवन को उसका अर्थ मिल जाता है, जैसा कि इस पुस्तक के दूसरे भाग में बताया गया है। अगर आपकी पीड़ा ऐसी है, जिससे बचा जा सकता है तो आपके जीवन का उद्देश्य यही होना चाहिए कि आप उसे दूर करें, क्योंकि जानबूझकर पीड़ा को सहन करनेवाला मनुष्य एक नायक नहीं, बल्कि एक आत्मपीड़क होता है। वहीं दूसरी ओर, यदि व्यक्ति अपनी पीड़ा के कारण को चाहकर भी बदल नहीं सकता, तब भी वह अपने लिए एक सकारात्मक रवैये का चुनाव कर सकता है।[9] लांग ने अपने लिए यह चुनाव नहीं किया था कि उसकी गर्दन टूट जाए। लेकिन यह चुनाव उसका अपना ही था कि उसके साथ जो भी हुआ हो, वह घटना उसे भीतर से तोड़ न पाए।

जैसा कि हमने देखा, **प्राथमिकता केवल यही है कि हम पीड़ा देने वाली परिस्थिति को कितनी रचनात्मकता के साथ बदल सकते हैं।** लेकिन श्रेष्ठता इस बात में है कि आपको पता हो कि आवश्यकता पड़ने पर, 'आप पीड़ा को कैसे सहन करेंगे?' हाल ही में ऑस्ट्रिया के सार्वजनिक मतदान से यह बात स्पष्ट तौर पर सामने आई कि जिन लोगों को हर कोई आदर-सम्मान देता है, वे कोई महान कलाकार, महान वैज्ञानिक, महान वक्ता या महान खिलाड़ी नहीं, बल्कि वे लोग हैं, जिन्होंने अपना सिर ऊँचा रखते हुए अपने जीवन के हर कठिन संघर्ष का सामना किया है।

---

[9]मैं एक इंटरव्यू को कभी नहीं भुला सकता, जो ऑस्ट्रिया टी.वी. पर दिखाया गया था। यह इंटरव्यू एक पोलिश हृदयविज्ञानी का था, जिसने दूसरे विश्व युद्ध के दौरान, वर्साव की यहूदी बस्ती में उथल-पुथल मचाने में अहम भूमिका निभाई थी। रिपोर्टर ने कहा, 'कितना वीरतापूर्ण कार्य'। डॉक्टर ने शांतिपूर्वक कहा, 'सुनो, हाथ में बंदूक लेकर गोली चलाना कोई महान कार्य नहीं है, पर अगर एस. एस. अधिकारी आपको किसी गैस चैंबर में ले जाएँ या आपको अपना काम सामूहिक कब्र में करना हो और आप उस बारे में कुछ न कर सकते हों - उस समय अगर आप पूरी मर्यादा व गरिमा के साथ अपना काम करते हैं तो मेरे नज़रिए से इसे नायकत्व की उपाधि दी जानी चाहिए।' - तो देखा आपने, मेरे हिसाब से यही है असली नायकत्व। इसे प्रवृत्ति से जुड़ा नायकत्व भी कह सकते हैं।

अपराध-बोध

अब ट्रैजिक ट्रायड के दूसरे पहलू 'अपराध बोध' की बात पर आते हैं। मैं यहाँ सैधांतिक धारणाओं से थोड़ा अलग होना चाहता हूँ, जबकि ये मेरे लिए हमेशा आकर्षण का केंद्र रही हैं। मैं 'माएस्टेरियम इंक्वीटेटिस' की बात करना चाहता हूँ। मेरे अनुसार इसका अर्थ है कि अंतिम विश्लेषण में एक अपराध की व्याख्या पूरी नहीं हो सकती क्योंकि इसे जैविक, मनोवैज्ञानिक या सामाजिक तथ्यों के साथ पूरी तरह से नहीं जोड़ा जा सकता। यदि हम किसी के अपराध की संपूर्ण व्याख्या करना चाहते हैं तो हम उसके अपराध बोध को समझते हुए, उसे एक मुक्त और जिम्मेदार व्यक्ति के रूप में न देखते हुए, ऐसी मशीन के रूप में देखते हैं, जिसे सुधार की ज़रूरत है। यहाँ तक कि अपराधी भी इस तरह पेश आने से घृणा करते हैं और चाहते हैं कि उन्हें उनके कामों के लिए ज़िम्मेदार ठहराया जाए।

इलिनोयस जेल में कैद की सज़ा भुगत रहे एक कैदी ने मुझे पत्र में लिखा था, 'अपराधी को कभी अपनी बात कहने का अवसर नहीं मिलता। पर उसे अपनी सफाई पेश करने के लिए बहुत से बहाने सौंप दिए जाते हैं। समाज को दोष दिया जाता है और कई बार तो उस अपराध के शिकार पर ही दोषी बना दिया जाता है।' इसके अलावा, जब मैं एक बार सैन क्वेनटिन के कैदियों को संबोधित कर रहा था तो मैंने उनसे कहा, 'आप सब मेरे जैसे मनुष्य हैं, **जिस तरह आप अपराध करने के लिए आज़ाद थे, उसी तरह आप अपराध बोध को अपने मन में लाने के लिए भी पूरी तरह आज़ाद हैं।** अब, हालाँकि आपको अपराध बोध को महसूस करते हुए, इससे ऊपर उठना होगा, स्वयं से ऊपर उठना होगा, खुद में बेहतरी के लिए बदलाव लाना होगा।' वहाँ बैठे कैदियों को यह लगा कि उन्हें कोई समझ पा रहा है।[10]

मुझे एक भूतपूर्व कैदी फ्रैंक ई. डब्ल्यू से एक नोट मिला, जिसमें लिखा था, 'हमने अपने भूतपूर्व कैदी साथियों के साथ मिलकर एक

---

[10]जोसफ बी फैबरी *द परस्यूट ऑफ मीनिंग*, न्यूयॉर्क, हार्पर एंड रो, 1980 भी देखें।

लोगोथैरेपी समूह बनाया है। हमारे मूल समूह की ताकत 27 है और नए कैदी हमारे साथियों के बल के कारण जेल से बाहर रह रहे हैं। केवल एक ही साथी वापस गया था पर अब वह भी आज़ाद है।'[11]

जहाँ तक सामूहिक अपराध बोध का प्रश्न है, निजी तौर पर मेरा यह मानना है कि एक व्यक्ति को बाकी लोगों के बरताव के लिए दोषी या ज़िम्मेदार ठहराना बिलकुल अनुचित है। दूसरे विश्व युद्ध के खत्म होने के बाद से मैंने सामूहिक अपराध बोध के बारे में लोगों के कठोर वचन व आलोचना की चिंता करना बंद कर दिया।[12] कई बार तो ऐसे लोगों को उनके अंधविश्वासों से छुटकारा दिलाने के लिए बातों को घुमा-फिराकर कहना पड़ता है। एक बार मुझे एक अमेरिकी महिला ने शिकायत करते हुए कहा, 'आपने अपनी कुछ पुस्तकें जर्मन भाषा में लिखी हैं, जो एडोल्फ हिटलर की भाषा थी, आखिर आप ऐसा कैसे कर सकते हैं?' मैंने उन्हें उत्तर देते हुए पूछा कि 'क्या आपकी रसोई में चाकू हैं?' और जब उन्होंने हामी भरी तो मैंने भारी विस्मय और सदमे के साथ कहा, 'आप चाकुओं का इस्तेमाल कैस कर सकती हैं? यह जानते हुए भी कि कितने हत्यारे इन्हीं चाकुओं की मदद से बेगुनाह मासूमों की जान ले लेते हैं, आप इनका इस्तेमाल करती हैं।' इसके बाद उन्होंने मेरी जर्मन भाषा में लिखी गई पुस्तकों पर आपत्ति करना बंद कर दिया।

मृत्यु

ट्रैजिक ट्रायड का तीसरा पहलू मृत्यु से जुड़ा है। लेकिन यह जीवन से भी उतना ही संबंध रखता है, क्योंकि जीवन का हर क्षण अगला क्षण आते ही मृत हो जाता है और दोबारा कभी वापस नहीं आता। क्या यह क्षणभंगुरता हमें यह चुनौती नहीं देती कि हम अपने जीवन के हर क्षण का सबसे बेहतर उपयोग करके दिखाएँ? निश्चित ही ऐसा होता है और यही कारण है कि मैं कहता हूँ, **'ऐसे जीओ, मानो आप दूसरी बार जी रहे हों और आपको अपने पिछले जीवन की सारी भूलों को सुधारने का अवसर मिला**

---

[11] विक्टर ई. फ्रैंकल, द अनहर्ड क्राई फॉर मीनिंग, न्यूयॉर्क, साइमन एंड शटर, 1978

[12] विक्टर ई. फ्रैंकल, *साइकोथैरेपी एंड एग्जिसटेंशिलिज़्म*, न्यूयॉर्क, साइमन एंड शटर, 1967

हो।'

दरअसल, उचित रूप से कार्य करने के अवसर और अर्थ को पूरा कर पाने की संभावनाएँ, इसी बात से प्रभावित हैं कि हम अपने जीवन के बीते हुए क्षणों को वापस नहीं ला सकते। जीवन में हमारे सामने जो भी अवसर आते हैं, हम उनका भरपूर उपयोग करते हुए, अपने जीवन को नए अर्थ व मायने देते चलते हैं और समय के साथ-साथ वह सब कुछ अतीत के खाते में दर्ज होता चला जाता है। इस तरह देखा पाए तो हमारे हाथ से कभी कुछ नहीं जाता। जबकि इसके विपरीत लोग अपने अस्थिरता को ही याद करते रहते हैं। वे अतीत के उन खज़ानों को भुला देते हैं, जिनमें जीवन की सुंदर फसल संजोकर रखी गई है : सारे काम पूरे किए गए हैं, प्रेम किया गया है और अपनी तकलीफ़ों और पीड़ाओं को बहुत ही साहस व मर्यादा के साथ सहा गया है।

इस नज़रिए से देखा जाए तो बूढ़ों पर तरस खाने का कोई कारण नहीं बनता। इसके बजाय युवाओं को उनसे ईर्ष्या होनी चाहिए। यह सच है कि बूढ़े लोगों के पास कोई अवसर या भविष्य की संभावनाएँ नहीं बचतीं, लेकिन उनके पास इससे कहीं अधिक होता है। उनके पास भविष्य की संभावनाओं के बजाय, अतीत की वास्तविकताएँ होती हैं। ऐसी संभावनाएँ जिन्हें वे हकीकत बना चुके हैं, ऐसे अर्थ जिन्हें वे निभा चुके हैं, ऐसे मूल्य जिनका उन्हें एहसास है और अतीत की इस संपत्ति को उनसे कोई नहीं छीन सकता।

पीड़ा के बीच जीवन का अर्थ पाने के नज़रिए को देखा जाए, तो यह बेशर्त है। कम से कम संभावना तो इसी में है। वह बेशर्त अर्थ, हर व्यक्ति के बेशर्त मूल्यों के साथ चलता है। यह मनुष्य से उसके जीवन की गरिमा की माँग रखता है। जीवन किसी भी परिस्थिति में संभावना से भरपूर रहता है। जो लोग बहुत दयनीय दशा में होते हैं, उनके पास भी उनके मूल्य बने रहते हैं। ऐसा इसलिए होता है क्योंकि उनके आज के मूल्य, अपने अतीत के मूल्यों पर आधारित होते हैं। इसका इस बात से कोई संबंध नहीं है कि वर्तमान में उनकी उपयोगिता बनी रहेगी या नहीं।

यदि स्पष्ट शब्दों में कहा जाए तो उपयोगिता को अकसर इस अर्थ

में समझा जाता है कि वे मूल्य समाज के लिए लाभदायक है या नहीं। लेकिन आज का समाज उपलब्धियों पर टिका है, नतीजन इसकी रुचि उन लोगों में नहीं होती, जो खुश व सफल हैं। यह तो खास तौर पर युवाओं में ही रुचि रखता है। यह उन सभी लोगों के मूल्यों की अवहेलना करता है, जो इस दायरे से परे हैं। ऐसा करने पर निर्णय का आधार कहीं धुँधला जाता है कि कोई गरिमा के लिहाज से कीमती है या उपयोगिता के लिहाज से। अगर कोई इन अंतरों को न जानता हो और फिर भी वह माने कि किसी भी मनुष्य का मूल्य उसकी वर्तमान उपयोगिता से ही लगाया जाना चाहिए, तो विश्वास कीजिए, यह उस इंसान की निजी अयोग्यता ही कही जाएगी। ऐसा करके हम इच्छा मृत्यु की वकालत ही कर रहे हैं। जैसे हिटलर के उस कार्यक्रम में होता था, जिसके अनुसार, जो लोग सामाजिक रूप से उपयोगिता खो चुके हों, उन्हें जीवित रहने का अधिकार नहीं होता, भले ही वे बूढ़े हों, लाइलाज रोगी हों, मानसिक रूप से विकलांग हों या फिर किसी भी विकलांगता से पीड़ित क्यों न हों।

27

मनुष्य की मर्यादा

केवल उपयोगिता के आधार पर मनुष्य की मर्यादा या गरिमा का निर्धारण करने की सोच एक भ्रम से उपजी है, जिसका संबंध समकालीन शून्यवाद से हो सकता है। समकालीन शून्यवाद पर अनेक विश्लेषण हो चुके हैं और कई शैक्षिक परिसरों में इस पर बात हो चुकी है। यहाँ तक कि प्रशिक्षण संबंधी विश्लेषणों में भी यह भावना अपना स्थान बना सकती है। शून्यवाद यह नहीं कहता कि यहाँ कुछ नहीं है, यह तो बस कहता है कि सब कुछ अर्थहीन है। जब जॉर्ज ए. सार्जेंट ने 'लर्निड मीनिंगलेसनेस' की बात की थी, तो वे दरअसल ठीक ही कह रहे थे। वे एक थैरेपिस्ट के बारे में बताते हैं, जिसने कहा था, 'जॉर्ज, तुम्हें इस बात का एहसास होना चाहिए कि यह संसार एक मज़ाक है। यहाँ कोई न्याय नहीं होता, सब कुछ अनियमित/अनियंत्रित है। जब तुम्हें यह एहसास हो जाएगा, तभी तुम जान सकोगे कि खुद को गंभीरता से लेना कितना मूर्खतापूर्ण है। इस ब्रह्माण्ड में कोई भी महान उद्देश्य नहीं है। यह बस है। आज तुम कौन से निर्णय लोगे या कैसा व्यवहार करोगे... तुम्हारा यह निर्णय वास्तव में कोई निश्चित मायने नहीं रखता।[13]

हालाँकि ऐसी आलोचना का साधारणीकरण नहीं किया जाना चाहिए। नियम के अनुसार, प्रशिक्षण लेना अनिवार्य है, लेकिन अगर ऐसा है, तो थैरेपिस्ट को देखना चाहिए कि वह प्रशिक्षु को शून्यवाद के विरुद्ध प्रतिरोधक क्षमता देने के बजाय उसमें निराशावाद का संचार न

---

[13]'ट्रांसफेरेंस एंड काउंटरट्रांसफेरेंस इन लोगोथैरेपी', द इंटरनेशनल फोरम फॉर लोगोथैरेपी, वाल्यूम 5, नंबर 2, 1982, 115-118

करे, जो कि असल में उनके अपने शून्यवाद से बचने का एक तरीका है।

लोगोथैरेपी भी मनोविज्ञान के अन्य मतों से मिले लाईसेंस व प्रशिक्षण की पुष्टि कर सकती है। दूसरे शब्दों में, यदि दूसरों के साथ मिलकर चलना भी पड़े तो इसमें कोई हर्ज नहीं है, लेकिन अपनी निजता का त्याग नहीं करना चाहिए। ऐसा करने के लिए लोगोथैरेपी में वर्णित जीवन दर्शन के नियमों तथा मनुष्य की बुनियादी अवधारणा को भुलाने की आवश्यकता नहीं है। अपनी इस निष्ठा को बरकरार रखना संभव है, जैसा कि एक बार एलिजाबेथ एस. लूकास ने कहा था, 'साइकोथैरेपी के इतिहास के दौरान, लोगोथैरेपी जितनी उदार अवधारणा कभी नहीं देखी गई।'[14]

मैंने लोगोथैरेपी की पहली कांग्रेस (सैन डियागो, कैलीफोर्निया, 6 से 8 नवंबर, 1980) में न केवल साइकोथैरेपी के पुनर्मानवीकरण के बारे में तर्क दिए बल्कि लोगोथैरेपी के बारे में भी अपने मत रखे। मेरी रुचि इसमें नहीं है कि केवल अपने मालिकों की बातें रटनेवाले रट्टू तोते पैदा किए जाएँ। मैं तो चाहता हूँ कि यह मशाल, 'स्वतंत्र, अन्वेशी, आविष्कार-प्रिय तथा रचनात्मक लोगों के हाथों में सौंपी जाए।'

सिगमंड फ्रायड ने एक बार कहा था कि 'विभिन्न प्रकार के अधिक से अधिक व्यक्तियों को भूख का सामना करने दिया जाए, ज्यों-ज्यों उनकी भूख की तड़प बढ़ेगी, उनके बीच मौजूद सारा भेद समाप्त हो जाएगा और उनके बीच एक ही इच्छा यानी भोजन करने का भाव पैदा हो जाएगा।' ईश्वर का शुक्र है कि सिगमंड को यातना शिविरों की परिस्थितियों को भीतर से जानने का अवसर नहीं मिला। उनके पात्र विक्टोरियन सभ्यता की चकाचौंध के बीच रहे हैं, न कि ऑश्विज़ की

---

[14]जो लोग साइकोथैरेपी में रुचि रखते हैं, उन पर लोगोथैरेपी थोपी नहीं जाती। आप इसकी तुलना किसी ओरियंटल बाज़ार से नहीं, बल्कि एक सुपरमार्केट से कर सकते हैं। पहलेवाले में, ग्राहक से पूछा जाता है कि उसे क्या खरीदना है और दूसरे में उसे कई तरह की वस्तुएँ दिखा दी जाती हैं, जिनमें से वह अपने लिए उपयोगी वस्तु को स्वयं ही खरीद लेता है।

गंदगी के बीच। वहाँ व्यक्तिगत भेद 'धुँधलाया' नहीं था बल्कि इसके विपरीत, लोग एक-दूसरे के प्रति और भी उदासीन हो गए थे; उन सभी ने अपने-अपने मुखौटे उतार दिए थे, फिर चाहे वे सूअर हों या संत। और आज आपको संत शब्द का प्रयोग करने में कोई संकोच नहीं होना चाहिए: फादर मैक्सीमिलन कोल्बे को याद करें, जिन्हें भूख से तड़पाने के बाद, ऑश्विज़ में कार्बोलिक एसिड का इंजेक्शन देकर उनकी हत्या कर दी गई थी और फिर 1983 में उन्हें संत की उपाधि से विभूषित किया गया।

हो सकता है कि आप मुझे ऐसे उदाहरण देने के लिए दोषी ठहराएँ, जो सिर्फ अपवाद ही लगते हैं, लेकिन यह भी सच है कि **'महान चीज़ों को पाना जितना दुर्लभ होता है, उनका एहसास होना भी उतना ही कठिन होता है'**, एथिक्स ऑफ स्पिनोज़ा का अंतिम वाक्य यही कहता है। हो सकता है कि आप यह पूछें कि क्या वाकई संतों का संदर्भ देना आवश्यक है? क्या केवल भले लोगों का संदर्भ देना ही पर्याप्त न होता? यह सच है कि ऐसे लोगों की संख्या उँगलियों पर गिनने जितनी है और वे हमेशा अल्पसंख्यक ही रहेंगे। फिर भी हमें उन अल्पसंख्यकों का एक हिस्सा बनने को, एक चुनौती के रूप में लेना चाहिए, क्योंकि यह संसार बहुत ही बुरी दशा में है और यदि हममें से हर कोई कुछ बेहतर करने का प्रयत्न नहीं करेगा तो यह और भी बदतर होता चला जाएगा।

तो हम सबको सजग होना होगा – दोहरे अर्थों में सजग होना होगा। ऑश्विज़ प्रसंग के बाद से हम मनुष्य की असली क्षमता को पहचान गए हैं और हिरोशिमा प्रसंग के बाद हम यह भी जान चुके हैं कि दाँव पर क्या लगा है।

---

* यह अध्याय उस व्याख्यान पर आधारित है, जो मैंने जून 1983 में, पश्चिमी जर्मनी के रीगंसबर्ग विश्वविद्यालय के थर्ड वर्ल्ड कांग्रेस ऑफ लोगोथेरेपी में दिया था।

विक्टर ई. फ्रैंकल

लेखक के विषय में

विक्टर ई. फ्रैंकल विएना मेडिकल स्कूल विश्वविद्यालय में न्यूरोलॉजी व साईकाइट्री के प्रोफेसर थे। वे स्कूल ऑफ लोगोथैरेपी के संस्थापक थे, जिसे फ्रायड के मनोविश्लेषण तथा एडलर के व्यक्तिगत मनोविज्ञान के बाद, मनोचिकित्सा की तीसरी विएना शाखा के तौर पर जाना गया। उनके लेखन को, ब्रिटिश साइकोलॉजिकल सोसाइटी के भूतपूर्व प्रेसीडेंट सर सिरिल बर्ट ने, फ्रायड, एडलर व जुंग के बाद मनोचिकित्सा के क्षेत्र में सबसे महत्वपूर्ण योगदान कहा है।

1905 में जन्मे, डॉक्टर ई. फ्रैंकल ने विएना विश्वविद्यालय से दर्शन व चिकित्सा में डॉक्टर की उपाधि ग्रहण की। दूसरे विश्व युद्ध के दौरान उन्होंने ऑश्विज़, डखौ व अन्य यातना कैंपों में तीन साल बिताए।

उनका पहला प्रकाशन 1924 में, इंटरनेशनल जर्नल ऑफ साइकोएनालिसिस में प्रकाशित हुआ। कुल मिलाकर उनकी तीस पुस्तकें प्रकाशित हुईं, जिनका तेईस भाषाओं में अनुवाद किया गया है। इनमें चीनी तथा जापानी भाषा भी शामिल हैं। वे हार्वर्ड के साथ-साथ पिट्सबर्ग, सैनडिआगो तथा डलास विश्वविद्यालय में विज़िटिंग प्रोफेसर भी रहे। उन्हें

उन्तीस विश्वविद्यालयों ने मानद उपाधियों से विभूषित किया और वे पूरे विश्व के अनेक विश्वविद्यालयों में अतिथि व्याख्याता के रूप में आमंत्रित किए गए। सन 1997 में उनका देहान्त हो गया।

आज लोगोथेरेपी की संस्थाएँ पाँचों महाद्वीपों में हैं। विक्टर ई. फ्रैंकल तथा लोगोथेरेपी के विषय में अधिक जानकारी तथा विस्तृत पुस्तक सूची के लिए कृपया विएना में विक्टर ई. फ्रैंकल संस्था की वेबसाइट पर संपर्क करें: www.viktorfrankl.org

महाआसमानी - अल्प परिचय

Self Delelopment to Self Realization
Towords Self Stabilizaion

क्या आपको उच्चतम आनंद पाने की इच्छा है? ऐसा आनंद, जो किसी कारण पर निर्भर नहीं है, जिसमें समय के साथ केवल बढ़ोतरी ही होती है? क्या आप इसी जीवन में प्रेम, विश्वास, शांति, समृद्धि और परमसंतुष्टि पाना चाहते हैं? क्या आप शारीरिक, मानसिक, सामाजिक, आर्थिक और आध्यात्मिक इन सभी स्तरों पर सफलता हासिल करना चाहते हैं? क्या आप 'मैं कौन हूँ' इस सवाल का जवाब अनुभव से जानना चाहते हैं? यदि आपके अंदर इन सवालों के जवाब जानने और 'अंतिम सत्य' पाने की प्यास जगी है तो तेजज्ञान फाउण्डेशन द्वारा आयोजित 'महाआसमानी परम ज्ञान शिविर' में आपका स्वागत है। यह शिविर पूर्णतः सरश्री की शिक्षाओं पर आधारित है।

महाआसमानी परम ज्ञान शिविर का उद्देश्य :

इस शिविर का उद्देश्य है, विश्व का हर इंसान 'मैं कौन हूँ' इस सवाल का जवाब जानकर सर्वोच्च आनंद में स्थापित हो जाए। उसे ऐसा ज्ञान मिले, जिससे वह हर पल वर्तमान में जीने की कला प्राप्त करे। भूतकाल का बोझ और भविष्य की चिंता इन दोनों से मुक्त हो जाए। हर इंसान को जीवन में स्थाई खुशी और सही समझ मिले। साथ ही उसे समस्याओं को विलीन करने की कला आ जाए। मनुष्य जीवन का उद्देश्य पूर्ण हो। 'मैं कौन हूँ? मैं यहाँ क्यों हूँ? मोक्ष का अर्थ क्या है? क्या इसी जन्म में मोक्ष प्राप्ति संभव है?' यदि ये सवाल आपके अंदर हैं तो महाआसमानी परम ज्ञान शिविर इसका जवाब है।

महाआसमानी– अल्प परिचय

हैपी थॉट्स सरश्री (इंग्लिश) यूट्यूब चैनल

तेजज्ञान फाउण्डेशन - परिचय

तेजज्ञान फाउण्डेशन आत्मविकास से आत्मसाक्षात्कार प्राप्त करने का एक रास्ता है। इसके लिए सरश्री द्वारा एक अनूठी बोध पद्धति (System for Wisdom) का सृजन हुआ है। इस पद्धति को अन्तर्राष्ट्रीय मानक ISO 9001:2015 के आवश्यकताओं एवं निर्देशों के अनुरूप ढालकर सरल, व्यावहारिक एवं प्रभावी बनाया गया है।

इस संस्था की बोध पद्धति के विभिन्न पहलुओं (शिक्षण, निरीक्षण व गुणवत्ता) को स्वतंत्र गुणवत्ता परीक्षकों (Quality Auditors) द्वारा क्रमबद्ध तरीके से जाँचा गया। जिसके बाद इन पहलुओं को ISO 9001:2015 के अनुरूप पाकर, इस बोध पद्धति को प्रमाणित किया गया है।

फाउण्डेशन का लक्ष्य आपको नकारात्मक विचार से सकारात्मक विचार की ओर बढ़ाना है। सकारात्मक विचार से शुभ विचार यानी हॅपी थॉट्स (विधायक आनंदपूर्ण विचार) और शुभ विचार से निर्विचार की ओर बढ़ा जा सकता है। निर्विचार से ही आत्मसाक्षात्कार संभव है। शुभ विचार (Happy Thoughts) यानी यह विचार कि 'मैं हर विचार से मुक्त हो जाऊँ।' शुभ इच्छा यानी यह इच्छा कि 'मैं हर इच्छा से मुक्त हो जाऊँ।'

यदि आप ऐसा ज्ञान चाहते हैं, जो सामान्य ज्ञान के परे हो, जो हर समस्या का समाधान हो, जो सभी मान्यताओं से आपको मुक्त करे, जो आपको ईश्वर का साक्षात्कार कराए, जो आपको सत्य पर स्थापित करे तो समय आ गया है तेजज्ञान को जानने का। समय आ गया है शब्दोंवाले सामान्य ज्ञान से उठकर तेजज्ञान का अनुभव करने का।

तेजज्ञान फाउण्डेशन – परिचय

हॅपी थॉट्स तेजज्ञान यूटयूब चैनल

सरश्री द्वारा रचित पुस्तकों की जानकारी

सरश्री ने विविध विषयों पर 150 से अधिक पुस्तकों का लेखन किया है, जिनमें से 'विचार नियम', 'विश्वास नियम' 'स्वसंवाद का जादू', 'स्वयं का सामना', 'स्वीकार का जादू', 'निर्णय और ज़िम्मेदारी', 'निःशब्द संवाद का जादू', 'संपूर्ण ध्यान' आदि पुस्तकें बेस्टसेलर बन चुकी हैं। इनमें से कुछ पुस्तकें दस से अधिक भाषाओं में अनुवादित की जा चुकी हैं और प्रमुख प्रकाशकों द्वारा प्रकाशित की गई हैं, जैसे पेंगुइन बुक्स, जैको बुक्स, मंजुल पब्लिशिंग हाऊस, प्रभात प्रकाशन, राजपाल एॅण्ड सन्स, पेंटागॉन प्रेस, सकाळ प्रकाशन इत्यादि।

विचार नियम
आपकी कामयाबी का रहस्य

विश्वास नियम
सर्वोच्च शक्ति के सात नियम

मौन नियम
स्वयं को जानने का निःशब्द उपाय

पुस्तकें ऑर्डर करने के लिए लॉग इन करें

– www.gethappythoughts.org

पुस्तकों की अधिक जानकारी के लिए संपर्क करें–

फोन नं.: 88 88 999 171